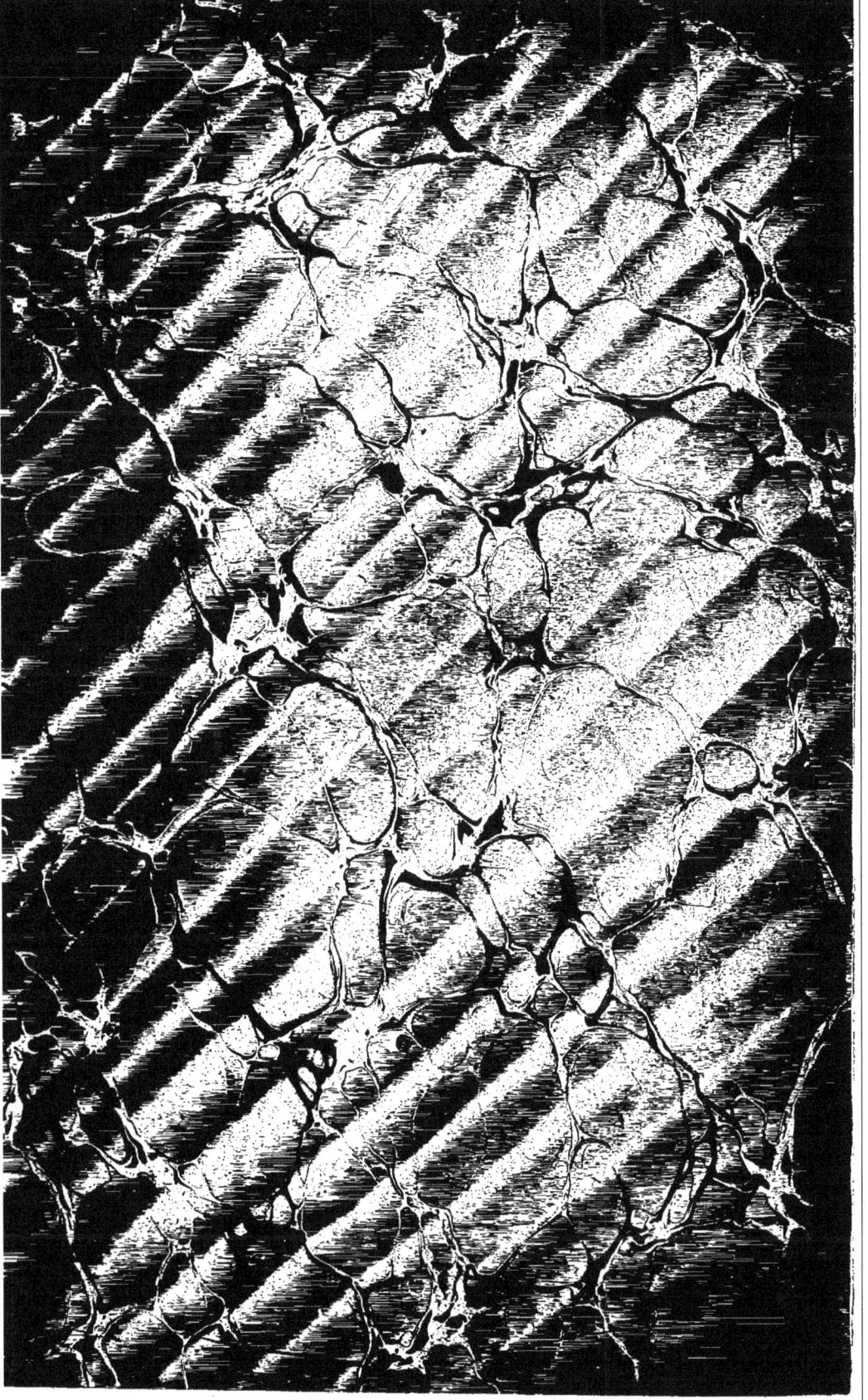

LE
BOMBARDEMENT
DE PARIS
PAR LES PRUSSIENS

EN JANVIER 1871

AVEC 15 FIGURES ET UNE CARTE DE PARIS BOMBARDÉ

PAR

Le Major H. de SARREPONT.

> « Exarsere ignes animo .... subit ira cadentem
> « Ulcisci patriam et sceleratas sumere pœnas. »
> (Virgile, *Énéide*, liv. II, v. 575, 576.)

PARIS

LIBRAIRIE DE FIRMIN DIDOT FRÈRES, FILS ET Cᴵᴱ

IMPRIMEURS DE L'INSTITUT, RUE JACOB, 56

1872

LE
BOMBARDEMENT
DE PARIS
PAR LES PRUSSIENS.

OUVRAGES DU MÊME AUTEUR :

Guerre des Communeux de Paris. — Paris, Firmin Didot, 1871.
Histoire de la défense de Paris. — Paris, Dumaine, 1872.

TYPOGRAPHIE FIRMIN DIDOT. — MESNIL (EURE).

LE
BOMBARDEMENT
DE PARIS
PAR LES PRUSSIENS

EN JANVIER 1871

AVEC 15 FIGURES ET UNE CARTE DE PARIS BOMBARDÉ

PAR

Le Major H. DE SARREPONT.

« Exarsere ignes animo .... subit ira cadentem
» Ulcisci patriam et sceleratas sumere pœnas. »
(Virgile, *Énéide*, liv. II, v. 575, 576.)

PARIS
LIBRAIRIE DE FIRMIN DIDOT FRÈRES, FILS ET Cⁱᴱ
IMPRIMEURS DE L'INSTITUT, RUE JACOB, 56
1872

PRÉFACE.

L'épisode du bombardement tient dans l'histoire du siége de Paris une place assez considérable pour que l'auteur ait cru pouvoir en faire l'objet d'une ample monographie. Le récit de cet épisode est destiné, d'ailleurs, à mettre en lumière quelques utiles vérités.

A toutes les époques de l'histoire, les diverses branches de l'art militaire ont dû s'astreindre à mesurer l'étendue de leurs moyens d'action à celle de la puissance des arts industriels et, principalement, à l'importance des conquêtes de la métallurgie; mais les progrès de la science ont eu surtout pour effet d'opérer dans le domaine de la poliorcétique des révolutions violentes dont les brusques mouvements ont laissé de profonds souvenirs dans la mémoire des hommes. L'antiquité ne pouvait oublier ces balistes de gros calibre dont Démétrius inaugura tout d'un coup l'usage au siége de Rhodes (304 av. J.-C.), ni ces énormes navires de guerre à quarante rangs de rameurs que lançait, un siècle plus tard, le roi Ptolémée Philopator. Le fait de l'invention de la poudre n'amena pas, au moyen âge, moins de bouleversements dans les méthodes alors connues de l'attaque et de la défense des places, mais la perturbation se fit surtout sentir vers la fin du XVe siècle, quand les frères Bureau eurent doté l'armée française d'un matériel d'artillerie infiniment supérieur au matériel primitif. C'est après les merveilles de l'expédition de Charles VIII en Italie qu'on se crut en droit de dire du dieu de la guerre : «... Obstant la maligne sub-
« tilité et subtile malignité des fortificateurs, il auoyt inuenté
« récemment canons, serpentines, couleurines, bombardes,
« basilicz, iectans boullets de fer, de plomb, de bronze, pe-
« sans plus que grosses enclumes, moyennant une composition
« de pouldre horrificque de laquelle nature même s'est es-
« bahye...»

C'est d'une révolution de ce genre que nous venons d'être témoins et, malheureusement, victimes.

Un peuple qui vivait encore presque à l'état sauvage au temps où les détonations des premières bombardes françaises troublaient les rudes échos des montagnes de l'Auvergne, un peuple qui se croit appelé en Europe à de hautes destinées, un peuple habile à tirer un excellent parti de toutes les découvertes de ses voisins, le peuple prussien, enfin, adopte, en 1860, un matériel de canons d'acier se chargeant par la culasse. Le personnel de son artillerie acquiert, en 1866, une précieuse expérience dont il met savamment les leçons à profit, et on le voit, aussitôt après Sadowa, changer la quotité de ses munitions réglementaires, modifier la composition de ses colonnes de munitions de réserve, concentrer à Spandau tous ses établissements, procéder sans relâche à des expériences de toute nature, étudier, chercher, pratiquer, rectifier, perfectionner.... En 1870, la Prusse est prête. Elle nous fait la guerre, et la puissance de son artillerie nouvelle impressionne vivement l'armée et les populations de la France.

Ce grand émoi provient bien moins, il faut le dire, de l'apparition des canons d'acier Krupp se chargeant par la culasse, que de l'inauguration d'une manière militaire étrange et conforme à des principes que nos ennemis s'attachent à faire prévaloir. Évitant avec le plus grand soin les occasions d'engager leurs fantassins corps à corps avec les nôtres, ils s'appliquent à terroriser les régions qu'ils traversent. Au lieu de s'adresser aux combattants, ils visent les populations inoffensives. Ne professant qu'un goût modéré pour certaines opérations qui veulent autant de patience que de vigueur, ils prétendent remplacer les siéges par des bombardements.

Eh bien, quelle est la valeur vraie de ce moyen d'attaque qu'ils considèrent comme infaillible? Le bombardement est-il donc irrésistible, ainsi qu'ils le disent, et toute place bombardée doit-elle fatalement se rendre à bref délai? Tout espoir est-il perdu, tout moyen de défense est-il à répudier dès l'heure du premier déluge de projectiles destinés à inonder la ville forte qui répugne à l'idée de sonner la chamade?

Non, malgré les étonnants progrès de l'artillerie moderne,

les bombardements ne sont guère plus redoutables qu'autrefois. Il faut proclamer hautement l'impuissance de ce procédé sauvage et faire connaître les sacrifices matériels au prix desquels il est possible d'en annihiler militairement les conséquences. Qu'on fasse sortir de la place menacée ce qu'on nomme les bouches inutiles, c'est-à-dire la foule des gens accessibles aux fameuses impressions psychologiques dont les Prussiens caressent toujours l'espoir et fêtent la venue ; qu'on organise de solides abris pour les défenseurs, pour les vivres, les munitions et le matériel de la défense ; qu'on sacrifie sans hésitation les maisons de la *ville* au salut de la *place*.... et qu'on laisse faire les bombardeurs !

Leurs bombardements ne seront plus que vains concerts de détonations bruyantes, inutiles profusions d'obus de tout calibre, tirs insensés dispersant des décombres, inanité de nuages de fumée tourbillonnant dans un désert.

Quant aux fortifications, elles demeureront absolument intactes pendant tout le temps que durera ce vacarme ; elles conserveront toute leur valeur défensive, malgré les prétendues propriétés du tir plongeant ; elles ne présenteront nulle part de brèches praticables. Dès lors, si les assaillants tiennent décidément à s'emparer de la place, ils seront bien forcés d'en venir à l'attaque régulière, d'en passer par les lenteurs qu'une telle opération comporte, d'exposer leurs soldats à des dangers qu'ils ne se soucient point de leur faire connaître. C'est alors seulement que les défenseurs leur répondront.... qu'ils engageront résolûment la lutte et leur feront payer l'objet de leur convoitise au moins aussi cher qu'autrefois.

Paris offre un exemple saisissant de l'impuissance absolue de ces grêles de ferraille dont les Prussiens ont tant préconisé l'efficacité. D'abord, il ne s'y est produit aucun effet psychologique, bien qu'on ait été forcé d'y conserver les bouches inutiles. Et puis, les projectiles ennemis n'ont jamais éteint nulle part le feu de ses bastions ; les voûtes de ses casemates ont résisté ; ses parapets et ses abris n'ont eu à subir que des dégâts insignifiants. Si Paris, en un mot, a fini par se rendre, il n'a fait que succomber à la famine et non à cet odieux bombardement qui n'a pas avancé d'une seconde le moment de la capitulation.

Mais il se soulève ici des questions d'un autre ordre. Quelle que soit la faiblesse constatée des effets obtenus, la morale publique réclame le respect de ses droits et prétend interdire, en principe, toute espèce de bombardement. Malgré la réprobation formelle dont ce moyen est frappé par toutes les dispositions du code du droit des gens moderne, il est encore, nous le savons, d'excellents esprits qui persistent à y reconnaître certains caractères d'opération licite. Fort heureusement, leur autorité ne fait pas loi et tout permet d'espérer que les puissances seront bientôt unanimes à professer une doctrine en harmonie avec nos mœurs actuelles. Nous estimons, quant à nous, que, étant donné le point où en est arrivée la civilisation, le bombardement doit absolument disparaître des usages de la guerre.

Quoi qu'il advienne, ne redoutons plus cette opération sinistre et prenons la ferme résolution d'en assurer l'échec, partout et toujours. Plaise à Dieu qu'il nous soit aussi facile de réduire à néant le succès de certains autres procédés qui, bien que d'une honnêteté douteuse, semblent aujourd'hui classiques chez les Prussiens! Nos ennemis, en effet, n'ont pas craint de soulever contre nous tout ce que les classes dangereuses leur ont fourni d'occultes *condottieri*, et ils ne paraissent pas disposés à renoncer à une méthode qui leur a valu tant de succès. Or, dans les places assiégées, bloquées ou bombardées, les agitations de la multitude sont plus à craindre que les obus. Opposons donc, une fois pour toutes, une digue indestructible au flot toujours montant des aspirations révolutionnaires.

Simple bombardé de Paris, l'auteur n'est pas de ceux qui s'appellent Belfort. Il a, depuis longtemps, abjuré les erreurs de la jeunesse et reconnaît aujourd'hui que la France peut mourir de tant d'excès démocratiques. Que des majorités quelconques proclament, si bon leur semble, l'excellence du régime auquel on le convie, l'auteur ne manquera pas de se rappeler cette fière devise d'une grande famille de son pays natal :

« *Etiamsi omnes, ego non.* »

TABLE DES MATIÈRES.

TITRE PREMIER.
LE DROIT DES GENS.

		Pages.
Chapitre premier.	— La guerre et le droit................	1
Chapitre deuxième.	— Le droit des gens dans l'antiquité.....	7
Chapitre troisième.	— Le droit international au XIXe siècle...	13
Chapitre quatrième.	— Jurisprudence prussienne............	17
Chapitre cinquième.	— Interprétation du droit de bombardement des places fortes............	39
Chapitre sixième.	— Protestations soulevées par le fait du bombardement de Paris...........	49

TITRE DEUXIÈME.
L'ARTILLERIE PRUSSIENNE.

Chapitre premier.	— Le moment psychologique...........	73
Chapitre deuxième.	— L'acier Krupp.....................	87
Chapitre troisième.	— Bouches à feu prussiennes...........	99
Chapitre quatrième.	— Projectiles prussiens................	111
Chapitre cinquième.	— Batteries prussiennes...............	123
Chapitre sixième.	— Système adopté pour les opérations du bombardement de Paris...........	131

TABLE DES MATIÈRES.

TITRE TROISIÈME.

PARIS BOMBARDÉ.

		Pages.
Chapitre premier.	— Tableau des phases de la période du bombardement...	155
Chapitre deuxième.	— Variations d'intensité...	159
Chapitre troisième.	— Dégradations aux édifices...	167
Chapitre quatrième.	— Les dix arrondissements frappés...	173
Chapitre cinquième.	— Épisodes...	185
Chapitre sixième.	— Carte de Paris bombardé...	193

TITRE QUATRIÈME.

LA RÉSISTANCE.

Chapitre premier.	— L'artillerie de la défense...	205
Chapitre deuxième.	— Les abris...	221
Chapitre troisième.	— Prescriptions et mesures administratives.	225
Chapitre quatrième.	— L'émigration...	235
Chapitre cinquième.	— M. Richard Wallace...	241
Chapitre sixième.	— Communeux et Prussiens...	245

APPENDICES.

Appendice A.	— Liste des édifices et grands établissements atteints par les projectiles...	261
Appendice B.	— Liste des maisons atteintes par les projectiles prussiens...	265

TABLE DES MATIÈRES.

　　　　　　　　　　　　　　　　　　　　　　　　　Pages.
Appendice C. — Liste des incendies allumés par les projectiles prussiens.................................. 277
Appendice D. — Liste des victimes du bombardement......... 283
Appendice E. — Bombardement du Jardin des Plantes........ 303

ÉPILOGUE... 313

Errata... 355

PLANCHES.

	Pages.
Fig. 1. — Culasse de bouche à feu prussienne (élévation).....	107
Fig. 2. — Idem (coupe horizontale)...................	108
Fig. 3. — Appareil percutant des projectiles prussiens........	114
Fig. 4. — Obus de mortier rayé ou canon court (coupe verticale suivant l'axe)............................	118
Fig. 5. — Obus n° 1 du canon de 24 (élévation)............	120
Fig. 6. — Balle de fusil de rempart (coupe longitudinale suivant l'axe).................................	122
» — Courbe d'intensité du bombardement, établie d'après le nombre de coups comptés par les guetteurs.....	161
» — Idem d'après le nombre des victimes..............	162
» — Idem d'après le nombre de maisons atteintes.......	163
» — Idem d'après le nombre d'incendies signalés........	164
Fig. 7. — Plan du bombardement du Jardin des Plantes.......	195
Fig. 8. — Éclat d'obus.............................	232
Fig. 9. — Orsinienne (projection équatoriale)..............	256
Fig. 10. — Idem (coupe suivant l'axe)......................	256

Hors texte.

» — Vue d'une batterie prussienne à Fontenay-aux-Roses.
» — Carte de Paris bombardé.

CHAPITRE PREMIER.

LA GUERRE ET LE DROIT.

Les courants tourmentés et bizarres de ces rumeurs qui constituent l'opinion s'alimentent souvent, en France, aux sources du préjugé. La sagesse tant vantée de l'esprit public y rappelle ordinairement l'image d'un lourd tissu lamé d'erreurs miroitantes ou pailleté de niaiseries sublimes.

Au moment où s'ouvrit la funeste campagne de l'année 1870, notre malheureux pays était très-fermement résolu à ne plus diriger le développement de son activité que dans les voies de l'industrie et du commerce. Il avait renoncé pour jamais au métier des armes, le plus sot, à ses yeux, et le plus inutile de tous les métiers. La raison et le simple bon sens avaient fait décider, disait-il, que la France demeurerait l'étoile de l'Occident; qu'elle conserverait le grand marché du monde; qu'elle serait à toujours la reine du commerce... et cela sans qu'il lui fût besoin d'accroître ni même d'entretenir sa puissance militaire. La guerre étant décidément une chose affreuse, il ne restait plus qu'à convier toutes les nations de l'Europe aux délices du désarmement et de la confraternité universelle!..

La guerre! Que de fois déjà n'a-t-on pas maudit le principe de la guerre, et solennellement proposé de consacrer à la tranquillité des peuples une Arche d'alliance immense et magnifique? Les idées humanitaires et les congrès de la paix ne sont pas d'aujourd'hui; mais hélas! malgré les déclamations des sophistes, les chants des poëtes et les efforts des philosophes, les hommes se feront toujours la guerre, parce que la guerre est dans l'ordre, et en pleine harmonie avec la définition de l'humanité. La guerre, dite *le fléau des peuples*, n'est pas un fait contre nature, une monstruosité, mais un grand phénomène, assujetti à une périodicité dont la raison est à peu près constante; un mode fatal et nécessaire de l'expansion et du développement des races, par voie de mélanges et de régénération. « La politique et les armes, dit Voltaire, « semblent malheureusement être les deux professions « les plus naturelles à l'homme. Il faut toujours ou né- « gocier ou se battre. » Le mot « malheureusement » ne peut s'appliquer ici qu'à l'une des faces de la question qui, de sa nature, est complexe et d'une analyse difficile. Si l'on n'envisage que le besoin de calme d'un peuple, durant une période donnée de son histoire; si l'on ne songe qu'aux intérêts actuels et au salut des gens en présence, il est bien évident que la guerre n'est, pour les nations considérées, qu'une source intarissable de deuils et de misères. Mais qu'on s'élève un peu vers les régions de l'absolu ; qu'on embrasse les effets et les causes en une étroite synthèse, et cette guerre si redoutable apparaît aussitôt comme l'expression d'une loi métaphysique, suivant laquelle les peuples s'épurent, se retrempent et sont entraînés vers la fin qui leur est assignée. Ne lançons point trop d'anathèmes contre cette loi du Créateur. Elle amène, il est vrai, chez ceux qui la subissent les perturbations les plus douloureuses, mais elle opère dans leur économie d'importantes et fécondes modifications.

Ce n'est pas tant en son essence même qu'en son mode d'application toujours terrible que le principe de la guerre est généralement envisagé sous un mauvais jour. On se complaît à le dépeindre sous les couleurs les plus fausses, c'est-à-dire les plus propres à le faire condamner sans appel. Il est, en effet, proverbial que le *régime du sabre* est l'ennemi-né de toute justice ; que la conduite des opérations militaires est nécessairement hostile au respect du droit ; que le bruit du canon empêche de prêter l'oreille à la voix des lois en vigueur. Et ce n'est pas seulement par le vulgaire que sont émises ces assertions étranges ; il est aussi d'excellents esprits qui laissent parfois échapper des sentences qu'on dirait éditées tout exprès pour entretenir et propager de dangereuses doctrines. N'avons-nous pas entendu M. de Bismarck ? Il professait tout haut et répétait à tout venant son fameux : — « *La force prime le droit* (1). »

Il est cependant certain que, contrairement à cette opinion si brutalement exprimée, l'état de guerre n'a pas pour effet de supprimer entre ennemis toute espèce d'obligations réciproques. Les belligérants ne peuvent faire, à leur guise, abstraction de la notion du droit. La meilleure preuve en est que chacun d'eux tente l'impossible pour démontrer que le maintien ou la poursuite de son droit est l'unique but de la guerre entreprise. Chaque partie s'efforce d'abord, à grands renforts de proclama-

---

(1) Nous n'omettrons jamais, dans le cours de cette étude, de payer à nos adversaires les tributs qui nous paraîtront leur être légitimement acquis. *Suum cuique !* Pour être juste, nous devons observer ici que l'*invention* n'est point la qualité dominante du génie allemand. Féroces érudits, praticiens consommés, les Prussiens n'ont jamais rien trouvé, rien tiré de leur crû... et ce mot de M. de Bismarck n'est lui-même qu'un écho des apophthegmes consacrés par la banalité classique. — « Bon ! dit Pompée, vous voulez que je pense aux lois « quand j'ai les armes à la main ? » (Plutarque, *Vie de Pompée*.) — « L'état « de guerre et le règne des lois ne marchent point de pair » dit César. (Plutarque, *Vie de César.*) — On présentait à Antigone un traité *de justitia*. « Qu'ai-je à faire de cela, dit-il, moi qui prends, partout où je puis, le bien des autres ? » (Plutarque, *de Fortuna Alexandri.*)

Les auteurs latins fourmillent de maximes analogues :

— « *Jura neget sibi nata, nihil non adroget armis.* »
(Horace, *Art poét.*, V. 122.)

— « *Heic, inquit, heic pacem temerataque jura relinquo.* »
(Lucain, *Phars.*, I, V. 225.)

— « *Silent leges inter arma.* »
(Cicéron, *pro Milone.*)

— « *Dolus, asperitas, injustitia, propria negotia prœliorum.* »
(Tertullien, *adv. Judæos*, IX.)

tions, de convaincre les siens de la justice de sa cause, et elle attend les plus grands effets de la conviction qu'elle s'attache à faire naître.

L'idée du droit ne s'évanouit pas lors de l'ouverture des hostilités ; au contraire. Tout en donnant à leurs opérations l'impulsion la plus vigoureuse, les adversaires en présence s'efforcent de prouver à leurs alliés et aux neutres qu'ils ne se laissent guider que par la bonne foi ; qu'ils ont à cœur de ne jamais sortir des limites posées par l'équité. C'est ainsi que, pris à partie par M. Kern, ministre de la Confédération suisse, M. de Bismarck a fait des tours de force de dialectique à l'effet d'établir son droit de bombarder Paris. Ainsi l'antique gouvernement de Rome prenait à tâche d'affirmer la pureté de ses intentions dans la conduite de la guerre (1).

On ne saurait donc nier qu'il existe, pour le cas de guerre, aussi bien que pour l'état de paix, un droit international (2), droit non écrit, mais que la nature en-

---

(1) Voyez sur l'institution des féciaux. (Tite-Live, I, xxxii.)

— « ... ut omnes gentes sciant, populum romanum et suscipere
« juste bella et finire... »
(Tite-Live, XXX, xvi.)

— « ... puro pioque duello quærendas censeo... »
(Tite-Live, I, xxxii.)

— « ... Itaque bella et tarde et nulla licentia suscipiebant quod bellum nullum, nisi pium, putabant geri oportere. »
(Varron, Ap. Nonnius.)

(2) — « Sunt et belli, sicut pacis, jura ; justeque, non minus quam fortiter, didicimus gerere. »
(Tite-Live, V, xxvii.)

seigne et qui se trouve consacré par le tacite consentement des peuples. Ce droit commun des nations vise tous les actes qui peuvent se produire : armements, opérations, échange des prisonniers, inhumation des morts, sûreté donnée aux parlementaires, règlement des conditions de paix, occupation des territoires jusqu'à l'entier accomplissement des traités, etc. Encore une fois, il n'est pas écrit, mais il est. Aucun congrès n'en a proposé la codification; aucun tribunal n'en applique les principes; aucune cour suprême n'en sanctionne les arrêts; mais la conscience publique en proclame la vérité. Ce droit de la guerre dont il est bon de constater l'existence, Grotius en a donné une définition fort simple. — « Ce « droit comprend, dit-il, tout ce qu'on peut faire, *sans* « *injustice,* à son ennemi. »

— « *Sequitur enim de jure belli : in quo et suscipiendo et gerendo et « deponendo jus ut plurimum valet, et fides.* »
(Cicéron, *de Legibus,* II, xiv.)

CHAPITRE DEUXIÈME.

LE DROIT DES GENS DANS L'ANTIQUITÉ.

Le droit qui règle les relations de guerre entre ennemis déclarés, et que tous les belligérants reconnaissent d'une manière implicite, a reçu le nom de droit des nations ou, plus exactement, de *droit des gens*, *jus gentium*. Il a pour fin de déterminer quels sont les modes de combat licites; d'autoriser l'usage de certaines armes et de prohiber certains engins; de consacrer l'esprit de justice que deux adversaires sont tenus d'observer l'un vis-à-vis de l'autre; d'interdire, enfin, l'abus de la victoire. Les principes de ce droit ne sauraient cependant être immuables, et la mobilité même des mœurs humaines s'oppose à ce qu'ils soient à jamais fixés. On les voit donc se modifier sans cesse sous l'action du temps et suivre, pas à pas, les progrès ou les mouvements de recul de la civilisation.

Au sortir des temps de la Genèse, durant ces divers

âges de pierre dont l'étendue confond notre imagination, l'homme anté-historique traîne sur la terre une vie misérable qui ne diffère pas essentiellement de celle des animaux. Comme eux, il est chasseur, il est pêcheur, il fait la guerre à son semblable. Comme eux, il est esclave de ses instincts et ne songe à guerroyer, comme eux, que pour assurer sa nourriture et pourvoir à sa reproduction. Peut-on dire qu'il y eût un droit des gens, alors que le monde était ainsi noyé dans les ténèbres? Si l'affirmative était possible, il faudrait ajouter que le droit de ces temps sauvages consacrait le rapt et l'anthropophagie; que les us de l'homme fauve l'autorisaient à poursuivre l'homme pour lui manger sa chair ou lui voler sa femelle (1).

A l'aurore des temps historiques, le code du droit des gens consacre franchement le meurtre, l'incendie, le butin, l'esclavage. On frémit en lisant dans la Bible la description d'une conquête faite, il y a trois mille ans, les armes à la main : on n'y découvre qu'une majestueuse et terrible organisation de l'extermination des vaincus.

« Tuez donc, dit Moïse après la défaite des Madianites (*Nombres*, XXI, 17), tuez tous les mâles, et même tous les enfants et les femmes mariées. » — « Et nous exterminâmes ces peuples... détruisant toutes les villes

---

(1) L'anthropophagie disparaît de bonne heure, mais la traite des femmes subsiste longtemps. La capture en est encore autorisée par la législation de Moïse. — « *Le butin que l'armée fit était de trente-deux mille vierges.* » (*Nombres*, XXXI, 35.) — Voyez aussi les *Nombres*, XXXI, 17, 36, 40, 43 et 46. — Le rapt était donc l'objet d'un article *écrit* du code du droit des gens des temps bibliques.

et les hommes et les femmes et les enfants. » (*Deutéronome*, III, 6.) — « Et ils tuèrent, dit Josué (VI, 21), tout ce qui était dans la ville de Jéricho, hommes, femmes, enfants, vieillards. Le glaive frappa même les bœufs, les brebis et les ânes. »

Ces coutumes sauvages étaient encore admises par les Romains. Dominateurs féroces, ces Romains tant admirés passaient impitoyablement par les armes les adversaires qui leur avaient bravement tenu tête.

Aux jours de triomphe, ils égorgeaient solennellement les prisonniers de guerre dont le *Tullianum* était toujours plein.

« Ils n'agissent ainsi, dit Polybe (X, 15), que pour imprimer partout la terreur du nom romain. Lorsqu'ils prennent d'assaut quelque place forte, on les voit non-seulement mettre à mort les défenseurs et les habitants, mais aussi couper en morceaux les chiens et tous les animaux domestiques. »

Serviles imitateurs des peuples de l'Orient, ces Romains détruisaient par le feu les villes dont ils ne pouvaient éteindre ni l'ardent patriotisme ni l'esprit de résistance désespérée. C'est ainsi que périssent Carthage, Corinthe et Numance : elles sont livrées aux flammes comme l'ont été, quatorze siècles auparavant, les villes, les villages et les forteresses des Madianites (*Nombres* XXXI, 10). Scipion Emilien et Mummius ne sont que des plagiaires de Moïse.

Quant au butin, il était de droit dans l'antiquité. Le

législateur des Hébreux ne fait aucun mystère de celui qu'il a fait sur les Madianites; il dresse même avec un soin minutieux l'inventaire de leurs dépouilles : — « Vêtements; vases; objets usuels faits de peau, de poils de chèvre ou de bois; 675,000 brebis; 72,000 bœufs; 61,000 ânes et 32,000 femmes; des bracelets; des anneaux; des pendants d'oreilles, des chaînes d'or. » (*Nombres*, XXXI, 20, 32, 33, 34, 35 et 50). C'est suivant ce principe que les Romains, non moins avides que les Juifs, ont successivement entassé dans leur ville les merveilles de Syracuse, de Corinthe et d'Alexandrie; les statues, les tableaux, les vases d'or et d'argent, les trésors de toutes les nations qu'ils ont soumises.

L'esclavage, enfin, tour à tour effet ou cause des guerres que se faisaient les peuples de l'antiquité, en était arrivé à l'état de véritable institution. De droit, le vaincu devenait esclave, quand on ne le massacrait pas; il passait à l'état de *chose*, et les marchands en trafiquaient. La *traite*, en un mot, était régulièrement organisée et fonctionnait sous la protection des lois internationales. Des peuplades, des nations entières étaient parfois réduites en esclavage. Les Hébreux sortaient à peine de leur longue captivité d'Égypte, quand Josué prononça sans remords l'ilotisme des Gabaonites. Il les fit « serviteurs de tout Israël, coupant du bois et portant de l'eau pour l'usage de toute la multitude ». (*Josué*, XI, 27.) Huit cents ans plus tard, les habitants de Jérusalem, voués à la servitude, étaient, à leur tour, dirigés en grandes bandes sur les rives du fleuve de Babylone, *super flumina Babylonis*. Les Romains abusèrent tant de toutes les formes de l'esclavage qu'ils furent un jour punis de leurs excès. Ils eurent à réprimer, en soixante ans, six conjurations d'esclaves, et leur puissance fut ébranlée par les secousses de trois *guerres serviles*. Eunus le Syrien réunit sous ses ordres jusqu'à 200,000 fugitifs; Athénion, 80,000; Spartacus, 120,000. Rome faillit périr.

En étudiant ainsi, parallèlement, les mœurs des Hébreux de Moïse et celles des Romains des derniers temps de la République, l'observateur constate ce fait attristant que, durant les quinze siècles antérieurs à l'ère chrétienne, le droit des gens ne fait aucun progrès. Il ne commence, en effet, à s'épurer que sous le souffle du christianisme. Dix-huit siècles s'écoulent, pendant lesquels il se livre bien des guerres, il se commet encore bien des horreurs; mais il faut reconnaître que, peu à peu, dans tous les pays de l'Europe, les mœurs s'adoucissent; que la barbarie s'efface; que la parole d'un Dieu de paix tend à ruiner l'empire d'une force brutale qui n'est point supérieure au droit.

CHAPITRE TROISIÈME.

LE DROIT INTERNATIONAL AU XIXᵉ SIÈCLE.

Au commencement de ce siècle, Portalis exprimait cette idée consolante que désormais la guerre serait restreinte dans son action jusqu'alors redoutable.

« Le droit de la guerre, disait-il, est fondé sur ce qu'un peuple, pour l'intérêt de sa conservation ou pour le soin de sa défense, veut, peut ou doit faire violence à un autre peuple.

« C'est le rapport des choses, et non des personnes, qui constitue la guerre ; elle est une relation d'État à État, non d'individu à individu.

« Entre deux ou plusieurs nations belligérantes, les particuliers dont ces nations se composent ne sont ennemis que par accident ; ils ne le sont point comme hommes, ils ne le sont même pas comme citoyens ; ils le sont uniquement comme soldats. »

« La guerre, dit aussi M. Bluntschli (*Code interna-*

tional), est une lutte entre deux États, et non une lutte entre des particuliers. User d'autant de ménagements que possible envers ces derniers, tel est le caractère distinctif de la guerre civilisée. Aussi, pour protéger les grands centres de population contre les dangers de la les guerre, on déclare, le plus souvent, *villes ouvertes...* »

« Enfin, dit M. Ch. Giraud (*Revue des Deux-Mondes*, n° du 1ᵉʳ février 1871), les haines nationales, les luttes armées de race à race, sont d'un temps qui n'est plus. Le bon sens, le sentiment moral, l'instinct de la civilisation en interdisent le réveil.

« C'est une folie condamnable que de transformer un dissentiment politique en une aversion de peuple à peuple, de religion à religion, de race à race, comme au temps des croisades ou des invasions barbares.

« Le monde est un vaste théâtre d'action. La liberté de l'un y heurte constamment la liberté de l'autre. De là des conflits, mais de là aussi le sentiment du droit qui n'est autre chose que le règlement de la liberté.

« Il y a un abîme entre la guerre régulière, limitée, et la tempête désordonnée qui, attisant les passions internationales, met en péril l'ordre social lui-même. Le progrès des temps modernes consiste à restreindre la lutte dans les bornes d'un conflit politique par le ministère des armées régulières — la participation de tout un peuple à la guerre demeurant désormais exclue des usages. »

La loi était donc manifeste. On pouvait dire que, en

l'an 1870 de notre ère, les guerres de religion et de race n'avaient plus de raison d'être; que la guerre n'était plus qu'une manière de résoudre les questions politiques; que, en tout cas, elle ne comportait plus ni le meurtre, ni l'incendie, ni le butin, ni l'esclavage... quand, tout à coup, vers la fin de cette malheureuse année, la loi a subi un temps d'arrêt.... M. de Bismarck a ramené notre époque aux plus mauvais temps de l'histoire des nations; la civilisation a paru reculer de vingt siècles, et les gens de cœur ont pu se demander avec angoisses si l'humanité était condamnée à retourner à la barbarie, aux férocités d'un autre âge.

Sommes-nous donc appelés, à revenir au temps où les Vandales ariens, ancêtres des Prussiens protestants, s'emparaient des places fortes par des moyens que réprouveraient peut-être aujourd'hui les guerriers néo-Zélandais? Les soldats de Huneric procédaient comme il suit aux opérations de l'investissement : ils égorgeaient des milliers de prisonniers ou, à défaut, d'habitants des campagnes, et amassaient ainsi, à l'entour des murailles assiégées, un nombre considérable de cadavres... Cela fait, ils s'en allaient, à quelque distance, attendre que la décomposition des corps morts amenât l'infection de l'air ambiant... et la peste, finalement, réduisait les défenseurs à merci.

Cela se passait ainsi vers la fin du cinquième siècle de notre ère, alors que le bombardement n'était pas encore inventé.

CHAPITRE QUATRIÈME.

JURISPRUDENCE PRUSSIENNE.

Il est volumineux, on le sait, le dossier criminel de nos ennemis les Prussiens. Nous n'en extrairons que quelques pièces, celles qui appartiennent de droit au procès que nous voulons instruire.

Nos ennemis ont inauguré contre nous le système de *la guerre moderne* dans laquelle, écrit la *Gazette de Silésie*, du 2 janvier, « un peuple se rue contre un autre peuple pour la vie ou la mort ». Cela étant, tous les moyens leur étaient bons et, toute résistance exaspérant leurs sentiments de haine, ils se sont rendus coupables d'un nombre incalculable d'assassinats. — « Alors que la nation entière est appelée aux armes, dit M. de Chaudordy en sa circulaire du 19 novembre aux agents diplomatiques de la France, on a fusillé impitoyablement, non-seulement des paysans soulevés contre l'étranger, mais encore des soldats pourvus de commissions et revêtus d'uniformes légalisés. » Nos braves et loyaux adversaires ont même parfois enduit de pétrole et brûlé vifs nos francs-tireurs. C'est ainsi qu'ils comprenaient et professaient le respect de la vie humaine.

Le gouvernement français s'indigna de tant d'horreurs et fit publier ce qui suit par son organe officiel :

« Nous combattons, dit-il, un ennemi qui, pour atteindre son but, ne recule devant aucun des moyens que, depuis longtemps, les usages de la guerre ont fait disparaître de la pratique des nations civilisées. Ainsi, en plusieurs circonstances, les chefs prussiens ont élevé la prétention de ne considérer comme ayant le droit de leur résister que les citoyens revêtus d'uniformes, enrégimentés, et placés directement sous les ordres de l'administration militaire. Quiconque n'est pas dans ces conditions est traité par eux comme un espion, c'est-à-dire impitoyablement fusillé. Une telle manière d'agir envers un peuple envahi est une barbarie condamnée par tous les principes de la morale et de la justice, aussi bien que par les traditions de l'histoire. Nous ne pouvons en citer de plus décisives que celles fournies par la Prusse elle-même. A une époque où la fortune l'accablait, où les débris de ses armées régulières détruites s'épuisaient en vains efforts pour arrêter le vainqueur, elle fit appel à la nation entière, et lui ordonna de se lever pour faire à l'étranger une guerre implacable de partisans.

« Les questions d'uniforme préoccupaient fort peu les patriotes qui organisaient ce mouvement, et ils se fussent indignés qu'on refusât la qualité et les prérogatives de soldat aux hommes du *landsturm* auxquels ils permettaient des habits civils.

« Il est bon ici de préciser ces souvenirs et de mentionner textuellement les actes :

« La trahison militaire du général York une fois accomplie, les États de la province de Prusse se réunissent et prennent, sous l'aveu du pouvoir central, l'initiative des mesures de guerre contre la France. Le général York, malgré sa destitution et le désaveu royal de sa défection, est nommé gouverneur de la province; on organise la *landwehr* et le *landsturm*.

« Le *landsturm* n'était mis en activité qu'au moment où l'ennemi s'approchait de la province. Alors il s'arme de fusils de chasse ou de tous autres, de piques, de faulx, de haches, de tout instrument propre à l'attaque, et se donne pour but principal l'enlèvement des convois, la destruction des petits détachements, des traînards, des maraudeurs de l'ennemi.

« Tel était le rôle tracé au *landsturm* par l'ordonnance du 7 février 1813. Le 13 février, le roi avait ordonné la création d'un détachement de chasseurs volontaires à la suite de chaque bataillon d'infanterie. Bientôt après, il autorise la formation de corps francs qui devaient se recruter *surtout parmi les étrangers* et ne rien coûter à l'État. Le 9 février, on supprime toutes les exemptions du service militaire, hormis celles que la nature ou l'intérêt social rendaient nécessaires, et l'on décrète que tous les citoyens, sans distinction de naissance, de rang, de fortune, sont mis à la disposition de la patrie pour sa défense.

« Le préambule de l'édit porte ce qui suit :

« A l'approche de l'ennemi, tous les habitants des
« villages doivent s'en aller avec leurs bestiaux, leurs
« effets, emporter ou détruire les farines et les grains,
« faire couler les tonneaux, brûler les moulins et les
« bateaux, combler les puits, couper les ponts, incen-
« dier les moissons approchant de la maturité. Les villes
« ne seront pas abandonnées. Mais l'existence d'une
« garde bourgeoise sous la surveillance ennemie est dé-
« fendue; dans les villes occupées par l'ennemi, les bals,
« les fêtes, les mariages même sont interdits. »

« Et, s'adressant au peuple, l'édit ajoute :

« Le combat auquel tu es appelé sanctifie tous les
« moyens. Les plus terribles sont les meilleurs; non-
« seulement tu harcèleras continuellement l'ennemi,
« mais tu détruiras et anéantiras les soldats isolés ou
« en troupes, tu feras main basse sur les maraudeurs. »

« Tel était le langage de la Prusse en 1813, et c'est grâce à l'énergie des hommes qui le lui ont inspiré qu'elle a sauvé sa nationalité et, plus tard, vengé ses défaites. Comment pourrait-elle, aujourd'hui que les rôles sont renversés, dénier à chaque citoyen français le droit sacré de prendre une arme et de la diriger contre les envahisseurs? Ce droit nous le tenons de la nature et de la loi.

« Une nation écrasée par la force conquérante résiste tant qu'elle le peut, et cette résistance ne peut amener contre ceux qui y prennent part aucune rigueur militaire en dehors de la lutte. Partout, un homme désarmé est protégé par son impuissance de nuire, et, quand l'arme qui lui est arrachée n'avait été saisie par lui que pour la défense de son sol natal, de son foyer, de sa famille, l'immoler froidement est un acte de lâche cruauté qu'aucun sophisme ne saurait excuser (1). »

Cette protestation, il faut bien le dire, ne fit que surexciter les fureurs de la presse allemande qui se mit, à prêcher de plus belle, le meurtre, les *étranglements* et les supplices les plus raffinés. C'est ainsi que s'exprimait par exemple, la *Nouvelle Gazette de Prusse* du 3 janvier 1871 :

« La patrie doit apprendre que ses fils n'ont plus à combattre des ennemis honorables, mais un peuple de fanatiques et de fous (*Follhæussler*) qui, avec des moyens atroces, fait une guerre de race à de dignes soldats, guerre qui ne prendra fin que le jour où les foyers de la soi-disant défense nationale auront été éteints les hommes en état de porter les armes, terrassés ; et la ri-

---

(1) Le gouvernement français eût pu faire suivre son document de cet extrait de la *Guerre de Trente ans,* de Schiller :

« L'électeur de Brandebourg, sans armée pour défendre son pays,... publia un édit par lequel il ordonnait à ses sujets de repousser la force par la force et de tuer sans merci tout soldat impérial surpris en rase campagne. Les vexations étaient arrivées à ce point et la détresse du gouvernement était telle qu'il ne restait plus au souverain que la ressource désespérée de *légitimer* la défense personnelle.»

chesse matérielle de ce peuple, anéantie. Si nous touchons à la période de l'histoire qui sera marquée par la chute de l'empire des Francs qui, depuis mille ans, ne vit que de vols de territoires et d'intrigues — et la prolongation de la lutte semble l'indiquer — alors le chevalier de Saint-Georges qui tuera ce dragon ne devra pas seulement *se contenter de l'étrangler*

. . . .

Contre la guerre de race, il n'y a qu'un remède, l'extermination : *Similia similibus !* »

Outre le meurtre froidement arrêté, les Prussiens ont partout décrété la mise du feu aux villes et aux villages, exactement comme le faisait Moïse, il y a trois mille ans.

« Pour punir une ville, dit M. de Chaudordy, de l'acte d'un citoyen coupable uniquement de s'être levé contre les envahisseurs, des officiers supérieurs ont ordonné l'incendie, abusant pour cette exécution sauvage de l'implacable discipline imposée à leurs troupes. Toute maison où un franc-tireur a été abrité et nourri est incendiée. — On met le feu aux villes en inondant de pétrole les boiseries des maisons. »

Tous ces méfaits étaient prémédités.

Le village de Cherisy, près de Dreux, avait été frappé d'une réquisition fournie à grand'peine, lorsque la troupe prussienne qui l'avait exigée fut attaquée, à quelque distance, par des francs-tireurs étrangers au village. L'ennemi eut plusieurs hommes hors de combat. Pour ce seul fait d'une agression à main armée, tentée sur le territoire de la commune, Cherisy, à titre de représailles et de solidarité, fut l'objet d'un retour offensif de la part des Prussiens, lesquels sans enquête, sans examen, sans distinction de personnes, ont procédé froidement, méthodiquement, à l'incendie du village par le pétrole et la poudre.

Le hameau de Houdan était innocent de toute agression et ne pouvait éveiller aucun soupçon. Il a été brûlé, saccagé, livré au pillage, en punition de ce que, dans le voisinage, l'ennemi n'avait pu pénétrer dans la ville de Dreux.

Et cependant, il n'y a pas longtemps qu'un Allemand, M. Heffter, auteur d'un livre sur le droit international, professait, à Berlin même, que les exécutions militaires n'étaient plus de notre temps; qu'il fallait de bien grandes extrémités pour se les permettre; que jamais elles ne pouvaient être le but direct d'un acte légitime de la force armée.

En ce qui concerne le butin, nos vainqueurs ne s'en sont pas fait faute. « Et, pourtant, dit M. Bluntschli (*Code international*), le droit des gens refuse aux armées établies sur le territoire ennemi le droit d'exiger des villes ou des particuliers d'autres contributions que celles qui sont absolument indispensables pour subvenir à l'entretien et aux mouvements de l'armée. Les lois de la guerre n'autorisent pas les réquisitions purement pécuniaires. — L'Europe répudie cette façon d'agir, reste des temps barbares. »

Mais, les faits sont là. — « Nous n'insisterons pas, dit M. de Chaudordy, sur ces réquisitions démesurées en nature et en argent, non plus que sur cette espèce de marchandage militaire qui consiste à imposer les contribuables au delà de toutes leurs ressources. Nous laissons l'Europe juger à quel point ces excès furent coupables; mais on ne s'est pas contenté d'écraser ainsi les villes et les villages, on a fait *main-basse sur la propriété privée des citoyens.*

« Après avoir vu leur domicile envahi, après avoir subi les plus dures exigences, les familles ont dû livrer leur argenterie et leurs bijoux. Tout ce qui était précieux a été saisi par l'ennemi, et entassé dans ses sacs et ses chariots. Des effets d'habillement enlevés dans les maisons et dérobés chez les marchands ; des objets de toute sorte, des pendules, des montres ont été trouvés sur les prisonniers tombés entre nos mains. On s'est fait livrer et l'on a pris, au besoin, aux particuliers de l'argent. Tel propriétaire arrêté dans son château a été condamné à payer une rançon personnelle de 80,000 francs; tel autre s'est vu dérober les châles, les fourrures, les dentelles, les robes de soie de sa femme. Partout, les caves ont été vidées; les vins, empaquetés, chargés sur des voitures et emportés. »

Les officiers de l'armée allemande ont vraiment de singulières façons d'entendre et de traiter les questions d'honneur. Peut-être ne considèrent-ils la probité que comme une entité purement psychologique... On serait tenté de le croire à la lecture de ce document qu'a publié le *Journal Officiel* :

« Le sieur Paul Wagner, de Stuttgard, porte-enseigne au 7ᵉ régiment d'infanterie wurtembergeois, 1ᵉʳ bataillon, 3ᵉ compagnie, atteint d'un coup de feu à la tête dans les récents combats sous Paris, est décédé, le 3 décembre au matin, dans une ambulance du quartier des Batignolles et a été inhumé, avec des égards particuliers, au cimetière de la Villette où il a été accompagné par le pasteur Pfinder, chargé du service religieux.

« Les frais de cette inhumation ont été, en totalité, supportés par la République, bien que le décédé ait été trouvé porteur de valeurs dont la possession, du reste, a été jugée assez irrégulière pour qu'on ait cru devoir la soumettre à une enquête spéciale.

« Il est résulté de cette enquête qu'une habitation de cultivateur, à Champigny-sur-Marne (Seine), a été, pendant son occupation momentanée par les Allemands, et en l'absence des propriétaires, soumise à diverses investigations à la suite desquelles un coffre en fer, solidement fermé, et enterré à 25 centimètres de profondeur sous le parquet d'un placard, a été dérobé par les occupants.

« Ce coffre contenait des bijoux, des obligations et des titres de diverses natures, pour la reprise ultérieure desquels il a été fait telles oppositions conservatrices que de droit.

« La possession par le décédé Wagner d'une action

des chemins de fer de l'Est, n° 303,348, renfermée dans ce coffre, indique qu'il a été fait un partage des valeurs entre les officiers allemands cantonnés à Champigny. »

Telle est la morale de l'avenir!... La philosophie allemande a fait d'excellents élèves, parmi lesquels les militaires ne dédaignent pas de briguer le premier rang. Pour nous, les vaincus d'hier, nous étions gens bien arriérés. Nous pensions que l'épaulette d'un officier était comme un talisman qui devait l'empêcher de se faire voleur.

Quant à l'ilotisme et à l'esclavage, les Prussiens ne pouvaient raisonnablement songer à les remettre en vigueur, mais ils en ont cependant restitué une variété en opérant la renaissance de la pratique des otages, si bien consacrée par les mœurs antiques (1). Mais cet odieux abus de la force est une manœuvre que réprouve aujourd'hui la civilisation; il est condamné par toutes les consciences honnêtes et nous ne saurions mieux faire que de reproduire ici un passage du réquisitoire du commandant Rustant à la séance du 6me conseil de guerre du 17 janvier 1872 :

« Il n'est pas nécessaire, dit-il, de remonter aux temps bibliques, aux guerres de Troie et de Macédoine,

---

(1) Les Prussiens n'ont jamais rien inventé, ils ne font qu'étudier l'histoire; mais, aveuglé par la passion, leur esprit ne sait pas en dégager des enseignements moraux. Ils connaissent à fond l'antiquité; et, loin de répudier d'odieux anachronismes, leur art militaire s'applique à copier servilement les modèles qu'ils y rencontrent. — Voyez *Les modèles militaires de la Prusse*, dans le *Journal des sciences militaires*, livraison de janvier 1872.

ni même au moyen âge, pour retrouver l'emploi de ce moyen inique que l'on nomme la prise d'otages ; mais, si j'ai la douleur de ne pouvoir condamner et flétrir les peuples qui font entrer ce système dans les combinaisons stratégiques de la force, j'ai du moins la consolation d'affirmer qu'en France, dans ce pays qui, seul, ne reconnaît pas de droit contre le droit, dans cette patrie de Montesquieu et de Voltaire, du général Foy et de Lamennais, même aux temps les plus douloureux de notre histoire, ce moyen fut toujours considéré comme un accident et jamais comme un principe.

« Au point de vue de l'intelligence et de la conscience de tous, qu'est-ce en effet que prendre des otages ? C'est d'abord faire acte d'impuissance et, surtout, acte d'injustice : car on punit sûrement un innocent pour celui que l'on croit coupable. C'est donc faire preuve de sentiments de haine, de dépit et de colère contre la décision de sa conscience. Nous n'avons qu'un mot dans notre langue pour qualifier toutes ces passions : prendre des otages, c'est commettre une lâcheté. »

Et, antérieurement au procès des assassins des otages de la Commune, M. de Chaudordy avait exprimé une opinion de tous points semblable.

« La Prusse écrivait-il, en sa circulaire du 19 novembre 1870, a organisé un système de responsabilités indirectes qui, parmi tant de faits iniques, restera comme le trait le plus caractéristique de sa conduite à notre égard.

« Pour garantir la sûreté de ses transports et la tranquillité de ses campements, elle a imaginé de punir toute atteinte portée à ses soldats ou à ses convois par l'emprisonnement, l'exil, ou même la mort d'un des notables du pays. L'honorabilité de ces hommes est devenue un danger pour eux. Ils ont à répondre, sur leur fortune et sur leur vie, d'actes qu'ils ne pouvaient ni prévenir ni réprimer, et qui, d'ailleurs, n'étaient que l'exercice légitime du droit de défense. Elle a emmené quarante otages parmi les habitants notables des villes de Dijon, Gray et Vesoul, sous prétexte que nous ne mettons pas en liberté 40 capitaines de navires faits prisonniers selon les lois de guerre. Mais ces mesures, de quelques brutalités qu'elles fussent accompagnées dans l'application, laissaient au moins intacte la dignité de ceux qui avaient à les subir. Il devait être donné à la Prusse de joindre l'outrage à l'oppression. On a exigé de malheureux paysans entraînés par force, retenus sous menaces de mort, de travailler à fortifier les ouvrages ennemis et à agir contre les défenseurs de leur propre pays. On a vu des magistrats, dont l'âge aurait inspiré le respect aux cœurs les plus endurcis, exposés, sur les machines des chemins de fer, à toutes les rigueurs de la mauvaise saison et aux insultes des soldats. »

La Prusse n'avait pas le droit d'emmener comme otages des hommes auxquels il était impossible de reconnaître ou d'attribuer la qualité de combattants. Elle usait d'ailleurs de mauvais prétextes, ainsi que le constata cette note du gouvernement de la défense nationale, en date du 7 janvier 1871 :

« Des journaux étrangers ont annoncé, il y a quelque temps, qu'un certain nombre de notables des départements de la Côte-d'Or et de la Haute-Saône avaient été arrêtés par ordre des autorités prussiennes, et envoyés en Allemagne pour y être détenus à titre d'otages. Les motifs que l'on indiquait pour expliquer cette mesure étaient que la marine française, ayant capturé des bâtiments du commerce allemand, avait retenu les marins comme prisonniers de guerre.

« La Prusse, ajoutait-on, ne reconnaissait pas à la France le droit de procéder ainsi à l'égard de gens inoffensifs qui devaient, au contraire, selon elle, être remis en liberté après la capture du bâtiment.

« Le Gouvernement de la défense nationale avait d'abord révoqué en doute un fait appuyé sur une prétention aussi nouvelle; mais ce fait a été depuis confirmé par la délégation de Tours, et M. le comte de Bismarck s'est efforcé de le justifier dans une communication officielle transmise au ministre des affaires étrangères à Paris.

« Suivant les termes de cette communication, la capture des marins du commerce serait en contradiction avec les règlements du droit moderne et avec les principes de la civilisation.

« L'unique raison qu'allègue M. le comte de Bismarck, c'est que les marins allemands seraient étrangers, par leur état, aux opérations militaires.

« A ces affirmations nous pouvons opposer l'usage constamment suivi jusqu'à ce jour par les puissances maritimes.

« Le droit de capturer les équipages a toujours été considéré comme connexe de celui de saisir le navire et n'a été contesté par aucun cabinet. La France, l'Angleterre, l'Italie, d'un côté, et la Russie, de l'autre, en ont fait l'application pendant la guerre d'Orient. La même règle a dirigé la conduite des parties belligérantes durant la guerre d'Italie, et la Prusse s'y est conformée, de son côté, dans la guerre des duchés. Voici le texte du règlement publié par elle le 20 juin 1864 :

« Art. 18. L'équipage d'un navire capturé est soigné
« et entretenu aux frais de l'État jusqu'à ce qu'il inter-
« vienne un jugement sur la prise. Lorsque la prise est
« validée, les sujets ennemis appartenant à l'équipage
« doivent être traités comme prisonniers de guerre.
« Par contre, les sujets des nations amies ou neutres
« sont mis à la disposition des consuls de leur pays. »

« Devant un texte aussi explicite tout commentaire devient superflu. En retenant prisonniers les marins des navires capturés par nos bâtiments, le Gouvernement de la défense nationale ne fait qu'appliquer le droit pratiqué par toutes les puissances et par la Prusse elle-même dans les dernières guerres, et le cabinet prussien ne serait fondé à prendre des otages français que si nous avions violé le droit des gens envers des sujets allemands.

« C'est donc lui qui se place en contradiction avec tous les principes, en saisissant dans leurs familles des citoyens qui n'appartiennent pas à l'armée, et en les internant en Allemagne. Le ministre des affaires étrangères a fait parvenir ces observations à M. le comte de Bismarck, et, si la Prusse persiste à maintenir les mesures de représailles qu'elle a injustement adoptées, l'intention du Gouvernement de la défense nationale est de protester auprès des cabinets et de soumettre la question à leur jugement. »

Les questions de droit des gens n'embarrassent et, surtout, n'arrêtent jamais M. le comte de Bismarck. Malgré l'irrécusable netteté de cette note, les meurtres, les incendies, le pillage et la capture des notables se poursuivirent imperturbablement.

« Tels sont les faits, ajoute M. de Chaudordy. La responsabilité en pèse tout entière sur le gouvernement prussien. Rien ne les a provoqués, et aucun d'eux ne porte la marque de ces violences désordonnées auxquelles cèdent parfois les armées en campagne. Il faut qu'on le sache bien, ils sont le résultat d'un système réfléchi dont les états-majors ont poursuivi l'application avec une rigueur scientifique. Ces arrestations arbitraires ont été décrétées au quartier-général; ces cruautés, résolues comme un moyen d'intimidation; ces réquisitions, étudiées d'avance; ces incendies, allumés froidement avec des ingrédients soigneusement apportés; ces bombardements contre des habitants inoffensifs, ordonnés. Tout a donc été voulu et prémédité. C'est le caractère propre aux horreurs qui font de cette guerre la honte de notre siècle.

« La Prusse a non-seulement méconnu les lois les plus sacrées de l'humanité, elle a manqué à ses engagements personnels. Elle s'honorait de mener un peuple en armes à une guerre nationale. Elle prenait le monde civilisé à témoin de son bon droit! Elle conduit maintenant à une guerre d'extermination ses troupes transformées en hordes de pillards; elle n'a profité de la civilisation moderne que pour perfectionner l'art de la destruction. Et, comme conséquence de cette campagne, elle annonce à l'Europe l'anéantissement de Paris, de ses monuments, de ses trésors, et la vaste curée à laquelle elle a convié l'Allemagne. »

Et pendant que les hommes d'État et les généraux prussiens violaient outrageusement tous les articles du Code du droit des gens, leur souverain publiait ces proclamations qui n'ont pas besoin de commentaires :

« J'attends de vous que vous tiendrez à honneur de vous signaler en pays ennemi, surtout par l'*excellente discipline* dont, jusqu'à ce jour, vous avez donné le glorieux exemple. *Nous ne faisons pas la guerre aux habitants paisibles de la France*, et le premier devoir d'un soldat loyal est de protéger la propriété privée ; de ne pas souffrir que la haute réputation de notre armée soit atteinte, ne fût-ce que par un fait isolé de manque de discipline.

« Je compte sur l'esprit élevé qui anime l'armée; je ne compte pas moins sur la sévérité et sur la circonspection de tous les chefs.

« Au quartier général de Hombourg, le 8 août 1870.

« Guillaume. »

— . . . . : . . . . .

« Une grande partie des habitants de la France a abandonné ses paisibles travaux, *que nous n'avions pas entravés*, pour prendre les armes... »

. . . .

« Quartier-général de Versailles, le 6 décembre 1870.

« Guillaume. »

Pour ce qui est du bombardement des villages et des villes ouvertes, il est certain que ni les Romains ni les Hébreux ne possédaient aucun moyen d'attaque similaire ou équivalent. Ce procédé est absolument d'invention prussienne.

« L'intimidation, nous apprend encore M. de Chaudordy, est devenue un moyen de guerre. On a voulu frapper de terreur les populations et paralyser en elles tout élan patriotique. Et c'est ce calcul qui a conduit les états-majors prussiens à un procédé unique dans l'histoire, le bombardement des villes ouvertes. Le fait de lancer sur une ville des projectiles explosibles et incendiaires n'est considéré comme légitime que dans des circonstances extrêmes et strictement déterminées. Mais, dans ces cas même, il était d'un usage constant d'avertir les habitants, et jamais l'idée n'était entrée jusqu'à présent dans aucun esprit que cet épouvantable moyen de guerre pût être employé d'une manière préventive. Incendier les maisons, massacrer de loin les vieillards et les femmes, attaquer pour ainsi dire les défenseurs dans l'existence de leurs familles, les atteindre dans les sentiments les plus profonds de l'humanité, pour qu'ils viennent ensuite s'abaisser devant le vainqueur et solliciter les humiliations de la nation ennemie, c'est un raffinement de violence calculée qui touche à la torture.

« On a été plus loin cependant, et, se prévalant par un sophisme sans nom de ces cruautés même, on s'en fait une arme. On a osé prétendre que toute ville qui se défend est une place de guerre et que, puisqu'on la bombarde, on a ensuite le droit de la traiter en forteresse prise d'assaut.

« Et même, lorsqu'une ville ouverte ne se défend pas, on a pratiqué le système du bombardement sans explication préalable, et avoué que c'était le moyen de la traiter comme si elle s'était défendue et qu'elle eût été prise d'assaut. »

Les Prussiens ont osé soutenir que ces bombardements odieux n'étaient, de leur part, que des actes de représailles. Ils ont prétendu que nous leur avions donné l'exemple du crime, en bombardant la ville de Sarrebrück. « Ce reproche, dit le général Frossard (1), formulé d'abord dans des télégrammes officiels prussiens, s'est trouvé reproduit dans plusieurs publications. Un journal officiel de l'administration allemande, à Versailles, répondant à une circulaire du ministre français des affaires étrangères, s'est permis de dire :... *M. de Chaudordy parle d'un procédé unique dans l'histoire, du bombardement des villes ouvertes. Il est à la connaissance de tout le monde que l'armée française a commencé la campagne en bombardant Sarrebrück....* Dans un autre numéro du même journal on lit : *Sarrebrück, ville ouverte et sans défense, a été brûlée de gaieté de cœur..*

— « Eh bien, poursuit le général, en ce qui concerne Sarrebrück, toutes ces allégations sont absolument contraires à la vérité. Cette ville n'a été ni bombardée, ni brûlée, ni même menacée du feu. Le général Frossard a été, pendant quatre jours, maître de Sarrebrück. Il a fait tirer sur la gare du chemin de fer, sur des colonnes ou des voitures en retraite ; il a fait canonner, en dehors de la ville, aux abords de la gare, des convois de troupes ou de matériel qui, la nuit, essayaient de se servir encore de la voie ferrée, mais pas un obus n'a été tiré sur la ville..... — En agissant ainsi, le commandant du 2ᵉ corps français voulait marquer *ce que doit être la guerre vis-à-vis des populations en pays civilisés.* Il devait croire que

---

(1) *Rapport sur les opérations du deuxième corps de l'armée du Rhin, dans la campagne de* 1870. — Paris, Dumaine, 1871.

son exemple serait suivi par nos ennemis s'ils pénétraient en France.

« Cette réserve n'a pas été imitée par eux. Nous laissons aux Allemands la responsabilité de leurs actes et nous ne regrettons point de n'avoir pas fait ce que nous condamnons dans leur conduite.... — Il nous semble que, avec un peu de réflexion, les Prussiens auraient dû se montrer plus modérés. La fortune des armes étant changeante, il y a toujours péril à créer de mauvais précédents. »

Les bombardeurs avaient décidément besoin d'invoquer, à tout propos, le droit de représailles et cet appel au droit fait par ceux qui le foulaient aux pieds n'est évidemment que l'exécution d'une consigne générale donnée aux officiers et aux soldats. Voici, par exemple, ce qu'ose écrire le major Blume, un militaire des plus sérieux :

— « L'artillerie de la place de Strasbourg dirigeait un feu violent et continuel contre la ville et le village de Kehl sur la rive gauche du Rhin. Des incendies s'y déclaraient et une partie des maisons était réduite en cendres.

« Toutes les observations adressées à ce sujet au commandant de la place étant demeurées sans effet, le général de Werder *ne pouvait hésiter plus longtemps* à faire usage du même procédé contre Strasbourg. Dans la nuit du 23 au 24 août, des batteries sont donc construites sur les deux rives du Rhin pour 56 pièces de siége et 54 pièces de campagne ; et, dans la soirée du 24, commence un *violent bombardement d'un effet extraordinaire.* »

Le ton de cet exposé de motifs serait vraiment comique s'il n'était révoltant. Eh! quoi! major, si Strasbourg est en ruines c'est qu'elle l'a bien voulu, c'est de sa faute!...

En êtes-vous bien sûr?... Ne trouvez-vous pas plus commode de bombarder les villes, que d'en attaquer régulièrement les remparts?

Et Péronne!.. Péronne dite autrefois *la Pucelle* et dont l'écu portait pour devise : *urbs nescia vinci!*.. C'est elle aussi sans doute qui a provoqué le bombardement dont elle a été victime du 28 décembre au 9 janvier! On ne pouvait lui reprocher de tirer sur une ville allemande ou de réduire en cendres les maisons d'un village allemand, mais elle était la clé de la ligne de la Somme... Voilà quel était son crime. La vierge ne voulait pas se laisser séduire... On l'a violée. « Le bombardement de Péronne *ex abrupto,* écrit M. Blondin, est peut-être dans cette campagne, si riche pourtant en faits de ce genre, un des exemples les plus complets et les plus odieux de cette férocité calme et méthodique que les généraux du roi Guillaume prétendent introduire dans les usages de la guerre. Le 28 décembre à midi, un parlementaire du général de Senten se présentait porteur d'une sommation conçue à peu près en ces termes : « L'armée du « Nord s'est retirée derrière Arras. Mes troupes cernent « de tous côtés la place de Péronne. Je vous somme de « me la rendre, vous déclarant que j'ai les moyens de « vous y contraindre et je vous rends responsable de tous

« les malheurs que le bombardement entraînerait pour
« la population civile. »

Cette fois, c'était de la franchise ou plutôt de l'effronterie. Le général de Senten déclarait nettement que son armée ne faisait la guerre ni aux défenses ni aux défenseurs des places fortes mais bien aux propriétés privées et aux populations inoffensives. Soit, général. Mais alors les hommes que vous avez l'honneur de commander ne sont plus des guerriers... ce sont des malfaiteurs en grandes bandes. Ainsi le veut l'impitoyable logique qui peut encore vous dire : Pendant que vous outragiez la Pucelle, le roi, votre maître, attentait à la pudeur de l'Histoire, en se proclamant vainqueur *avec l'aide de Dieu*. Non, ce souverain, que le succès enivre, n'avait pas le droit de s'écrier, ainsi qu'il l'a fait le 3 janvier 1871 :

« Je considère avec une fierté joyeuse les faits d'armes
« brillants et inattendus des armées allemandes réunies,
« qui, avec l'aide de Dieu, ont, par leur valeur sans
« égale, préservé la patrie des horreurs et des souf-
« frances de la guerre, et, pleines de courage et d'en-
« thousiasme pour la juste et sainte cause, poursuivi,
« dans une série de victoires ininterrompues, l'ennemi
« jusqu'au cœur de son pays. »

CHAPITRE CINQUIÈME.

INTERPRÉTATION DU DROIT DE BOMBARDEMENT DES PLACES FORTES.

Les bombardements sont classés au nombre des moyens d'attaque qui, de tout temps, ont joui du privilége de soulever la réprobation universelle. Lorsque, le 28 octobre 1681, le vieux Duquesne brûla la moitié de la ville d'Alger au moyen des *galiotes à bombes* récemment inventées par le chevalier Bernard Renaud, on fut stupéfait des résultats obtenus; « mais, dit Voltaire (1), cet art, porté bientôt chez les autres nations, ne servit qu'à multiplier les calamités humaines et fut, plus d'une fois, redoutable à la France où il fut inventé. »

Les Anglais, qui nous imitèrent, portèrent, en effet, bientôt tout le poids des malédictions du monde civilisé. Il faut dire qu'ils insultaient nos ports de l'Océan non-seulement par des pluies de bombes, mais encore par l'effet combiné de machines infernales analogues à celle de Zambelli. Tous leurs efforts visèrent alors à re-

---

(1) *Siècle de Louis XIV*, chapitre XIV.

jeter sur la France l'odieux de la découverte. Telle est la signification de la médaille frappée en l'honneur du prince d'Orange après le bombardement du Havre (1694). L'avers représente le taureau de Phalaris accompagné de cette inscription :

SVIS PERIT IGNIBVS AVCTOR.

Et au revers :

PORTVS GRATIÆ EXVSTVS ET EVERSVS BOMBARDIS ANGLO-BATAVIS. — MDDXCIIII.

Un siècle après cet événement, les Autrichiens, qui brûlèrent Lille à coups de boulets rouges, furent, à leur tour, honnis; puis, les Anglais, rentrant en lice, se firent de nouveau maudire à l'occasion des bombardements de Copenhague et de Washington. Ce dernier, brutalement opéré par l'amiral Cochrane, souleva un *tolle* européen, et le célèbre Mackintosh en fit l'objet d'une accusation contre le ministère à la chambre des Communes.

Il considérait, dit-il, cette œuvre de destruction comme cent fois plus honteuse pour l'Angleterre que la pire des défaites. C'était une rigueur qui devait faire de la puissance anglaise un objet de haine publique et d'alarme européenne. C'était une attaque, non contre la force ou les ressources d'un État, mais contre l'honneur national et les affections publiques d'un peuple. — Après vingt-cinq ans de la guerre la plus violente, ajoutait-il, dans laquelle chaque grande capitale du continent européen avait été épargnée, presque respectée par l'ennemi, était-il réservé à l'Angleterre de violer cette courtoisie universelle, cette estime décente envers les siéges de la dignité nationale, estime qui, au milieu des emportements de l'inimitié, manifestait le respect des nations civilisées les unes pour les autres? Que signifiait cette exécution militaire contre les demeures paisibles du citoyen, l'asile du pauvre, les palais de gouvernement, des salles de législation, des tribunaux de justice, des dépôts d'archives, des monuments de l'histoire, des collections d'objets d'arts qui honorent l'humanité et de toutes choses qui font la gloire des sociétés civilisées, sans acception de nationalité? Il rougissait pour l'Angleterre de cet outrage au sens commun du genre humain et à la raison publique de son siècle.

Le parlement anglais témoigna hautement sa désapprobation au ministère qui avait donné l'ordre du bombardement et à l'officier général qui l'avait exécuté avec une promptitude inconsidérée.

De nos jours enfin, aux débuts de cette guerre qui couvrira de honte un ennemi déloyal, le bombardement de Strasbourg provoqua, même en Allemagne, un mouvement de franche indignation.

« Le bombardement de Strasbourg, dit la *Gazette de Manheim*, était-il une nécessité de la guerre? — Sur qui donc en retombera la responsabilité, s'il est un jour démontré qu'on pouvait se dispenser de causer tant de désastres ? »

Il est ainsi bien avéré que l'opération du bombardement est chose odieuse en soi. Mais le droit des gens l'autorise-t-il, à la rigueur ? On serait vraiment tenté de l'admettre si l'on ne s'en rapportait qu'à l'opinion de M. de Bismarck, si clairement exprimée en sa dépêche à M. Kern, du 17 janvier 1871 :

« Il est incontestable que la résolution, unique dans l'histoire moderne, de transformer en forteresse la capitale d'un grand pays, et de faire de ses environs un vaste camp fortifié renfermant près de trois millions d'habitants, a créé pour ces derniers un état de choses pénible et extrêmement regrettable. La responsabilité en retombe exclusivement sur ceux qui ont choisi cette capitale pour en faire une forteresse et un champ de bataille. Dans tous les cas, ceux qui ont élu leur domicile dans une forteresse quelconque et continuent, de leur propre gré, à y séjourner pendant la guerre ont dû être préparés aux inconvénients qui en résultent.

« Paris étant la forteresse la plus importante de France, dans laquelle l'ennemi a concentré ses forces principales, qui, de leurs positions fortifiées au milieu de la population, attaquent constamment les armées allemandes par des sorties et par le feu de leur artillerie, aucun motif valable ne peut être allégué pour exiger des généraux allemands de renoncer à l'attaque de cette position fortifiée ou de conduire les opérations militaires d'une manière qui serait en contradiction avec le but qu'il s'agit d'atteindre.

. . . .

« Quoique l'exemple d'une ville fortifiée de cette importance, et contenant dans ses murs des armées et des moyens de guerre aussi nombreux, fût inconnu à Vattel, il dit à ce sujet :

« Détruire une ville par les bombes et les boulets
« rouges est une extrêmité à laquelle on ne se porte pas
« sans de grandes raisons. Mais elle est autorisée cepen-
« dant par les lois de la guerre, lorsqu'on n'est pas en
« état de réduire autrement une place importante, de la-
« quelle peut dépendre le succès de la guerre, ou qui sert
« à nous porter des coups dangereux. »

« Dans le cas actuel, il serait d'autant moins fondé d'élever une objection contre le siége de Paris, que notre intention n'est nullement de détruire la ville, ce qui serait pourtant admissible d'après le principe émis par Vattel, mais de rendre intenable la position centrale et fortifiée où l'armée française prépare ses attaques contre l'armée allemande, et qui lui sert de refuge après leur exécution. »

C'est ainsi que le chancelier de la confédération du Nord s'attachait à démontrer que les lois de la guerre autorisent le bombardement d'une ville forte. Mais, d'abord, le suisse Vattel, dont il invoque le nom, fait-il bien autorité en pareille matière? Ce Vattel avait-il lu François de Victoria (*de Jure belli*), Henri de Gorckum (*de*

Bello justo), Jean Loup de Ségovie (*de Bello et bellatoribus*)? Avait-il bien médité François Arias (*de Bello et ejus justitia*), Jean de Lignano (*de Bello*), Martin de Laude (*Tractatus de bello*)? Possédait-il bien la science de Pierre du Faur (*Semestrium libri tres*) ancien premier président du parlement de Toulouse et disciple de Cujas? Avait-il compris Balthazar Ayala (*de Jure et officiis bellicis*), et Albéric Gentil (*de Jure belli*)? Vattel, qui écrivait vers le milieu du dix-huitième siècle, s'était-il inspiré du traité *de Jure belli et pacis* que l'éminent Hugo Grotius publiait à Paris en 1625 ? Connaissait-il au moins l'allemand Puffendorf, mort vingt ans avant sa naissance, à lui Vattel. Voilà ce que M. de Bismarck a omis de mentionner en sa réponse à M. Kern.

Ce n'est pas, d'ailleurs, une autorité du siècle dernier qu'il fallait invoquer en cette circonstance, mais l'opinion d'un savant contemporain, car c'est de nos jours seulement que la morale et la politique ont réalisé des progrès qui font l'honneur de la civilisation. Nous sommes donc en droit de renvoyer le chancelier de la confédération du Nord au *Traité du droit international* de M. Pasquale Fiocre; au *Code international* de M. Bluntschli, professeur à Heildelberg; aux écrits de M. Heffter; à l'opinion, si nettement exprimée, de M. Wheaton, l'ancien ministre des États-Unis à la cour de Prusse, et surtout au document connu sous le nom d'*Instruction américaine*. Que M. de Bismarck veuille bien faire lire ces ouvrages aux officiers d'état-major élèves de M. de Moltke, et, s'ils ont le cœur assez haut placé, ces messieurs pourront concevoir quelques doutes sur la légitimité d'une bombarderie en plein dix-neuvième siècle.

Ici se présente l'inévitable *distinguo* des casuistes. Les Prussiens entendent-ils parler du bombardement, simple instrument de guerre appliqué à la destruction d'ouvrages de fortification passagère ou permanente? Oh! la chose est parfaitement licite et demeure admise, d'un consentement unanime, par tous les jurisconsultes qui traitent du droit international. Malheureusement, la puissance de ce moyen d'attaque est assez limitée; malgré les progrès de l'artillerie, on n'obtient guère de meilleurs résultats aujourd'hui qu'il y a soixante ans. — « Les bombardements, écrivait Napoléon (*Lettre du 9 septembre* 1809 *au ministre de la marine*), ne sont comptés pour rien en temps de guerre. Les bombes ne font rien aux remparts, fossés, contrescarpes... »

Ce n'est pas de cette opération militaire que nos ennemis ont à se justifier, mais des coups d'obus frappant une population civile que le code du droit des gens moderne affranchit nettement de toutes les conséquences des événements de guerre. Avec Mackintosh, avec M. Fiocre, avec M. Wheaton on doit proclamer hautement que, au point où en est venue la civilisation, le bombardement est un moyen odieux.

Qu'on le remarque bien d'ailleurs; le passage de Vattel, cité par M. de Bismarck, porte expressément que « *cette extrémité* (le bombardement) *est autorisée par les lois de la guerre, lorsqu'on n'est pas en état de réduire* AUTREMENT *une place importante...* »

Pouvait-on réduire autrement les places de Strasbourg, de Péronne, de Paris? toute la question est là.

Oui certes, on pouvait obtenir la chute de ces places, comme celle de toute forteresse, en en formant *régulièrement* le siége. Ainsi avons-nous fait à Anvers, à Rome, à Sébastopol, à Puebla. Mais le procédé coûte souvent assez cher, et les Prussiens sont singulièrement avares de leur temps, de leur argent et, surtout, de leur sang. Ils veulent bien combattre, mais à la condition qu'ils lieront pieds et poings à l'adversaire; que l'épée du malheureux ne sera pas de longueur; qu'ils l'attaqueront par des *moyens moraux* irrésistibles, lesquels mettront leur précieuse vie, à eux, à l'abri de tout danger.

Ils ont donc inventé une théorie nouvelle du bombardement : au mépris de tous les articles du code du droit des gens moderne, ils écrasent les non-combattants afin que ceux-ci exercent sur les défenseurs des places une pression destinée à en amener la reddition.

Lorsque l'évêque de Strasbourg alla demander au général de Werder qu'on permît aux femmes et aux enfants de sortir de la ville en flammes, cet officier, suivant les instructions de M. de Moltke, répondit naïvement : — « Je sais bien que le bombardement ne me donnera point vos remparts; mais c'est aux habitants de forcer le gouverneur à capituler. »

C'est donc pour forcer les portes des forts de Romainville, de Charenton, d'Ivry et du Mont-Valérien que les Prussiens ont pris pour objectifs la Pitié, la Salpêtrière et tant d'autres hôpitaux de Paris !..

En conscience, comment faut-il qualifier cette manière de faire ?

« La méthode des Prussiens, dit le général Faidherbe (*Campagne de l'armée du Nord*, pag. 56-57), est, en principe, contraire à la générosité, nous dirons même à la loyauté, comme s'écartant d'usages qui, s'ils ne sont pas consacrés par des conventions écrites, étaient implicitement admis et généralement respectés par les peuples civilisés. Le système leur a si bien réussi en France qu'ils seraient autorisés à dire que l'humanité même y a trouvé son compte. Prenant Péronne pour exemple, ils pourraient dire : « *Nous en sommes devenus maîtres par le « bombardement au prix d'une vingtaine d'habitants tués « et de quelques centaines de tués et de blessés de notre « côté; tandis que, si nous avions assiégé et pris la ville « d'après les usages antérieurs de la guerre, cela nous eût « peut-être coûté de trois à quatre mille hommes et mille « ou quinze cents aux assiégés, et, de plus, avec des siéges « ainsi faits, la guerre eût traîné en longueur et durerait « peut-être encore !* »

Le raisonnement est plus que spécieux, il est odieux. Nous ne traiterons point ces questions de courtoisie et d'honneur chevaleresque qui semblent confondre l'esprit des guerriers du Nord et qu'une aveugle haine leur rend inintelligibles. Nous leur dirons simplement : s'attaquer à des êtres inoffensifs auxquels la riposte est impossible ; bombarder une population civile, un peuple de non-combattants, ce n'est vraiment plus faire la guerre. On pensait bien que les derniers perfectionnements de l'artillerie allaient opérer dans l'attaque des places une révolution inattendue, analogue à celle que réalisait, il y a deux mille ans, le matériel inauguré par Dmétrius Poliorcète. On s'attendait à voir les moyens d'attaque prendre sur ceux de la défense une supériorité marquée (1). Mais personne, en France, ne pouvait soupçonner que la puissance de leurs nouveaux canons pût conduire nos adversaires à la théorie militaire de l'assassinat (2).

(1) Il est juste de dire que fort heureusement pour les intérêts de l'humanité, la défense peut facilement regagner tout le terrain qu'elle a perdu, de façon à rétablir l'équilibre qui vient de se rompre. La glorieuse défense de Belfort nous montre quelles ressources l'art peut tirer d'une solide occupation des positions extérieures soumises au canon des ouvrages avancés de la place investie — ainsi que de l'application de nouvelles méthodes à la mise en action des bouches à feu de gros calibre.

(2) Cette théorie vient de s'afficher au grand jour, et avec assez de cynisme. — « L'assiégeant, dit un officier d'artillerie (*Artilleristische Notizen über die Belagerung, von Strasburg*, Frauenfeld, 1871), l'assiégeant se trouvait en présence d'une ville fort peuplée et étroitement resserrée. Cette ville manquait d'abris pour la garnison, *la population* et les approvisionnements ; elle était dépourvue de toute espèce d'ouvrages détachés ; et le terrain d'alentour, entrecoupé de maisons et de cultures, permettait à l'assaillant d'établir des batteries à longue portée sans courir de dangers et sans être vu de l'artillerie de la place. Cet assiégeant n'en devait être que plus naturellement amené à *tenter l'attaque par le bombardement*. Quelque objection qu'on puisse opposer à l'emploi d'un tel procédé, en faisant intervenir la question d'humanité à propos de guerre, il n'en est pas moins vrai que, il y a peu de temps encore, les militaires qui font autorité dans l'art de l'attaque des places, l'ont déclaré parfaitement équitable en certaines circonstances et, *particulièrement, en présence d'une faible garnison*. »

Telle est la foi de nos voisins ! Telle est la morale de l'avenir ! Nous voilà bien et dûment prévenus.

CHAPITRE SIXIÈME.

PROTESTATIONS SOULEVÉES PAR LE FAIT DU BOMBARDEMENT DE PARIS.

Dès le jeudi soir, 5 janvier, le gouvernement de la défense nationale constatait ainsi qu'il suit l'ouverture du feu des batteries prussiennes :

« Le bombardement de Paris est commencé.

« L'ennemi ne se contente pas de tirer sur nos forts ; il lance ses projectiles sur nos maisons, il menace nos foyers et nos familles.

« Sa violence redoublera la résolution de la cité qui veut combattre et vaincre.

« Les défenseurs des forts, couverts de feux incessants, ne perdent rien de leur calme, et sauront infliger à l'assaillant de terribles représailles.

« La population de Paris accepte vaillamment cette nouvelle épreuve. L'ennemi croit l'intimider, il ne fera que rendre son élan plus vigoureux. Elle se montrera digne de l'armée de la Loire qui a fait reculer l'ennemi ; de l'armée du Nord qui marche à notre secours. »

Le gouvernement rédigeait ensuite une protestation que le ministre des affaires étrangères adressa aussitôt à nos agents diplomatiques, pour être mise sous les yeux des représentants des divers cabinets européens. Enfin, le 10 janvier, ému du nombre des victimes (il y en avait déjà cent cinquante!), et gémissant à la vue de nos édifices frappés et meurtris par les obus, il publiait ce document qui respire, à la fois, la tristesse et l'indignation :

« Après un investissement de plus de trois mois, l'ennemi a commencé le bombardement de nos forts, le 30 décembre, et, six jours après, celui de la ville. Une pluie de projectiles, dont quelques-uns pesant 94 kilogrammes apparaissent pour la première fois dans l'histoire des siéges, a été lancée sur la partie de Paris qui s'étend depuis les Invalides jusqu'au Muséum. Le feu a continué jour et nuit, sans interruption, avec une telle violence, que, dans la nuit du 8 au 9 janvier, la partie de la ville située entre Saint-Sulpice et l'Odéon recevait un obus par chaque intervalle de deux minutes.

« Tout a été atteint : nos hôpitaux regorgeant de blessés, nos ambulances, nos écoles, les musées et les bibliothèques, les prisons, l'église de Saint-Sulpice, celles de la Sorbonne et du Val-de-Grâce, un certain nombre de maisons particulières. Des femmes ont été tuées dans la rue; d'autres, dans leur lit; des enfants ont été saisis par des boulets dans les bras de leurs mères. Une école de la rue de Vaugirard a eu quatre enfants tués et cinq blessés par un seul projectile.

« Le musée du Luxembourg, qui contient les chefs-d'œuvre de l'art moderne, et le jardin, où se trouvait une ambulance qu'il a fallu faire évacuer à la hâte, ont reçu vingt obus dans l'espace de quelques heures. Les fameuses serres du Muséum, qui n'avaient point de rivales dans le monde, sont détruites. Au Val-de-Grâce, pendant la nuit, deux blessés, dont un garde national, ont été tués dans leur lit. Cet hôpital, reconnaissable à la distance de plusieurs lieues par son dôme que tout le monde connaît, porte les traces du bombardement dans ses cours, dans ses salles de malades, dans son église dont la corniche a été enlevée.

« Aucun avertissement n'a précédé cette furieuse attaque. Paris s'est trouvé tout à coup transformé en champ de bataille, et nous déclarons avec orgueil que les femmes s'y sont montrées aussi intrépides que les citoyens. Tout le monde a été envahi par la colère, mais personne n'a senti la peur.

« Tels sont les actes de l'armée prussienne et de son roi, présent au milieu d'elle. Le Gouvernement les constate pour la France, pour l'Europe et pour l'histoire. »

Bientôt d'autres protestations apparurent. Elles émanaient des princes issus des familles qui jadis ont gouverné la France.

« Il m'est impossible de me contraindre plus longtemps au silence, écrivait le 7 janvier M. le comte de Chambord. J'espérais que la mort de tant de héros tombés sur le champ de bataille, que la résistance énergique d'une capitale résignée à tout pour maintenir l'ennemi en dehors de ses murs, épargnerait à mon pays de nouvelles épreuves; mais le bombardement de Paris arrache à ma douleur un cri que je ne saurais contenir.

« Fils des rois chrétiens qui ont fait la France, je gémis à la vue de ces désastres. Condamné à ne pouvoir les racheter au prix de ma vie, je prends à témoin les peuples et les rois, et je proteste, comme je le puis, à la face de l'Europe, contre la guerre la plus sanglante et la plus lamentable qui fut jamais.

« Qui parlera au monde, si ce n'est moi, pour la ville de Clovis, de Clotilde et de Geneviève; pour la ville de Charlemagne, de saint Louis, de Philippe-Auguste et de Henri IV; pour la ville des sciences, des arts et de la civilisation?

« Non! je ne verrai pas périr la grande cité, que chacun de mes aïeux a pu appeler : « Ma bonne ville de Paris. »

« Et, puisque je ne puis rien de plus, ma voix s'élèvera de l'exil pour protester contre les ruines de ma patrie; elle criera à la terre et au ciel, assurée de rencontrer la sympathie des hommes et attendant tout de la justice de Dieu. »

M. le comte de Paris ne put non plus s'empêcher de maudire tout haut l'entreprise d'un ennemi qui nourrissait contre la France et sa capitale tant de sentiments d'envie et de haine farouche.

« Les détails du bombardement, écrivait-il le 17 janvier, du bombardement de la ville, des monuments, des hôpitaux ont naturellement soulevé un cri d'indignation, non-seulement en France, où l'on ne connaît déjà que trop les Prussiens, mais même à l'étranger.

« En commettant cet acte de vandalisme, les Prussiens ont eu l'hypocrisie de ne pas l'annoncer dans leurs dépêches et de le présenter comme l'effet d'une simple erreur de pointage!!.. »

Le général Trochu a rappelé, en la séance de l'Assemblée nationale du 15 juin 1871, ce fait déjà signalé, le 10 janvier, par le gouvernement de la défense nationale et si énergiquement flétri par le comte de Paris, à savoir que le bombardement n'avait pas été préalablement dénoncé. « Ces procédés sans nom, a dit le général, sont absolument contraires aux traditions de la guerre civilisée. »

A ce sujet, et à l'époque même du bombardement, il s'engagea une polémique assez vive entre M. de Bismarck et M. Kern, ministre de la confédération suisse à Paris.

« Depuis plusieurs jours, dit M. Kern, en sa dépêche du 13 janvier, des obus, en grand nombre, partant des localités occupées par les troupes assiégeantes, ont pénétré jusque dans l'intérieur de la ville de Paris. Des femmes, des enfants, des malades ont été frappés. Parmi les victimes, plusieurs appartiennent aux États neutres. La vie et la propriété des personnes de toute nationalité établies à Paris se trouvent continuellement mises en péril.

« Ces faits sont survenus sans que les soussignés, dont la plupart n'ont, en ce moment, d'autre mission à Paris que de veiller à la sécurité et aux intérêts de leurs nationaux, aient été, par une dénonciation préalable, mis en mesure de prémunir ceux-ci contre les dangers dont ils sont menacés, et auxquels des motifs de force majeure, notamment les difficultés opposées à leur départ par les belligérants, les ont empêchés de se soustraire. »

M. de Bismarck répondit de Versailles, à la date du 17. « Les usages, fit-il, et les principes reconnus du droit des gens n'exigent point que l'assiégeant avertisse l'assiégé des opérations militaires qu'il croit devoir entreprendre dans le cours du siége, comme j'ai eu l'honneur de le constater relativement au bombardement dans une lettre adressée à M. Jules Favre, le 16 septembre dernier. Il était évident que le bombardement de Paris devait avoir lieu, si la résistance était prolongée, et l'on devait par conséquent s'y attendre. »

Tel est l'arrogant sans-façon avec lequel le chancelier de la confédération de l'Allemagne du Nord traitait alors M. Kern, et résolvait une question de droit des gens qui, dans l'esprit de bien des jurisconsultes, doit recevoir une solution diamétralement opposée à celle que la Prusse voudrait faire prévaloir.

Cependant, le ministre de la confédération suisse ne se tint pas pour battu et répliqua dès le 23 janvier.

« Les signataires de la note du 13, écrivit-il fermement, ont affirmé et croient pouvoir maintenir, d'accord avec les autorités les plus considérables du droit international moderne, et avec des précédents de différentes époques, la règle que le bombardement d'une ville fortifiée doit être précédé d'une dénonciation. »

Ainsi pense M. Bluntschli.

« Il est d'usage, dit-il en son *Code international*, que l'assiégeant annonce son intention de bombarder la place, afin que les non-combattants, et spécialement les enfants et les femmes, puissent s'éloigner ou pourvoir à leur sûreté. »

« S'il s'agit de places fortes, répète-t-il en son commentaire sur l'*Instruction américaine*, de tous points conforme à sa doctrine, l'humanité exige que les habitants soient prévenus du moment de l'ouverture du feu... »

« Le droit des gens, dit aussi M. Giraud, se compose non d'un code de textes promulgués comme lois des nations, mais d'un ensemble d'usages, de pratiques, de règles de conduite admis entre États policés et tacitement consacrés par les précédents. Or tous les précédents constatent la pratique de l'avertissement. »

C'est à ce code que se conforme la brave et loyale armée française. A Anvers, le maréchal Gérard a nettement prévenu l'adversaire; ainsi a fait à Rome le général Oudinot; ainsi, le maréchal Pélissier à Sébastopol.

Mais M. de Bismarck obéit à bien d'autres principes. Soumise à ses inspirations, la presse allemande avait, à cor et à cri, réclamé le bombardement... et le bombardement se poursuivit par cette seule raison qu'il avait été commencé. Esclave de la théorie du fait accompli, le chancelier de la confédération du Nord ne daigna plus répondre aux fâcheux qui lui poussaient des objections.

Cependant, les projectiles prussiens s'attachaient spécialement à frapper les lieux où se trouvaient réunis des blessés et des malades. — « L'ennemi, disait le rapport militaire du 9 janvier, semble prendre pour objectifs les établissements hospitaliers de Paris. Par ces procédés odieux, il montre, une fois de plus, son mépris des lois de la guerre et de l'humanité. »

Ces faits provoquèrent, de la part du gouverneur, la déclaration suivante faite à M. le général comte de Moltke, chef d'état-major général des armées allemandes :

« Paris, 11 janvier 1871.

« Depuis que l'armée allemande a ouvert le feu de ses batteries au sud de Paris, un grand nombre d'obus sont venus atteindre des établissements hospitaliers consacrés de tout temps à l'assistance publique, tels que la Salpêtrière, le Val-de-Grâce, l'hôpital de la Pitié, l'hospice de Bicêtre et l'hôpital des Enfants-Malades.

« La précision du tir de l'artillerie et la persistance avec laquelle les projectiles arrivent dans une direction et sous une inclinaison constantes ne permettent plus d'attribuer au hasard les coups qui viennent frapper, dans les hôpitaux, les femmes, les enfants, les incurables, les blessés ou les malades qui s'y trouvent enfermés.

« Le gouverneur de Paris déclare ici solennellement à M. le général comte de Moltke, chef d'état-major des armées allemandes, qu'aucun des hôpitaux de Paris n'a été distrait de sa destination ancienne. Il est donc convaincu que, conformément au texte des conventions internationales et aux lois de la morale et de l'humanité, des ordres seront donnés par l'autorité militaire prussienne pour assurer à ces asiles le respect que réclament pour eux les pavillons qui flottent sur leurs dômes. »

M. de Bismarck fit, à la date du 17 janvier, cette réponse cauteleuse :

« Après l'observation consciencieuse de la convention de Genève, dont nous avons fait preuve dans les circonstances les plus difficiles, il serait superflu de donner l'assurance que l'artillerie allemande ne dirige pas son feu avec intention sur des constructions occupées par des femmes, par des enfants ou des malades.

« Par suite de la nature des fortifications de Paris, et de la distance à laquelle se trouvent encore nos batteries, il est aussi difficile d'éviter que des bâtiments que nous désirerions épargner, soient endommagés par hasard que de prévenir parmi la population civile des blessures qui sont à déplorer dans le cours de chaque siége.

« Si ces accidents pénibles, que nous regrettons sincèrement, se produisent à Paris sur une plus grande échelle que dans d'autres forteresses assiégées, il faut en conclure qu'on aurait dû éviter d'en faire une forteresse ou d'en prolonger la défense au delà d'un certain terme. En aucun cas, il ne peut être permis à une nation quelconque, après avoir déclaré la guerre à ses voisins, de préserver sa forteresse principale de la reddition, en invoquant les égards de l'ennemi pour la population inoffensive, les étrangers qui habitent la forteresse, ou les hôpitaux qui s'y trouvent et au milieu desquels ses troupes cherchent un asile; dans lequel, après chacune de leurs attaques, elles pourraient, à l'abri des hôpitaux, en préparer d'autres. »

En conséquence, le bombardement des hôpitaux de Paris ne fit que redoubler d'intensité, et le personnel du service médical de chacun d'eux en fut réduit à rédiger des protestations platoniques.

Les Prussiens et quelques autres peuples du Nord ne s'embarrassent guère, nous le savons, des récriminations qu'inspire aux cœurs honnêtes la morale outragée. Nous ne chercherons pas à les flageller suivant leur mérite, mais il nous semble utile de nous faire l'écho de plaintes motivées qui doivent être acquises à l'histoire du dix-neuvième siècle. Voici donc *in extenso* ces protestations des médecins ou administrateurs :

1° De l'*hôpital des Enfants-Malades* (10 janvier) :

« Au nom de l'humanité, de la science, du droit des gens et de la convention internationale de Genève, méconnus par les armées allemandes, les médecins soussignés de l'hôpital des Enfants-Malades (Enfant-Jésus) protestent contre le bombardement dont cet hôpital, atteint par cinq obus, a été l'objet pendant la nuit dernière.

« Ils ne peuvent manifester assez hautement leur indignation contre cet attentat prémédité à la vie de 600 enfants que la maladie a rassemblés dans cet asile de la douleur. »

2° De l'*école des Frères de Saint-Nicolas* (10 janvier) :

« Parmi les déplorables résultats de ce bombardement inique il en est qui ne doivent pas être ignorés ; qu'il est utile de graver dans le souvenir de tous, jusqu'à l'heure des revendications suprêmes.

« Dans la nuit du 8 au 9 janvier, à 2 heures du matin, les obus passaient en si grand nombre au-dessus de l'établissement de Saint-Nicolas, rue de Vaugirard, que les frères durent faire lever les enfants pour les mettre à l'abri. Le signal de descendre était donné, lorsqu'un obus de 17 centimètres, traversant la toiture, vint éclater au milieu des enfants : cinq d'entre eux, âgés de 12 à 14 ans, sont morts sur le coup, horriblement mutilés ; six autres sont blessés très-gravement, et une amputation de la jambe sera probablement nécessaire demain.

« L'établissement dirigé par les frères des Écoles Chrétiennes, dont on a si bien apprécié la conduite sur le champ de bataille de Champigny, renferme 1,100 *enfants* appartenant pour la plupart à des parents nécessiteux.... Les enfants ont été rendus à leurs familles, pendant les quelques jours que peut encore durer l'horrible attentat.

« Bicêtre, la Pitié, l'hôpital des Enfants, le Muséum, les ambulances, Saint-Nicolas, voilà leurs coups, à ces misérables !

« Et dire que, fatalement, un jour, on les entendra demander grâce !..

« Ce jour-là... il faudra se souvenir.... »

3° De *la Pitié* (11 janvier) :

« Pendant la nuit du 8 au 9 janvier, l'hôpital de la Pitié a été criblé d'obus. Le bâtiment de l'administration et les divers bâtiments qui contiennent des malades ont été gravement atteints.

« Dans une salle de médecine, affectée au traitement des femmes, les projectiles prussiens ont fait une morte et deux blessées : les dames Morin, tuée sur place ; Mirault, qui a eu le bras emporté ; Archambault, atteinte au bras et à la cuisse (fracture), et grièvement blessée au bas-ventre.

« L'hôpital de la Pitié se trouvant placé à l'extrême limite du tir de l'ennemi, on n'avait pas supposé, dès le premier jour, qu'il eût une intention particulièrement hostile à l'établissement ; mais, la nuit dernière, les obus, envoyés exactement dans la même direction, sont venus tomber et éclater sur les mêmes points ; et s'ils n'ont pas occasionné de nouveaux malheurs, c'est que les précautions avaient été prises pour mettre les malades en sûreté.

« Cet acharnement semblerait démontrer qu'il ne s'agit plus d'un bombardement ordinaire, mais d'une cruauté sauvage qui s'attaque de préférence aux établissements hospitaliers, dans la pensée d'atteindre plus profondément la population et de lui occasionner les plus dures et les plus poignantes émotions.

« Il devient utile de publier de tels faits, qui ajoutent une page odieuse à l'histoire de nos ennemis, et de protester, au nom du droit, de la civilisation, de l'humanité, contre cet attentat prémédité, qui n'a eu de précédent dans aucune guerre. »

4° De *la Salpêtrière* (11 janvier) :

« La Salpêtrière est un hospice où sont recueillis en temps ordinaire :

« 1° Plus de 3,000 femmes âgées ou infirmes;

« 2° 1,500 femmes aliénées, et, par surcroît, en ce moment de suprême douleur, les populations réfugiées des asiles d'Ivry et 300 de nos blessés.

« C'est là une réunion de toutes les souffrances qui appelle et commande le respect; mais l'ennemi qui nous combat aujourd'hui ne respecte rien. Dans la nuit de dimanche à lundi, du 9 au 10 janvier, il a pris pour point de mire les hôpitaux de la rive gauche, la Salpêtrière, la Pitié, les Enfants-Malades, le Val-de-Grâce et les cabanes d'ambulance. A la Salpêtrière, nous avons reçu plus de 15 obus. Or, notre dôme, très-élevé, est surmonté du drapeau international; il en est de même du dôme du Val-de-Grâce. C'est un acte monstrueux contre lequel protestent les médecins soussignés, et qu'il faut signaler à l'indignation de ce siècle et à celle des générations futures. »

5° De *la Charité* (11 janvier) :

« Les soussignés, médecins de l'hôpital de la Charité (annexe), protestent contre le bombardement dont cet établissement a été l'objet. Huit obus sont tombés sur cet hôpital, qui renferme 800 malades et blessés, tant civils que militaires. Plusieurs autres projectiles ont éclaté dans son voisinage immédiat. »

6° De *l'hôpital du Midi* (13 janvier) :

« Le bombardement continue toujours contre les hôpitaux si nombreux de la rive gauche. Le drapeau de la convention de Genève flotte sur leurs clochers; mais, loin de les protéger, il semble servir de point de mire aux batteries prussiennes.

« A l'hôpital du Midi, situé boulevard de Port-Royal, près du Val-de-Grâce, les projectiles tombent journellement. Dans une de nos divisions, remplie de vieillards infirmes et de fiévreux civils ou militaires, les obus ont tué un malade; quatre ont été plus ou moins grièvement blessés.

« Si contre un système de guerre implacable et sans précédents les protestations sont inutiles, il faut du moins que toutes ces atrocités, froidement calculées, soient connues et vouées à l'exécration de tous.

« Quant à la situation des malades, elle devient de plus en plus intolérable. Il est urgent d'y mettre un terme en les évacuant sur la rive droite. Qu'on se figure le supplice de pauvres malheureux, privés de sommeil par les sifflements et les détonations des obus, et torturés par cette terrible pensée qu'ils peuvent, à chaque instant, être tués ou mutilés dans les lits où les cloue la maladie. »

7° De l'*hôpital Necker* (13 janvier) :
« Nous soussignés, médecins et chirurgiens de l'hôpital Necker, ne pouvons contenir les sentiments d'indignation que nous inspirent les procédés infâmes d'un bombardement qui s'attaque, avec une préméditation de plus en plus évidente, à tous les grands établissements hospitaliers de la capitale. Cette nuit, des obus sont venus éclater sur la chapelle de l'hôpital Necker, remplie momentanément de malades ; c'est le point central et le plus élevé de ce grand hôpital qui sert ainsi de point de mire aux projectiles de l'ennemi. Ce n'est plus là de la guerre : ce sont les destructions d'une barbarie raffinée qui ne respecte rien de ce que les nations ont appris à vénérer. Nous protestons au nom et pour l'honneur de la civilisation moderne et chrétienne. »

8° De l'*institution des Jeunes-Aveugles* (13 janvier) :
« L'institution nationale des Jeunes-Aveugles, sise boulevard des Invalides, est un vaste bâtiment isolé, parfaitement visible à l'œil nu des hauteurs de Châtillon et

de Meudon. Ce bâtiment, hospitalisant 200 blessés et malades militaires, et surmonté du drapeau de la convention de Genève, a été hier, 12 janvier, vers trois heures de l'après-midi, par un temps clair, visé et atteint par les canons prussiens. Plusieurs projectiles ont d'abord sifflé sur l'édifice et dans le voisinage; puis, le tir ayant été rectifié, deux obus ont, coup sur coup, effondré l'aile gauche du bâtiment, en blessant trois malades et deux infirmiers. Des malheureux atteints de fluxions de poitrine et de fièvres typhoïdes ont dû être transportés dans les caves.

« Le personnel médical de l'institution proteste, au nom de l'humanité, contre ces actes de barbarie, accomplis systématiquement par un ennemi qui ose invoquer Dieu dans tous ses manifestes. »

9° De l'*hôpital Cochin* (14 janvier) :

« L'hôpital Cochin, dont la population est, en ce moment, doublée par l'évacuation des baraques du Luxembourg, n'est pas, plus que les établissements voisins, le Val-de-Grâce, la Maternité, l'hôpital du Midi, épargné par le bombardement. Depuis plus d'une semaine, non-seulement les obus sifflent, nuit et jour, sur la tête de nos pauvres malades, mais deux fois des projectiles ont éclaté auprès d'eux, sans causer heureusement autre chose que des dégâts matériels.

« L'opinion publique a déjà fait justice de ces procédés monstrueux de la part d'un ennemi sans scrupules; je me contente donc de joindre ma protestation à celle de mes collègues, et de témoigner, comme eux, la légitime indignation qu'ils m'inspirent. »

10° De l'*hôpital de Lourcine* :
« Les Prussiens bombardent en ce moment l'hôpital de Lourcine, consacré aux femmes en couches. Il est impossible de pousser plus loin que nous ne le faisons la haine et le mépris des procédés de M. de Moltke. »

11° De l'*asile Sainte-Anne* (22 janvier) :
« Nous, directeur et médecins soussignés de l'asile Sainte-Anne, sommes, à notre tour, dans le devoir de joindre notre voix à la voix indignée de nos collègues des hôpitaux et hospices de Paris contre le bombardement dont notre établissement est victime.

« Depuis vingt-quatre heures, nous sommes en butte à l'égarement systématique et calculé des bombes prussiennes. Plus de trente obus sont tombés dans les cours intérieures, sur les bâtiments occupés par six cents malades, ainsi que sur l'ambulance ouverte aux blessés militaires, français ou prussiens.

« Sur ces bâtiments, déjà couverts de ruines, flotte inutilement, comme une dérision, le pavillon de la convention de Genève. »

Le 18 janvier, veille de la bataille de Buzenval, le gouvernement résuma toutes les protestations en cette proclamation adressée à la population parisienne :

— « L'ennemi tue nos femmes et nos enfants ; il nous bombarde jour et nuit ; il couvre d'obus nos hôpitaux. Un cri : Aux armes ! est sorti de toutes les poitrines.... »

M. de Bismarck et son roi avaient pleinement raison. Paris devait s'attendre au bombardement, et bien des gens avaient eu le pressentiment de cette opération sinistre. L'Institut de France s'était réuni en assemblée générale le 18 septembre 1870. Préoccupé, au milieu de toutes les douleurs de la patrie, des intérêts qu'il a la mission de défendre, il avait rédigé et publié la déclaration suivante :

« Lorsqu'une armée française, en 1849, mit le siége devant Rome, elle prit soin d'épargner les édifices et ouvrages d'art qui décorent cette ville. Pour prévenir tout risque de les atteindre par ses projectiles, elle se plaça même dans des conditions d'attaque défavorables.

« Dans notre temps, c'est ainsi que l'on comprend la guerre. On n'admet plus pour légitime d'étendre la destruction au delà des nécessités de l'attaque et de la défense ; de soumettre, par exemple, aux effets de la bombe et de l'obus des bâtiments qui ne servent en rien de lieu fort.

« Moins encore admet-on qu'il soit permis de comprendre dans l'œuvre de ruine ces monuments empreints du génie même de l'humanité, qui appartiennent à l'humanité tout entière ; qui forment, pour ainsi dire, le patrimoine commun des nations cultivées, et l'héritage sacré qu'aucune ne peut anéantir ou entamer sans impiété envers les autres et envers elle-même.

« Une armée allemande, en faisant le siége de Strasbourg, en soumettant la ville à un bombardement cruel, vient d'endommager gravement son admirable cathédrale ; de brûler sa précieuse bibliothèque.

« Un tel fait, qui a soulevé l'indignation universelle, a-t-il été l'œuvre d'un chef secondaire, désavoué depuis par son souverain et son pays? Nous voulons le croire. Nous répugnons à penser qu'un peuple chez lequel les sciences, les lettres et les arts sont en honneur, et qui contribue à leur éclat, se refuse à porter dans la guerre ce respect des trésors de science, d'art et de littérature auquel se reconnaît aujourd'hui la civilisation.

« Et pourtant, on a lieu de craindre que les armées qui entourent en ce moment la capitale de la France ne se préparent à soumettre à toutes les chances d'un bombardement destructeur les monuments dont elle est remplie, les raretés de premier ordre, les chefs-d'œuvre de tout genre, produits des plus grands esprits de tous les temps et de toutes les contrées, l'Allemagne y comprise, que renferme dans ses musées, ses bibliothèques, ses palais, ses églises, cette antique et splendide métropole.

« Nous répugnons, encore une fois, à imputer aux armées de l'Allemagne, aux généraux qui les conduisent, au prince qui marche à leur tête une semblable pensée.

« Si néanmoins, et contre notre attente, cette pensée a été conçue, si elle doit se réaliser, nous, membres de l'Institut de France, au nom des lettres, des sciences, des arts, dont nous avons le devoir de défendre la cause, nous dénonçons un tel dessein au monde civilisé comme un attentat envers la civilisation même; nous le signalons à la justice de l'histoire; nous le livrons, par avance, à la réprobation vengeresse de la postérité.

« Réunis en assemblée générale, comprenant les cinq Académies dont l'Institut de France se compose, Académie française, Académie des inscriptions et belles-lettres, Académie des sciences, Académie des beaux-arts, Académie des sciences morales et politiques, nous avons voté la protestation qui précède à l'unanimité.

« Nous l'adressons à ceux de nos confrères qui n'assistaient pas à cette assemblée, soit qu'ils appartiennent à la France, soit qu'ils appartiennent à des nations étrangères, ainsi qu'à nos correspondants français ou étrangers; nous la leur adressons avec la confiance qu'ils y adhéreront et qu'ils y apposeront comme nous leur signature. Nous l'adressons, en outre, à toutes les académies; elle restera dans leurs archives. Nous la portons enfin, par la publicité, à la connaissance du monde civilisé tout entier. »

Cette déclaration de l'Institut fut appuyée, le 22 septembre, de l'adhésion de la Société des gens de lettres qui en approuva tous les termes.

De même, en sa séance du 12 octobre suivant, la Société nationale des Antiquaires de France déclara, à l'unanimité, « s'associer à la protestation faite par l'Institut contre le projet de bombardement de la ville de Paris par les Prussiens. »

Le 9 janvier, après la destruction des serres du Muséum, l'Académie des sciences eut une séance imposante au milieu de laquelle M. Chevreul prononça d'une voix émue, mais ferme, ces paroles destinées à flétrir comme il convient les sauvageries des guerriers du Nord :

« Le jardin des plantes médicinales, fondé à Paris par édit du roi Louis XIII, à la date du 3 de janvier 1626,

« Devenu le Muséum d'histoire naturelle le 23 de mai 1794,

« Fut bombardé sous le règne de Guillaume Ier, roi de Prusse, comte de Bismarck chancelier, par l'armée prussienne, dans la nuit du 8 au 9 de janvier 1871.

« Jusque-là, il avait été respecté de tous les partis et de tous les pouvoirs nationaux et étrangers.

« Paris, le 9 de janvier 1871.

« Et je signe, dit en terminant le vénérable doyen :

« E. Chevreul, *directeur.* »

Est-il besoin de rappeler les souvenirs impérissables qui se rattachent au Muséum d'histoire naturelle, et qui semblaient mettre l'établissement à l'abri de toute insulte de l'ennemi?

Là, Buffon a écrit son œuvre immortel.

Là, Jussieu créa la méthode naturelle et la classification par familles adoptées par les savants du monde entier.

Là, Cuvier fonda l'anatomie comparée et la restitution des espèces perdues.

Là, Geoffroy Saint-Hilaire fonda la philosophie anatomique.

Buffon, Jussieu, Cuvier, Geoffroy Saint-Hilaire, quatre noms éclatants qui brilleront toujours d'une gloire sans conteste!

Il fallait des canons prussiens pour imprimer une marque sacrilége sur les herbiers de Jussieu, sur les préparations classiques de Cuvier et de Geoffroy Saint-Hilaire!

Ajoutons aussi, pour tout dire, que là où tombaient les obus prussiens était installée une ambulance renfermant 200 blessés.

Mais toutes les protestations devaient demeurer impuissantes. Que servait-il d'invoquer les intérêts de l'humanité, des lettres, des sciences ou des beaux-arts? Le roi de Prusse ne songeait qu'à terrasser sa proie... Il procédait *per fas et nefas* sans s'inquiéter, outre mesure, de la réprobation, des gémissements ni des haines. Rien ne pouvait attendrir le moderne Berig, ce souverain que possède le démon de la guerre; que l'amour de l'art militaire domine d'une façon étrange et qui, depuis plus de trente ans, se préparait à la revanche d'Iéna.

TITRE DEUXIÈME.

L'ARTILLERIE PRUSSIENNE

CHAPITRE PREMIER.

LE MOMENT PSYCHOLOGIQUE.

Le moment psychologique !... Cette expression faisait fureur, au début du bombardement. Follement emportée par-la vogue, ainsi qu'un ballon d'enfant rompant la corde qui le tenait captif, elle a nourri la verve de la presse parisienne, à l'heure où la situation des assiégés commençait à devenir dure. Elle a bien droit à ses entrées dans le domaine de notre langue puisqu'elle a su égayer un instant de braves gens que le malheur accablait.

Ce mot prétentieux dépeint, d'ailleurs, sous des tons saisissants le caractère de ce génie germanique qui soumet froidement à l'analyse les questions les plus palpitantes de la vie humaine. Morale, religion, politique, négoce, industrie, art militaire, tout y passe. Toute étude sérieuse faite au delà du Rhin veut être une mosaïque de coëfficients; une combinaison de facteurs moraux ou statistiques; un entrelac de courbes empiriques savamment construites par abscisses et par ordonnées, obtenues elles-mêmes au moyen de longs calculs. Hâtons-nous de le proclamer; il est des sujets dont la nature refuse de se soumettre à l'analyse, et, fort heureusement pour l'humanité, l'analyse ne saurait constituer, à elle seule, une méthode rationnelle. Elle a fréquemment besoin du concours de l'intuition, de la perception des vérités éternelles qui ne sont révélées que par un souffle de Dieu. Or, cette inspiration faisant défaut aux Allemands, leur mathématique à outrance est souvent ridicule; les Parisiens le comprenaient parfaitement quand, la plume ou le crayon à la main, ils se moquaient de ce fameux *moment psychologique*. C'est après la bataille de Champigny que la *Gazette de Silésie* risqua cette expression en un long, mais fort instructif, article qui fut reproduit par la *Presse de Vienne*, du 15 décembre 1870. En voici la traduction :

« Lorsque notre armée, après sa victoire de Sedan, marcha sur la capitale ennemie, il n'y avait pas encore de plan fermement arrêté pour les opérations projetées contre cette capitale.

« Il va de soi que les opinions et les manières de voir les plus divergentes devaient être exprimées dans le quartier-général, quand on se trouvait tout à coup en présence de ce problème : avoir à *assiéger la plus grande forteresse du monde avec une armée dont la force équivalait seulement à la moitié de la garnison*. Aucun corps d'observation ne tenant la campagne pour la seconder, l'armée d'investissement disposait à peine des forces de secours indispensables pour couvrir sa ligne de communication, longue de plus de 60 milles, à travers le pays ennemi ; elle n'amenait aucune artillerie de siége et ne commandait pas même une ligne ferrée pour ses communications directes avec la patrie. Que cette entreprise hardie dût être exécutée, cela ne soulevait pas une objection ; toute la situation de la guerre l'imposait. Qu'elle pût être conduite sans de trop grands risques et avec espoir de réussite, il n'y avait non plus aucun doute là-dessus. A cet égard influait aussi la croyance alors régnante, que, à l'intérieur de la capitale — qu'une révolution venait d'agiter — de nouveaux mouvements révolutionnaires se produiraient, empêcheraient l'établissement d'une autorité forte et rendraient impossible une défense soutenue. Sauf de très-rares exceptions, qui provenaient peut-être moins de conviction que d'esprit de parti politique, toute l'Europe était disposée à formuler un jugement analogue. On doutait aussi beaucoup que Paris eût pu s'approvisionner de tout le nécessaire pour des mois, pendant les trois ou quatre semaines de répit qui lui étaient restées après les événements de Metz et de Sedan, quoique ce doute ne fût pas partagé par ceux qui étaient au courant des situations du commerce, des trafics et des lois sur les transactions commerciales et industrielles à Paris.

« Les opinions n'étaient partagées au sujet de l'investissement que sur cette question : « Comment ?... »

« Quelques-uns croyaient qu'il serait efficace et fort avantageux de concentrer le gros de l'armée contre Paris en deux ou trois points, en confiant à la nombreuse cavalerie le soin d'intercepter les communications. D'après ce que nous savons, contre cette idée prévalut celle du général Blumenthal de cerner étroitement pour former un siége. Quand cette opération fut accomplie de la façon la plus heureuse, après le très-brillant combat du 19 septembre, on crut généralement que la chute de la capitale serait bientôt décidée, et tout le reste devait être attendu dans un temps peu éloigné. Seulement, *au commencement de la semaine, l'idée d'une attaque avec de la grosse artillerie commença à mûrir;* la possibilité de son exécution ne fut donnée qu'après la reddition de Toul. Les préparatifs pour amener des masses d'artillerie et de munitions, complétement soustraites à la vue des profanes, étaient presque terminés lorsque les difficultés pour l'entretien du corps d'armée se firent sentir avec tant d'autorité que l'intendance militaire dut avoir provisoirement la priorité dans les transports par chemins de fer.

« Le retard ainsi apporté et la connaissance de plus en plus claire (l'évidence) de la prodigieuse difficulté des transports qui devaient être effectués par chariots pendant 8 ou 10 milles, à la suite de l'explosion du tunnel de Nanteuil, augmentaient les espérances de ceux qui vivaient dans l'idée que la famine ouvrirait les portes de Paris plutôt que le fer et le feu. Cependant le *plan du bombardement n'était pas encore définitivement abandonné.* Les forts d'Issy, de Vanves et de Montrouge étaient choisis pour les attaques spéciales de l'artillerie ; des batteries étaient construites à cet effet; les parcs d'artillerie de l'angle sud-ouest des fortifications se remplissaient continuellement. Les munitions pour les besoins de plusieurs jours étaient arrivées, mais la plus grande partie gisait encore aux environs de Nanteuil. Plus de mille voitures, que le transport des masses de fer nécessaires pour un bombardement soutenu exigeait, furent enfin amenées sur le lieu d'entrepôt et, finalement, on rendit possible, vu le manque d'attelages ordinaires, l'emploi d'une partie au moins des attelages de la nombreuse artillerie de campagne.

« Les choses en étaient à peu près là *après que la dernière grande sortie du 2 décembre eut été victorieusement repoussée*. Dans les huit semaines précédentes cependant, plusieurs personnalités de poids, qui attendaient exclusivement du blocus le commencement de la défaite du *géant de l'ouest*, avaient changé d'opinion, et, d'autre part, la *décision du bombardement était d'autant plus difficile à prendre que le temps écoulé avait rapproché davantage le terme de la famine*.

« Dans l'intervalle, on avait aussi acquis la conviction que certaines attentes, qu'on était auparavant autorisé à fonder sur l'influence de l'artillerie, avaient perdu successivement du terrain.

« Dans Paris s'était développé un esprit belliqueux contre lequel une simple épouvante promettait peu d'effet; sur les divisions politiques il y avait encore à peine à compter; mais, en outre, Trochu avait réussi à discipliner et à instruire militairement ses forces de combat. Ainsi, de très-concluantes *considérations psychologiques* parlaient pour que le bombardement ne fût commencé qu'après que nos victoires en rase campagne auraient détruit les espérances que les Parisiens élevaient sur les armées de secours.

« Le *moment psychologique* devait surtout, d'après toutes les considérations, jouer un rôle saillant car, sans son concours, il y avait peu à espérer du travail de l'artillerie. Un siége en règle ne pouvait pas être considéré comme opportun. Avec une résistance énergique cela ne nous aurait conduits au but que dans un temps assurément plus éloigné que celui où la faim promet d'ouvrir les portes. Il ne pouvait donc s'agir que d'opérations accélérantes.

« Le bombardement de Paris, sans la prise de forts détachés, ne pourrait être que partiel; quelques parties seulement, et toutefois les plus riches, peuvent être atteintes par les positions que nous avons conquises; et même celles-là ne pourraient aucunement être bombardées sur une échelle qui produirait un effet réel, comme celui qui a été atteint à Strasbourg, à Toul ou à Thionville. Pendant les quatre premières semaines, il y aurait eu dans tous les cas une influence morale à attendre d'une telle opération mais, avec l'esprit qui s'est développé dans Paris après les premiers jours de novembre, il n'y avait décidément plus à compter là-dessus. Le *plan d'attaque doit désormais être étendu à la prise d'au moins deux ou trois forts,* pour prendre dans ces ouvrages des positions d'où l'on pourra projeter les coups incendiaires sur une plus vaste étendue de *l'océan de maisons* de Paris.

« Mais, même alors, se trouveront certaines parties, entre autres celles de l'est, où sont situés les faubourgs, importants pour la décision, de Belleville et de la Villette, encore hors d'atteinte. Pour bombarder efficacement ces parties, la prise des fortifications de Saint-Denis ou de celles des hauteurs de Romainville et de Montreuil, considérées comme les plus fortes et presque les plus imprenables parties des fortifications de Paris, serait indispensable. Aussi ne se livre-t-on à aucune illusion sur l'effet réel du feu qui serait dirigé de deux forts élevés contre Paris. Paris a, pour le moins, trente-six fois la superficie de Strasbourg, et, même là, le bombardement n'avait pas de résultat direct ; mais une masse d'artillerie comme celle qui a été employée contre Strasbourg ne pourrait être que difficilement établie dans deux ou trois forts. L'effet immédiat du bombardement ne pourrait être, proportionnellement, que médiocre. — Ces raisons, valables contre le commencement de l'attaque d'artillerie, avaient certainement leur autorité présentement, mais cependant toutes les circonstances devraient parler pour celles-ci... C'est maintenant le moment où une prompte et ferme décision doit donner un autre tour aux choses, et cette occasion ne doit pas être perdue sur la supposition incertaine qu'un acte de force n'est plus nécessaire. *Jusqu'au*

7 *décembre il n'y avait* encore aucune décision définitive de prise... espérons qu'elle est venue depuis. »

Durant le mois de décembre, l'impatience de l'opinion publique se manifestait en Allemagne sous toutes les formes et par toutes les voies. Elle réclamait le bombardement, le bombardement !..

« En Allemagne, écrivait la *Nouvelle Gazette de Prusse* (*Gazette de la Croix,* n° du 5 janvier), tout le monde attend le bombardement; beaucoup murmurent. L'histoire pensera autrement que le public trop impatient, et elle jugera en faveur de notre ligne de conduite. Avec le calme du lion qui choisit magnanimement sa voie, nous attendons tranquillement le moment favorable, rôle qui nous est permis *à cause de ces grands facteurs* : notre discipline, la possession des routes de France et des chemins de fer de l'Europe centrale.

« Si l'un de ces facteurs nous eût refusé le service, nous n'aurions pu choisir, pour nous venger, la voie de la douceur. Mais, les choses étant ainsi préparées, nous étions supérieurs à l'ennemi, même dans ce qu'il avait fait de vraiment imposant, à savoir : l'approvisionnement de Paris. Donc, nous pouvions attendre, et, si tous les signes ne nous trompent pas, nous n'aurons plus longtemps à le faire. »

Les populations de l'Allemagne ne devaient plus longtemps attendre, en effet. Après bien des hésitations, le bombardement de Paris venait d'être arrêté en principe par le conseil du roi Guillaume, et une lettre de Londres nous faisait bientôt connaître les motifs qui avaient fait prévaloir cette détermination.

« Parmi ces motifs, disait le comte de Paris (1), le plus sérieux peut-être a été de masquer l'affaiblissement numérique des assiégeants. Dans les premiers jours de janvier, le 1ᵉʳ corps bavarois (Von der Thann) réduit, par la campagne d'Orléans, de 30,000 à 5,000 hommes, est venu se reposer devant Paris, en prenant la place du 2ᵉ (Hartmann), fort de 20 à 22 mille hommes, envoyé au prince Frédéric-Charles.

« D'autre part, la manœuvre de Bourbaki dans l'Est a décidé M. de Moltke à envoyer un corps tout entier, le 2ᵉ, (Fransecki) à la 3ᵉ armée (Prince-Royal), et à l'envoyer à Nancy. Ainsi, une quarantaine de mille hommes ont été enlevés, du 25 décembre au 5 janvier, à l'armée de siége, dans la pensée que le bombardement empêcherait toute sortie sérieuse. »

Un instant, le bruit courut à Versailles que le bombardement allait commencer le 19 décembre, mais ce n'était qu'un bruit... et le correspondant du *Daily Telegraph* s'était trop empressé de l'accueillir. C'est seulement le 25 décembre, *à l'appel*, que les troupes prussiennes, campées au nord de la place, apprirent de leurs chefs qu'on allait bientôt donner satisfaction aux frénétiques impatiences de leurs compatriotes.

L'artillerie du roi Guillaume commença effectivement.

---

(1) Lettre du comte de Paris, du 17 janvier 1871.

le 27, l'attaque des forts de l'Est, et ses journaux officiels donnèrent aux gens d'Allemagne ces explications destinées à lénifier leur prurit de vengeance :

« Par suite de l'immense cercle qu'il faudrait garder, l'investissement de Paris ne pourra jamais être aussi complet que l'était celui de Strasbourg. Une autre circonstance s'oppose grandement à ce que nous puissions couper, d'une façon complète, toute communication entre Paris et le reste de la France ; nous voulons parler des collines nombreuses des environs, qui sont couvertes de jardins et de villages traversés par des routes et par des cours d'eau, toutes choses qui rendent extrêmement rude le service des troupes d'investissement ; d'autre part, appeler des soldats en plus grand nombre, ce serait compliquer les difficultés en se donnant plus de bouches à nourrir.

« Nos généraux ont reconnu que, par suite des inévitables lacunes de l'investissement, le simple blocus ne conduirait pas à un prompt résultat ; en conséquence, ils ont commencé à bombarder et à établir un siége régulier. Sans doute, dans une ville de deux millions d'habitants, la réduction graduelle des approvisionnements et la désorganisation progressive des rapports sociaux peuvent, à elles seules, être regardées comme garantissant une reddition finale ; néanmoins, la saison rigoureuse approche, et il devient certain qu'un bombardement partiel, suivi d'une attaque sur quelques-uns des forts avancés, serait le moyen d'accélérer la catastrophe.

« Maintenant, il ne faut pas oublier que les préparatifs d'un bombardement et d'un siége régulier exigent un temps et des efforts dont ceux qui ne connaissent pas l'art militaire peuvent difficilement se faire une idée exacte. Il est vrai que la prise de Strasbourg a été opérée avec une rapidité si extraordinaire que les erreurs du public peuvent s'excuser, parce que, généralement, on juge de Paris par Strasbourg.

« Nous ne devons pas oublier de mentionner que la partie des environs de Paris où il est possible d'organiser le bombardement, soit contre les remparts et les faubourgs, soit contre le centre de la cité même, est extrêmement montueuse et impraticable. Il est même probable qu'on n'entamera les opérations du bombardement que lorsque le feu de plusieurs forts aura été éteint.

« Quelque grand que puisse être l'effet produit par nos bombes, nous ne pouvons nous contenter d'un résultat qui ne serait jamais que partiel. Pour obtenir tout ce que nous voulons, et l'obtenir avec sécurité, il nous faut les forts, et nous avons la confiance qu'avant peu nous en aurons conquis quelques-uns. La puissance formidable des canons de nouveau modèle, aussi bien que l'emploi du tir à ricochet pour faire brèche, si heureusement mis en pratique à Strasbourg, produiront des résultats d'autant plus certains que nos préparatifs auront été faits avec plus de lenteur et de soin.

« L'armée d'investissement a le moyen de se protéger contre la pluie et le froid; et, comme l'hiver, à Paris, est d'ordinaire beaucoup plus doux qu'en Allemagne, nous pouvons espérer que nos soldats braveront les rigueurs de la saison sans grande souffrance. Paris, d'un autre côté, deviendra plus faible chaque jour, à mesure que le siége se prolongera. Les approvisionnements seront de plus en plus rares, et vraisemblablement le *prolétariat* finira par se soulever contre les riches. Cette dernière prévision sera hâtée par les obstacles que nous mettrons au ravitaillement de la ville assiégée. Notre nombreuse cavalerie est tout à fait apte à atteindre ce but.

« Le ministre de l'intérieur de France, dans sa circulaire du 9 octobre, affirme que Paris ne peut être pris ni par force, ni par surprise, ni par famine, ni par suite d'une révolte intestine; nous croyons que c'est là une illusion complète, et que, au contraire, le ministre a énuméré l'exacte série des calamités qui forceront la capitale de la France à se rendre. Quant à nous, notre tâche est de nous emparer de Paris, en sacrifiant le moins de temps et le moins de vies humaines possible.

« Nous sommes sûrs de triompher des énormes difficultés que présente ce problème; mais il est probable que nous n'y réussirons pas aussi vite que le désirerait l'inquiète impatience de nos concitoyens. »

« La canonnade contre le Mont-Avron, ajoutait la *Nouvelle Gazette de Prusse* (n° du 5 janvier), n'est que le prélude de l'attaque d'artillerie contre la forteresse géante et récalcitrante, et l'on va y procéder avec une sérieuse énergie. »

Enfin, l'heure tant attendue sonna.

. . . .

On lut dans tous les journaux allemands ces mots adressés par le roi Guillaume à la reine Augusta :

« ... *Le bombardement de Paris a commencé aujourd'hui par un splendide soleil d'hiver !...* »

. . . .

On était au 5 janvier !

Ce jour-là, la *Nouvelle Gazette* de Prusse écrivait encore :

« Nous avons enfin trouvé des auxiliaires : le froid, la maladie et la famine. Leur action, jointe à la pression matérielle et morale des bombes qui frappent les faubourgs, fera comprendre aux patriotes les plus enragés que la ville géante n'est pas invincible, et les rendra plus accessibles à des influences plus sages que celles d'un gouvernement d'avocats.

« Il s'échappe de la Babylone parisienne des symptômes qui indiquent la chute prochaine du règne de Trochu et l'approche de la catastrophe finale. Bientôt, on entendra parler des quartiers ouvriers et révolutionnaires menacés dans leur sécurité.

« La crise est donc prochaine; peu de temps après que les mots de « reddition de Paris » auront été prononcés par les lèvres châtiées de la fine société de Paris, ils éclateront tumultueusement dans toutes les rues de la ville impériale. »

Telles étaient les espérances qu'inspiraient aux cœurs allemands la venue tant désirée de leur fameux moment psychologique.

La chute de Paris, tel était l'objet des constantes préoccupations des descendants de ces antiques guerriers du Nord qui consacraient à l'étude de la philosophie le temps qu'ils ne passaient pas à combattre (1). Les leçons du grand Diceneus ont bien porté leurs fruits (2). Les aïeux semblent avoir fidèlement transmis à leur sang le don de pénétrer sans peine tous les mystères de cette philosophie sacrée, tous.... à l'exception de ceux que révèle une saine intelligence de l'*éthique*, cette branche de la science dont le maître espérait tirer quelque moyen d'adoucir les mœurs des barbares (3).

(1) — « Qualis erat, rogo, voluntas ut viri fortissimi quando ab armis qua-
« triduum usque vacassent, doctrinis philosophicis imbuerentur ? » (Jornandès *de Gothorum origine et rebus gestis*, chap. XI.)

(2) — « Qui (Diceneus) cernens eorum animos sibi in omnibus obedire, et
« naturale eos habere ingenium, omnem pene philosophiam instruxit. » (Jornandès, *loc. cit.*) — Diceneus paraît avoir été contemporain de Tibère.

(3) «... Ethicam eos erudivit (Diceneus), ut barbaricos mores ab eis compes-
« ceret. » (Jornandès, *loc. cit.*)

CHAPITRE DEUXIÈME.

L'ACIER KRUPP.

Le nom de M. Krupp a longtemps fatigué les échos de la presse. Il y retentissait avec non moins de fracas que l'éloge du canon de 7 se chargeant par la culasse. A tout bout de champ, l'on ne parlait que des canons Krupp. Or, il faut bien le dire, M. Krupp n'est l'inventeur d'aucun modèle de canon se chargeant, ou non, par la culasse; c'est un industriel qui fait des aciers, et la description de son usine d'Essen (Prusse rhénane) est insérée, tout au long, au VIe volume de l'ouvrage de M. Turgan, auquel nous croyons devoir renvoyer le lecteur. Nous ajouterons seulement à ce tableau quelques extraits du carnet de notes d'un officier d'artillerie qui a pu juger *de visu*.

L'acier, comme on le sait, ne diffère de la fonte de fer qu'en ce qu'il renferme seulement quelques millièmes de carbone, tandis que celle-ci en contient toujours quelques centièmes. Cette simple différence de constitution chimique suffit à donner des produits entièrement dissemblables.

M. Krupp fait de l'acier en décarburant complétement

la fonte de fer dans des fours à puddler, puis en la recarburant par une addition de fonte *miroitante* (Spiegel Eisen). Les loupes qui sortent du four sont passées au laminoir et étirées en barres carrées d'une section d'environ $0^m,03$ de côté. Pendant qu'elles sont encore au rouge vif, ces barres sont brusquement plongées dans des rigoles d'eau froide, et, la trempe les ayant rendues cassantes, on les brise aussitôt en barres d'un mètre de longueur.

Des praticiens experts, ouvriers ou contre-maîtres, examinent la cassure et, d'après l'aspect, répartissent par catégories les morceaux qu'on vient d'obtenir. Les barres d'un mètre sont alors brisées en morceaux de $0^m,20$ de long, et ces fragments sont employés au chargement des creusets. Quant aux interstices, ils sont bouchés au moyen de copeaux d'acier, de tournure de fer et, peut-être, de divers autres ingrédients dont la nomenclature et les proportions sont le secret de M. Krupp.

Sous une immense halle de l'usine d'Essen sont alignées des pléiades de *fours à creusets*, de la contenance de quatre creusets chacun, et ces récipients sont mis régulièrement au feu tous les matins, en vue de la coulée qui s'effectuera le soir. Chacun d'eux est d'une contenance d'environ 25 kilogrammes de métal.

Toute bouche à feu se coule au creuset. Les plus grosses pièces, du poids de 50,000 kilogrammes, exigent en conséquence l'emploi simultané de 2,000 creusets distincts.

Voici comment s'opère la coulée :

Une lingotière cylindrique, aux proportions de 2 de hauteur pour 1 de diamètre, est installée verticalement dans une fosse, et soigneusement lutée sur sa paroi intérieure. Elle est couronnée d'un *bassin de coulée* percé d'un orifice central, à l'aplomb de son axe, et au pourtour duquel s'embranchent des *canaux de coulée*, au nombre de quatre, six, huit, et même davantage, selon l'importance de la pièce à produire.

Une file d'ouvriers, marchant en ordre et dans le plus profond silence, est chargée d'alimenter chacun de ces canaux. Deux ouvriers portent un creuset, en versent le contenu dans le canal, jettent le creuset vide dans une contre-fosse, afin d'atténuer pour leurs camarades les effets du rayonnement ; puis, ils vont chercher un autre creuset et reprennent la gauche de la file à laquelle ils appartiennent. Un ordre parfait préside à l'ensemble de ces mouvements. Plus de deux cents ouvriers sont parfois employés au transport des creusets destinés à une seule coulée. On n'entend que la voix des surveillants répartis le long des files, et toute la manœuvre est dirigée par un seul ingénieur debout près de la fosse à couler.

Dès que le lingot cylindrique est solidifié, il est enlevé par une grue et transporté par un chariot sous une halle à refroidissement où il est recouvert, tout rouge encore, d'une masse de fraisil destinée à retarder ce refroidissement qui n'est souvent complet qu'au bout de quelques mois.

Le cylindre ainsi obtenu est le *solide capable* dont il faut tirer la pièce. Pour ce faire, on l'amène dans des fours à réchauffer, sis à proximité de marteaux-pilons mûs par la vapeur et dont le poids varie de 500 jusqu'à 50,000 kilogrammes (!!). Soumise à l'action de ces pilons géants, la masse d'acier est martelée *à cœur* et façonnée à la forme qu'elle doit définitivement acquérir. La bouche à feu est ensuite terminée par des machines-outils aux proportions aussi colossales que celles de ces fameux marteaux.

Sur le métal de chaque pièce on prélève des échantillons qui sont soumis à des épreuves mécaniques de torsion, de traction et de flexion, dont on dresse procès-verbal. Ce document mentionne exactement toutes les circonstances qui ont accompagné la fabrication de l'acier, depuis le haut-fourneau qui a donné la fonte jusqu'à sa sortie des ateliers sous forme de bouche à feu. Ces échantillons sont soigneusement étiquetés et classés. Chaque pièce a son dossier, auquel on joint, après son départ de l'usine, tous les renseignements possibles sur la manière dont elle se comporte. Quand des accidents se produisent, on peut ainsi remonter à l'origine des pièces et conclure à des modifications pour une meilleure conduite des opérations ultérieures.

Grâce à toutes ces précautions, M. Krupp est parvenu à obtenir un acier aussi exempt de soufflures, aussi homogène, aussi semblable à lui-même que possible. Les canons qu'il produit sont capables d'une énorme résistance, et il est très-rare qu'ils éclatent. Cela arrive pourtant encore quelquefois. Ainsi, deux canons tirés du même lingot ont été envoyés : l'un, en Angleterre où il a été soumis, sans pouvoir se rompre, aux plus rudes épreuves ; l'autre, en France, au camp de Châlons, où il a inopinément volé en éclats, sous l'action d'une épreuve de tir fort ordinaire.

Il n'en est pas moins constant que les pièces en acier ne sont pas usées par le tir, ni détériorées d'une manière appréciable ; qu'elles conservent jusqu'au bout leur justesse primitive et ne présentent que peu de dangers d'éclatement. Tels sont les avantages de ces bouches à feu, qui ne sont pas, d'ailleurs, exemptes de tout inconvénient. Le prix de revient en est fort élevé, c'est-à-dire d'environ sept francs le kilogramme, et l'acier perd toute valeur, lors de leur mise hors de service (1). Elles exigent enfin des soins d'entretien minutieux, tant pour l'intérieur de l'âme que pour le mécanisme de la culasse.

Ici se présente une question qui s'est déjà mainte fois posée, et dont le simple énoncé soulève encore des orages dans certains cercles politiques. Puisqu'on avait reconnu, dit-on, l'excellence des grosses bouches à feu nouveau système, pourquoi la France n'en a-t-elle pas fabriqué, en temps utile, autant et plus que les Prussiens ? Pourquoi, lors de la déclaration de guerre, nos arsenaux ne

---

(1) Il en sera toujours ainsi tant qu'on n'aura pas trouvé le moyen de remettre en fusion de grosses masses d'acier, soit dans des fours à réverbère, soit dans des appareils analogues — et cela sans altérer les qualités du métal.

regorgeaient-ils point de matériel, d'un matériel perfectionné? La réponse était facile à faire, et elle a été faite. C'est que, dans les dispositions où se trouvaient les esprits après la campagne d'Italie, après les expéditions de Chine et du Mexique, il est douteux que le corps législatif eût consenti à voter les cent millions qu'eût réclamés pour cet objet le ministre de la guerre.

— « Croit-on, ajoute le général Susane (1), que le bronze et la fonte fussent des métaux convenables pour la fabrication des grosses bouches à feu, système nouveau, et, s'ils étaient insuffisants, s'il fallait l'*acier fondu*, un acier fondu d'une qualité supérieure, est-on certain que l'industrie française fût en mesure de produire cet acier en masses capables de fournir un canon de 24 ou de 30? Sait-on les tentatives qui ont été faites dans ce sens? Peut-être n'a-t-on été arrêté que par des questions de minerais et d'outillage, et surtout par l'absence de marteaux-pilons assez puissants, de marteaux-pilons comme en possède M. Krupp, et dont, probablement, le roi de Prusse a fait les premiers frais, sans permission de sa chambre, avec son trésor de guerre. Peut-être aussi a-t-on craint, *en confiant à M. Krupp lui-même* l'exécution d'une opération aussi longue et aussi importante que celle du renouvellement de notre matériel de guerre, *de se livrer à la merci de la Prusse.* »

On peut facilement tirer des lignes qui précèdent cette

(1) *L'Artillerie avant et depuis la guerre.* — Paris, Hetzel, 1871.

conclusion qu'il était impossible à la France d'improviser les moyens de fabriquer de grandes masses d'acier et, d'autre part, de se livrer à M. Krupp dont on avait à redouter une complicité patriotique avec le comte de Bismarck. Ces craintes venaient surtout de l'insistance que la maison Krupp mettait à nous faire ses offres de services ou, du moins, de son empressement à nous adresser ses prospectus. Voici, par exemple, la lettre qu'elle fesait tenir à l'empereur à la date du 23 janvier 1868 :

« Sire,

« Reconnaissant de la marque de distinction signalée que Votre Majesté a bien voulu m'accorder à l'exposition universelle de 1867 (1), j'ose prier Votre Majesté de vouloir bien agréer le rapport ci-joint d'une série d'essais qui viennent d'avoir lieu à mes usines d'Essen, sous la direction du général major de Majewsky, par ordre de l'empereur de Russie, et qui ont été faits, également à Essen, par ordre du ministère de la guerre prussien, sous la direction d'une commission spéciale prussienne, avant l'exposition.

« J'ose croire qu'ils auront quelque intérêt pour Votre Majesté. Elle a donné trop de preuves de sa haute connaissance en matière d'artillerie, pour que je ne sois

(1) A l'exposition universelle de 1867, le canon Krupp a obtenu l'un des trois grands prix de la classe 40 : *Aciers fondus et forgés*. De plus, M. Alfred Krupp a été nommé, comme exposant, officier de la Légion d'honneur (30 juin 1867), et M. Fried. Krup a été mentionné honorablement pour la bonne tenue de son établissement à Essen.

pas encouragé à lui soumettre une expérience qui n'avait point encore été faite avec un pareil résultat et qui peut apporter des changements pour l'artillerie, — science qui doit une grande part de ses progrès à l'initiative et aux travaux de Votre Majesté.

« C'est donc avec confiance que je la prie d'accueillir cette relation, qui s'adresse au savant.

« Je suis, avec le plus profond respect, sire, de Votre Majesté, le plus obéissant et le plus humble serviteur.

« Henri Haas (1),

« Chef de la maison Krupp, 71, rue de Provence, à Paris. »

---

(1) Les deux brochures jointes à cette lettre avaient pour titre :
Expériences de tir avec un canon de 9 pouces anglais (228 mil. 6) *en acier fondu, se chargeant par la culasse*, de Friedrich Krupp, à Essen (24 pages in-8° autographiées, et 4 planches);
Procès-verbal d'un tir à outrance avec des canons de 4 en acier fondu, de Friedrich Krupp, à Essen (8 pages in-8° autographiées).
Voici le rapport fait à ce sujet par le général Le Bœuf :

MINISTÈRE DE LA GUERRE.

Comité d'artillerie.

Paris, le 27 février 1868.

M. Haas, chef de la maison Krupp, à Paris, a adressé à l'empereur deux brochures qui ont trait, l'une, à des épreuves à outrance qui ont eu lieu, à Essen, sur des canons de 4 en acier, pourvus de trois modes différents de chargement par la culasse; l'autre, à des essais qui ont été exécutés sur un canon de 9 pouces anglais (228^{mm}, 6).

Première brochure. — Les épreuves à outrance des canons de 4 ont été entreprises au mois de décembre 1866, par ordre du gouvernement prussien. Comme plusieurs canons de ce calibre avaient éclaté pendant la campagne de 1866, on voulait rassurer les esprits en constatant que les canons du modèle en service (système Kreiner à double coin) ont généralement une résistance supérieure à celle qu'on doit leur demander dans la pratique ordinaire. En outre, comme M. Krupp et plusieurs officiers attribuaient ces ruptures à un vice de construction résidant dans la forme carrée à angles presque vifs de la mortaise des coins, on essaya deux autres systèmes à mortaise arrondie en arrière. Le premier était à double coin, mais la section du coin postérieur était à peu près demi-circulaire. Le second, proposé par M. Krupp, était à simple coin, de forme cylindro-prismatique, dont la section transversale équivalait à celle de deux coins du premier système.

Les trois bouches à feu avaient été prises, au hasard, dans une commande de 400 canons de 4 en cours de fabrication à l'usine Krupp, pour le compte de la Prusse.

Ces trois canons ont tiré :

1° 10 coups à chacune des charges de 1 kilog., 1 kil. 100, 1 kil. 200, 1 kil. 300, 1 kil. 400, avec des projectiles pleins pesant 5 kil. 250 (la charge ordinaire est de 0 kil. 500, l'obus chargé pèse 4 kil. 300);

2° 150 coups, charge 1 kil. 500, boulet plein de 5 kil. 250;

3° 3 coups à 1 kil. 500, avec un boulet plein à tête plate, pesant 5 kil. 500, et des boulets additionnels pesant depuis 10 kil. jusqu'à 50 kil.;

4° 5 coups à 1 kil. 750 de poudre, avec le boulet de 5 kil. 500 et les boulets additionnels de 10 à 50 kil. Ces derniers boulets dépassaient la tranche de la bouche de $0^m,444$.

Après ces épreuves, les corps des trois canons ne présentaient aucun indice de rupture, mais les diamètres de la chambre s'étaient agrandis uniformément de $2^{mm},6$.

Les fermetures des deux canons à mortaise arrondie avaient bien supporté les épreuves; le coin simple de M. Krupp avait eu cependant la supériorité en ce que l'obturation avait toujours été complète, tandis qu'avec le double coin elle laissait à désirer vers la fin du tir.

La fermeture du canon à double coin et à mortaise carrée avait assez bien résisté. Cependant, il avait fallu changer le coin postérieur, et la manœuvre était devenue de plus en plus difficile aux grandes charges, à cause de la flexion des coins. Le coin antérieur avait été, en quelque sorte, poinçonné par la pression des gaz, et une saillie d'un demi-millimètre existait, sur sa face postérieure, dans toute l'étendue du cercle de l'âme.

On avait fait usage, avec intention et à plusieurs reprises, de plaques en mauvaise fonte pour porter l'anneau d'obturation. Elles se sont brisées, mais les dégradations de la fermeture ont été insignifiantes et n'ont jamais arrêté le tir.

Des épreuves semblables sont assurément de nature à inspirer une certaine confiance dans les canons de 4 en acier de Krupp, au moins dans ceux des dernières commandes. Cependant le fait de la rupture de plusieurs canons, aux charges ordinaires, est constant; quelle que soit l'explication qu'on en donne, il est probable que les mêmes accidents pourront se reproduire tant que *les procédés de fabrication n'auront pas assuré la parfaite homogénéité de l'acier.*

On ne saurait donc affirmer encore que les canons en acier du système prussien présentent une garantie absolue de sécurité contre les éclatements. Tout ce que l'on peut conclure des épreuves relatées par M. Krupp, c'est que l'acier de cet industriel distingué possède des qualités très-remarquables ; le poinçonnage du coin par les gaz indique, notamment, un acier très-doux, et, en même temps très-tenace.

DEUXIÈME BROCHURE. — Le canon de 9 pouces, qui a été essayé sous la direction de M. le général Majewski, pour le compte du gouvernement russe, est en acier fondu de Krupp, renforcé par un double rang de frettes, d'après la théorie du général Gadolin, et pourvu du système de chargement par la culasse à coin cylindro-prismatique de Krupp. Son calibre est 9 pouces ($228^{mm}6$).

Les expériences avaient pour but :

1° De rechercher la charge de poudre qui imprimerait à un projectile de 125 kilogrammes une vitesse initiale de 370 à 400 mètres, dans des conditions telles que la limite de résistance de la bouche à feu ne fût pas dépassée ;

2° De constater si ce canon aurait une durée de 700 coups, jugée suffisante pour un bon service de guerre.

L'essai d'un nouveau mode de fabrication, la durée limitée assignée à la bouche à feu, tendent à faire penser que la Russie n'a pas été entièrement satisfaite des canons de gros calibre, et d'un seul bloc d'acier, que M. Krupp lui avait livrés antérieurement.

Il a été déjà rendu compte des expériences sur le nouveau canon de 9 pouces par les officiers français qui ont été envoyés à Essen au mois de décembre dernier. (*Le capitaine de vaisseau Lefebvre, le colonel Lacour, de l'artillerie de la marine, et le capitaine Cary, de l'artillerie de terre.*) Elles ont démontré que :

1° On obtient une vitesse initiale de 380 mètres avec une charge de 19 kil. 500 de poudre à grains fins, contenus dans une gargousse de 190^{mm},5 de diamètre, et brûlée dans une bouche de 237^{mm} de diamètre sur 762^{mm} de longueur, ayant un volume à peu près double de celui de la charge ;

2° Que la poudre à grains fins, employée de la sorte, donne de meilleurs résultats, sous tous les rapports, et fatigue moins la bouche à feu que les poudres russes prismatiques et que les poudres anglaises à gros grains, employées par ces deux puissances pour le service des canons de fort calibre ;

3° Que le canon, la fermeture de culasse, l'âme, le grain de lumière et la lumière sont dans un état de conservation très-suffisant après 700 coups tirés ; que la bouche à feu pourra fournir encore une longue carrière ; enfin, que l'obluration par des culots en cuivre, changés à chaque coup, ne laisse rien à désirer.

Le canon russe de 9 pouces, en acier de Krupp, fretté, tirant le projectile de 125^{mm} à la charge de 19 kil. 500 de poudre ordinaire à grains fins, peut être considéré, d'après ces épreuves, comme une bouche à feu établie dans de bonnes conditions de résistance. Il faut ajouter qu'elle est d'un prix extrêmement élevé (environ 90,000 fr.), et que les projectiles avec lesquels les épreuves ont été faites coûtent également fort cher.

OBSERVATIONS. — L'empereur sait que, depuis dix ans, d'assez nombreuses expériences ont été faites en France sur des pièces en acier, de différents calibres et de diverses provenances (particulièrement des usines de Rive-de-Gier et des usines Krupp). Parmi ces pièces, plusieurs ont résisté à un grand nombre de coups; mais il s'est produit pour d'autres, après un nombre de coups restreint, des éclatements qu'on n'a pu attribuer qu'au *défaut d'homogénéité de l'acier*. Le canon Withworth et d'autres canons provenant d'usines françaises sont encore en cours d'expérience et fourniront de nouvelles et intéressantes données sur la question de l'acier employé comme métal à canon. En attendant, on pousse l'industrie française, qui paraît en retard sous ce rapport, à se mettre à la hauteur de la fabrication de Krupp qui, jusqu'à présent, semble avoir la supériorité.

Si les expériences commencées à Versailles sur deux canons *en bronze*, se chargeant par la culasse, avaient un résultat définitif favorable, il n'y aurait plus lieu de se préoccuper de la question de l'acier, au moins en ce qui concerne le service de l'artillerie de terre.

J'ai l'honneur de rappeler à l'empereur que le lieutenant-colonel Stoffel annonce, dans une de ses dernières dépêches, qu'en présence du défaut de confiance dans l'acier, qui a fait de grands progrès dans l'esprit de l'armée prussienne, le roi a prescrit la réunion d'une commission d'officiers d'artillerie pour examiner la question de l'emploi de l'acier comme métal à canon. Cette réunion a eu lieu à Berlin le 27 janvier dernier; la majorité a paru se prononcer en faveur du *retour au bronze*. Toutefois, il n'a été pris aucune résolution, et le lieutenant-colonel Stoffel promet au ministre de le tenir au courant de ce qui sera décidé ultérieurement.

Une réunion semblable avait déjà eu lieu après la campagne de Bohême, et il avait fallu l'intervention du roi pour que cette réunion n'émît pas le vœu d'abandonner l'acier.

Le général de division, président du comité d'artillerie,
aide de camp de l'empereur,
LE BOEUF.

CHAPITRE TROISIÈME.

BOUCHES A FEU PRUSSIENNES.

Essen n'était, en 1820, qu'un obscur atelier de forgeron.

Ce n'était encore, en 1851, qu'une petite usine, mais déjà cette maison modeste avait trouvé sa voie; M. Krupp venait d'envoyer à l'Exposition de Londres plusieurs canons d'acier des calibres de 4 et de 6, premier spécimen des types qui devaient acquérir plus tard tant de célébrité.

Depuis 1862, Essen est devenu un immense établissement métallurgique, employant, nuit et jour, de huit à dix mille ouvriers et produisant, par an, de 75 à 100 millions de kilogrammes d'aciers.

C'est de là qu'est sorti le matériel d'artillerie qui vient d'insulter la capitale de la France.

Les bouches à feu que les Prussiens ont employées pour le bombardement de Paris sont :

1° Le *mortier rayé* ou *canon court*, du calibre de $0^m,2085$ à la tranche de la bouche. A l'origine des rayures, au fond de l'âme, le calibre est de $0^m.215$. Le pas des rayures est d'environ 5 mètres. La pièce est en acier. Elle est revêtue, à la culasse, d'un rang de frettes d'acier qui s'étend de l'avant des tourillons à l'avant du logement du coin. Celui-ci affecte une forme cylindro-prismatique et est mis en mouvement par le moyen de deux vis : l'une, *à pas rapide*, déterminant le mouvement de translation du coin destiné à ouvrir ou à fermer la culasse ; l'autre, *à pas lent*, serrant le coin *à bloc* ou amorçant, après le tir, l'opération du desserrement.

Voici la description que donne de cette pièce un jeune officier d'artillerie (1) :

« Les deux mortiers rayés employés à Strasbourg par l'assiégeant étaient une nouveauté destinée à faire sensation. C'étaient des pièces d'essai servant aux expériences que l'artillerie prussienne faisait depuis plusieurs années, et qui étaient à peine terminées lorsque la guerre éclata. Construites pour servir de modèles, elles allaient être éprouvées dans les opérations d'une attaque réelle. On se mit, en même temps, à en *confectionner un grand nombre de même type, en vue du siège de Paris*. Le diamètre intérieur est de $0^m,209$; la bouche à feu, longue de 10 calibres, rayée, se chargeant par la culasse, est en bronze et munie d'une fermeture à coins.

« On pourrait plutôt appeler ces mortiers des obusiers rayés. Si l'on veut les désigner sous le nom de *mortiers géants*, il ne faut pas en prendre pour raison

---

(1) *Artilleristische Notizen über die Belagerung von Strasburg* von einem Schweizerischen Artillerie-Offiziere. Frauenfeld, 1871.

les poids du projectile et de la charge, mais bien ceux de la pièce (3,200 kilogrammes) et de l'affût (3,750 kil.), car les mortiers lisses tirent des bombes presque aussi lourdes avec des charges semblables.

« Le poids relativement énorme du mortier rayé, les détails nombreux, le temps et le nombre d'hommes qu'exige sa manœuvre l'empêcheront longtemps encore de remplacer les mortiers lisses; mais il leur est supérieur par la portée et la rapidité du tir, ainsi que par la plus forte charge explosible de ses projectiles qui peuvent, en outre, grâce à la fusée percutante dont ils sont armés, faire explosion au moment même de leur chute.

« L'affût en bois est muni de deux roues légères et d'une lunette qui permet de l'adapter à un avant-train; de sorte que la pièce peut être transportée et que, au moment du tir, l'affût glisse sur la plateforme comme un traîneau. »

Les deux mortiers rayés dont il est ici question formaient, devant Strasbourg, la batterie n° 35, destinée à rendre inhabitable le réduit en maçonnerie de la grande lunette n° 44. Cette batterie ouvrit son feu le 8 septembre et lança, pendant le cours du siége, *six cents* projectiles longs.

2° Le *canon de 24*, du calibre de $0^m,148$. Il est fait d'un seul bloc d'acier, sans garniture de frettes. On en connaît plusieurs modèles qui peuvent se différencier principalement par la forme du coin et le système du mécanisme de fermeture de la culasse. Il serait difficile de faire connaître le modèle qui a été employé, de préférence, par les artilleurs prussiens chargés des opérations du bombardement de Paris.

L'auteur de l'*Artilleristische Notizen* préconise, d'ailleurs, comme il suit, l'excellence du canon de 24 court :

« Les canons courts de 24, rayés, apparaissent au siége de Strasbourg comme une création tout à fait nouvelle de l'artillerie prussienne. Ces pièces furent spécialement employées pour le tir plongeant. Elles étaient destinées à remplacer, d'une manière avantageuse, les canons lisses et les obusiers dont s'étaient jusqu'alors composés les parcs de siége, c'est-à-dire les bombardes de 25 livres et les obusiers de 25 et 50 livres.

« Elles sont sensiblement plus courtes et plus légères, et leur charge *maxima* est également moindre. La longueur de l'âme est de $2^m,15$; le poids, de 1475 kilogrammes ; la charge, de $1^k,500$ — tandis que les canons longs pèsent 2500 kilogrammes ; ont une longueur de $3^m,04$ et se chargent avec 3 kilogrammes de poudre.

« Le canon de 24 court peut faire brèche dans le mur le plus solide, grâce aux effets de son tir plongeant, et ne réclame, pour atteindre ce résultat, que l'emploi d'une quantité de munitions relativement faible. La forte charge explosible de ses obus, sa grande précision, et la disposition de son affût, qui permet d'élever considérablement l'axe de la pièce, rendent le canon de 24 court capable d'atteindre tous les buts qu'on recherchait jusqu'ici au moyen des bombardes lisses et des longs obusiers.

« Au siége de Strasbourg, la batterie n° 8 avait été armée de quatre canons de 24 courts pour faire brèche au tir plongeant, à la distance d'environ 800 mètres, et en dirigeant les coups assez obliquement, à l'escarpe de la face droite de la lunette 53. Malgré les circonstances défavorables en présence desquelles on se trouvait, ce tir plongeant réussit d'une façon brillante, et le nouveau canon justifia pleinement les espérances qu'on fondait sur sa valeur, depuis les expériences qu'on en avait fait en 1869, au Silberberg, sur le tir en brèche à grande distance.

« Le feu de la batterie de brèche n° 8 s'ouvrit le 14 septembre et, le 16, au moyen de tranchées horizontales et verticales, faites suivant la méthode la plus rigoureuse et non en détruisant la maçonnerie sans règle et au hasard, on avait obtenu une brèche praticable d'environ 15 mètres de largeur.

« L'angle de chute sous lequel la brèche fut ouverte, à environ moitié de la hauteur du mur, avait été, au plus, de 7 degrés. Sous cet angle, à 800 mètres, les obus allongés des canons de 24 courts ont encore une vitesse assez considérable pour que leur force de pénétration produise tout son effet contre une forte maçonnerie.

« L'expérience faite sur la lunette 53, suivant des procédés méthodiques, était la première de la guerre de siège et, en dépit des doutes émis, elle réussit à merveille. En conséquence, les Prussiens se préparèrent à l'emploi du tir plongeant contre l'enceinte de la place. Le 14 septembre, la batterie n° 42 était prête. Armée de six canons de 24 courts, elle était destinée à faire brèche au bastion 11, par-dessus la contregarde.

« Le mur d'escarpe avait de 1^m,50 à 2^m,00 d'épaisseur. En trois jours — du 23 au 25 septembre — et à 850 mètres de distance, la brèche s'opéra par le moyen du tir plongeant. La tranche horizontale apparaissait, sur une longueur d'environ 25 mètres, à 4^m,50 au-dessous de la berme, et toute la partie du mur comprise entre cette tranchée horizontale et les deux tranchées verticales, exécutées aux deux extrémités, avait été renversée.

« Du 24 au 26 septembre, la batterie n° 58, armée de quatre canons courts de 24, fit aussi, à la distance de 700 mètres, au moyen du tir plongeant, une brèche à la face gauche du bastion 12.

« Ces deux brèches, faites sous un angle de 6 à 7 degrés, témoignaient d'une manière éclatante de la puissance et de la justesse des canons de 24 courts. »

3° Le *canon de* 12, du calibre de 0^m,118, semblable au canon de 24 de tous points, sauf les dimensions.

4° Le *canon de* 6, de campagne, du calibre de 0^m,0955. La pièce est en acier, d'un seul bloc, et sa fermeture de culasse est du système Wahrendorf.

Toutes ces bouches à feu se chargeaient par la culasse.

Le chargement par la culasse !... — « Dès le premier jour du siége, dit le général Susane (1), on proclamait qu'il n'y avait d'espérance de salut que dans le canon se chargeant par la culasse.... »

Quelle est donc la valeur vraie de ce mode de chargement dont l'opinion parisienne voulait faire alors un palladium ? — « A Sadowa, dit encore le général, les Prussiens avaient déjà ce canon qu'ils emploient contre nous, et les Autrichiens, après Solférino, avaient adopté un canon rayé imité du canon français. Ce sont là des faits à noter, non pas comme arguments pour ou contre le mérite du canon se chargeant par la culasse, mais comme exemple de l'inconvénient qu'il peut y avoir à porter un jugement précipité en pareille matière...... — L'opinion n'était pas fixée sur ce point et n'exerçait pas de pression quand on avait l'exemple, au moins singulier, de l'Angleterre et des États-Unis qui, après de longs et dispendieux essais pour l'introduction dans leur armement des canons se chargeant par la culasse, semblaient revenir au canon se chargeant par la bouche... — Si l'on ne considère que la portée, la justesse et la tension de la trajectoire, on a grandement raison d'attribuer, sous ce rapport, une notable supériorité au canon à boulet forcé sur le canon à boulet libre ou semi-libre.... — Mais la portée, la justesse et la tension ne sont pas tout et, lorsqu'on fait abstraction de tout le reste, on prononce un jugement sans examen suffisant.... — Les officiers

(1) *L'artillerie avant et depuis la guerre*. Paris, Hetzel, 1871.

d'artillerie préfèrent unanimement le canon se chargeant par la culasse pour le service des batteries fixes... où l'on a le temps et le moyen de réparer les avaries. — En fait, l'avantage est pour l'ancien canon, et cet avantage, assez faible quand tout est en bon état, *devient considérable par les dérangements qui se produisent fréquemment dans le mécanisme du canon nouveau, tel qu'il est aujourd'hui.* »

Nous avons cru devoir reproduire *in extenso* cette appréciation motivée d'un éminent artilleur, afin d'anéantir définitivement le préjugé qui attribuait au chargement par la culasse une vertu particulière, — capable de faire lever le siége de Paris et d'assurer le salut de la France, aussi bien et mieux encore que le calibre de 7 tant préconisé par le célèbre *génie civil*.

Le mode de chargement par la culasse une fois admis, quel est le meilleur système de fermeture? La question est encore loin d'être résolue. Le *coin* dit *cylindro-prismatique* se marie très-bien à l'acier Krupp. Quelques officiers d'artillerie préfèrent *la vis à filets interrompus*, en usage dans la marine française, et qui peut s'employer avantageusement avec la fonte, le bronze et l'acier. Nous ne saurions nous prononcer à cet égard et, cela étant, nous nous bornerons à relater les divers moyens indiqués pour mettre rapidement hors de service les pièces prussiennes se chargeant par la culasse (système à double coin).

Le système de fermeture se compose essentiellement

d'un double coin dont le mouvement relatif, déterminé par une vis, permet d'opérer l'obturation.

Pour mettre la pièce hors de service, on peut employer l'un des moyens suivants (*Voyez* les figures 1 et 2) :

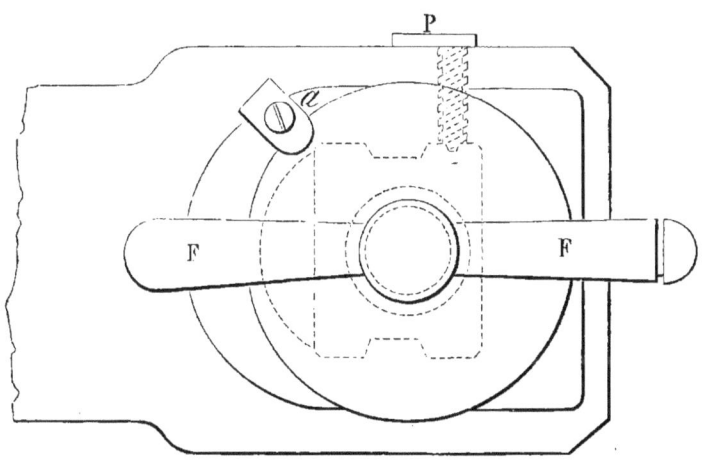

Fig. 1. — Élévation.
(*Côté gauche.*)

1° Faire tourner la manivelle *F*; dégager l'épaulement *E, E*; retirer le double coin *A, B,* et, à l'aide d'un marteau ou d'un levier, fausser l'épaulement, ce qui empêche la fermeture du système et rend le tir de la pièce dangereux pour les servants.

2° Le système étant ouvert, entailler fortement, au moyen d'une hachette ou d'un marteau, les arêtes des coins *A* et *B,* ce qui empêche de faire avancer les coins l'un sur l'autre.

3° Le système étant fermé, détériorer, en le frappant à

coups de levier, le porte-à-faux *H*, appelé fausse âme, ce qui empêche d'ouvrir le système et d'introduire le projectile et la charge.

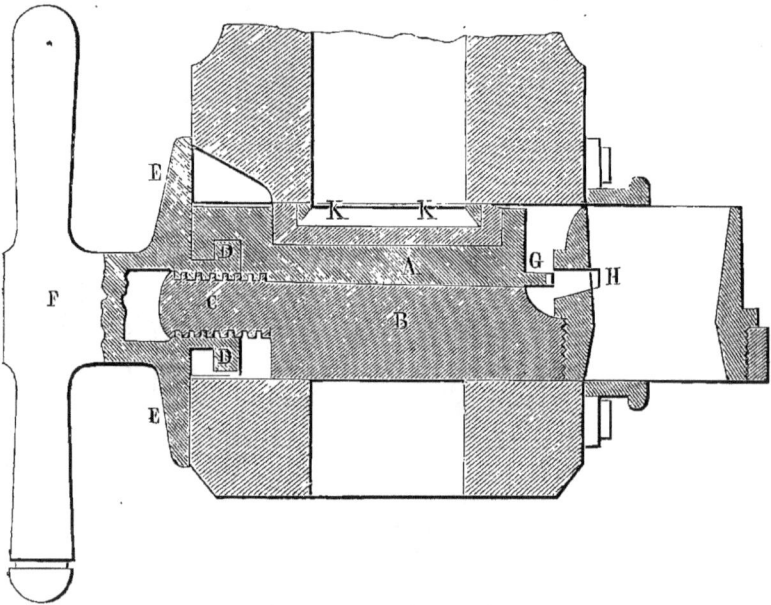

Fig. 2. — Coupe horizontale.

4° Dévisser, s'il est possible, la vis d'arrêt *P*, à l'aide du talon qu'elle porte ; retirer alors tout le système de fermeture et le détruire.

5° Enlever, si on en a le temps, avec un ciseau à froid, l'arrêt *a* sous lequel s'engage l'épaulement, sur le côté gauche de la culasse.

Ce qui constitue l'originalité de la bouche à feu prussienne, ce n'est ni le système de chargement par la culasse, ni le mode de fermeture de celle-ci ; c'est le modèle de l'affût sur lequel elle est montée (1). On ne possède, à cet égard, aucun renseignement précis, et il est regrettable qu'un œil exercé n'ait pas eu l'occasion de percer le mystère dont les Prussiens, retour du siége de Paris, enveloppaient leur parc d'artillerie de Pierrefitte. Il est probable que leurs affûts, partie en fer, partie en acier, sont formés d'une flasque triangulaire analogue à celle de nos affûts de place, mais montée sur de grandes roues, permettant de transporter la bouche à feu sur l'affût. Ce qu'il y a de certain, c'est que le système permet de passer très-facilement *du tir sous de petits angles au tir sous de grands angles* (2), et cela sans que la bouche à feu ait à quitter sa plateforme. Les batteries qui, la nuit, bombardaient la ville, étaient celles qui, pendant la journée, avaient tiré de plein de fouet sur nos batteries et nos forts détachés.

(1) — L'artillerie prussienne tire un grand avantage de la disposition de ses affûts de siége. Construits de la même manière pour toutes les pièces rayées, très-simples et très-maniables, ils donnent à la ligne de tir une hauteur de 1^m,80. La construction des batteries est, par là même, essentiellement simplifiée ; les servants ne sont pas exposés ; l'ennemi ne peut apercevoir que la bouche de la pièce. » (*Artilleristische Notizen.*)

(2) Les batteries prussiennes ne devaient tirer sur Paris que sous un angle maximum de 35°, car, au-delà de cette amplitude, les projectiles oblongs ne gagnent plus guère en portée. Il n'est pas probable, d'ailleurs, que nos adversaires aient fait usage de poudre *prismatique*.

CHAPITRE QUATRIÈME.

PROJECTILES PRUSSIENS.

Le maniement de l'obus prussien réclame, dans la pratique, des soins extrêmement minutieux. Les transports, les empilages dans les batteries, toutes les manipulations dont il est nécessairement l'objet constituent des opérations toujours délicates.

Il a été fait de longues dissertations sur la fusée percutante prussienne qui a donné lieu à tant d'accidents. Pour prévenir les dangers auxquels s'exposaient les imprudents qui couraient après les obus, la direction d'artillerie de Paris publia, pendant le siége, les documents qui suivent :

« DESCRIPTION DE LA FUSÉE PERCUTANTE PRUSSIENNE.

« Les obus prussiens, de forme cylindro-ogivale, sont armés d'une fusée percutante logée dans la lumière qui est pratiquée à l'avant du projectile. La partie antérieure de la lumière est seule taraudée; l'autre partie, qui est lisse, est munie d'un petit épaulement, vers le milieu de sa hauteur.

« La fusée comprend :

« Une enveloppe où se loge le percuteur; un percuteur; un écrou évidé; un bouton à tige contenant la composition fulminante.

« L'enveloppe, en laiton de peu d'épaisseur, est terminée à sa partie inférieure par un fond percé d'un trou central pour le passage des gaz de la composition fulminante. Une rondelle de mousseline et une rondelle de laiton percée d'un trou central, sont fixées sur ce fond. Le haut de l'enveloppe est muni d'un petit rebord qui s'appuie sur l'épaulement ménagé dans la lumière du projectile.

« Le percuteur est terminé par une tête qui repose sur le rebord de l'enveloppe. Il est percé, de part en part, d'un canal central pour le passage des gaz de la composition fulminante. Une plaque mince, en cuivre, munie d'une aiguille centrale, est encastrée dans la tête. L'aiguille fait saillie sur la tranche de cette tête.

« L'écrou évidé, ordinairement en laiton, est fileté extérieurement, pour être vissé dans le haut de la lumière de l'obus; il est percé d'un trou central taraudé où se visse le bouton à tige.

« Ce bouton contient un évidement intérieur où est fixée la capsule fulminante.

« Un logement pratiqué dans le haut de la partie ogivale de l'obus reçoit une broche qui disparaît après le tir. »

« PROCÉDÉ RECOMMANDÉ POUR DÉCHARGER LES OBUS.

« Plonger le projectile dans l'eau en le faisant reposer sur le culot, et vider, au moyen d'une aiguille, le logement de la broche, s'il est obstrué par de la terre.

« Attendre un certain temps (une heure environ) pour donner à l'eau le temps de pénétrer dans l'intérieur de l'obus par le canal du percuteur et le trou du fond de l'enveloppe, et de noyer la poudre. Dévisser le bouton fileté, s'il est possible, ou l'écrou évidé.

« Extraire le percuteur, puis l'enveloppe. Retirer le projectile de l'eau et vider la poudre noyée.

« *Nota*. 1° Certains projectiles prussiens, de gros calibre, sont munis, au culot, d'un trou de chargement fermé par une vis.

« S'abstenir absolument de procéder au déchargement du projectile en cherchant à enlever cette vis.

« 2° Le transport et le maniement d'obus n'ayant pas éclaté sont très-périlleux et exigent les plus grandes précautions.

« Les obus doivent toujours être déplacés le culot en bas. »

Nous croyons qu'il n'est pas inutile de reprendre et de compléter ici la description de la fusée percutante. (*Voy.* la figure 3.)

114   CHAPITRE QUATRIÈME.

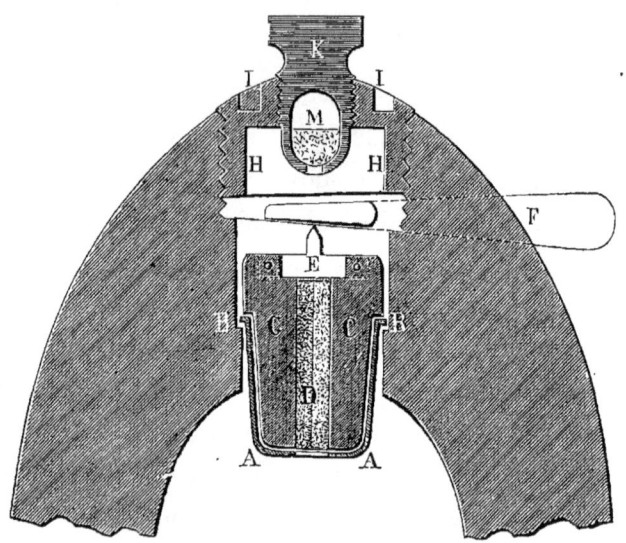

Fig. 3. — Appareil percutant des projectiles prussiens.

Nota. — Pour rendre plus intelligible le mécanisme de l'appareil percutant, nous en avons réduit certaines dimensions, et, par suite, ce croquis ne donne qu'une représentation approximative de la réalité. Seul, le *percuteur* est reproduit exactement ; c'est, en vraie grandeur, celui d'un projectile de mortier rayé, et l'on peut observer qu'il s'adapte avec précision à l'organe dont la fig. 8 ci-après laisse voir la coupe.

L'appareil percutant des projectiles prussiens se compose de :

1° Un dé en laiton A A, serti dans la partie inférieure de la lumière de l'obus et reposant sur les rebords B B. Il est percé, à sa partie inférieure, d'un trou central, fermé par une rondelle de gaze ;

2° Un percuteur C C jouant librement dans le dé A A

et reposant, à son tour, sur les rebords de ce dé, en B B. Il est percé d'un canal central D, rempli de poudre à mousquet, et fermé en haut par une gaze. Une aiguille E, faisant corps avec une plaque en laiton fixée au percuteur au moyen de deux goupilles, se trouve placée dans l'axe du système ;

3° Une broche F, à tête alourdie, passant dans un canal qui traverse excentriquement l'ogive du projectile. Pendant les transports, cette broche empêche le percuteur de se porter en avant et, par suite, l'aiguille de frapper le fulminate logé à la partie supérieure. Au moment du tir, l'opérateur doit enlever ladite broche; mais, s'il oublie de le faire, elle est d'elle-même projetée au loin par l'effet de la force centrifuge agissant sur sa tête pesante (1);

4° Un corps de fusée en laiton H H. Il est vissé sur l'obus, lors du chargement, au moyen de deux encoches I I pratiquées sur sa calotte ;

5° Une capsule K à fulminate M, qu'on ne visse qu'au moment du tir. Elle est remplacée, pour le transport, par un bouchon de métal non amorcé.

Cela posé, le jeu de l'appareil n'est pas difficile à comprendre.

Pendant les transports, la broche F empêche le percuteur de se porter en avant, assez loin pour que l'aiguille puisse atteindre le fulminate, alors même que le bouchon

(1) De tous les projectiles ramassés dans Paris, il n'est pas un seul qui ait été trouvé garni de sa broche.

insensible serait déjà remplacé par la capsule amorcée. A l'heure du tir, et la broche étant préalablement enlevée, le projectile est lancé dans l'espace..... mais, au moment où il s'arrête en frappant un corps qui lui fait obstacle, le percuteur, lui, continue sa course et se porte en avant, en vertu de son inertie. Qu'arrive-t-il? L'aiguille pique le fulminate, lequel enflamme la poudre du canal D du percuteur. Celle-ci fait sauter la gaze du fond et enflamme, à son tour, la poudre enfermée dans l'obus.

Ce système est d'une extrême sensibilité. Le moindre ralentissement du projectile, la plus petite déperdition de vitesse suffit à lancer le percuteur en avant, et l'on a vu des obus éclater en traversant des branches d'arbres ou des lames de persiennes. Mais, d'autre part, le corps de fusée et la capsule, étant à parois très-minces, sont facilement déplacés ou déformés. Au moment du choc, et avant que le percuteur ait eu le temps de se porter en avant, la vis qui porte la capsule est souvent déviée de sa position initiale. Dès lors, le trou par lequel l'aiguille doit frapper le fulminate ne se trouve plus dans l'axe de l'obus et, au lieu de piquer cette amorce, l'aiguille attaque inutilement la paroi latérale de la capsule. De là les fréquents *ratés* qu'on observe dans l'effet des projectiles prussiens. Cette incertitude du succès tient encore à une autre cause dont l'action se manifeste surtout lorsque la chute de l'obus s'opère dans un terrain meuble. Le mouvement de rotation fait alors entrer par le trou de la broche des corps étrangers qui s'interposent entre la vis porte-capsule et le percuteur — et celui-ci se trouve nécessairement immobilisé.

Les Parisiens ne savaient pas ces détails au moment où les Prussiens lançaient leurs premiers projectiles sur nos avancées et sur nos forts. De là leur confiance naïve en quelques descriptions absurdes ou, tout au moins, exagérées. Nourrie de légendes étranges, leur imagination donnait aux obus de l'ennemi des formes monstrueuses et de redoutables dimensions. Le style des *Rapports militaires officiels* était bien fait, il faut le dire, pour entretenir dans les esprits l'inquiétude et le trouble. Le gouverneur de Paris ou, plus exactement, le chef d'état-major général se plaisait à confabuler chaque jour avec le public sur l'emploi de « *moyens de bombardement dont la puissance est considérable* (1)... — *De moyens nouveaux et très-puissants de bombardement par les fameux canons Krupp, tant de fois annoncés*... (2)... — *De pluies d'obus d'une dimension* EXTRAORDINAIRE, *lancés à grande distance!*... (3). »

En vérité, ces confidences étaient bien de nature à glacer d'effroi les cœurs les plus intrépides.

Aujourd'hui que le silence et la paix règnent à l'entour de Paris, il convient de se rendre un compte exact des effets dûs aux engins balistiques prussiens. Examinons donc attentivement les calibres divers entassés dans les parcs de siége de nos ennemis.

---

(1) Rapport militaire du 27 décembre, au soir.
(2) Premier-Paris du *Journal Officiel*, 28 décembre.
(3) Rapport militaire du 29 décembre.

118 CHAPITRE QUATRIÈME.

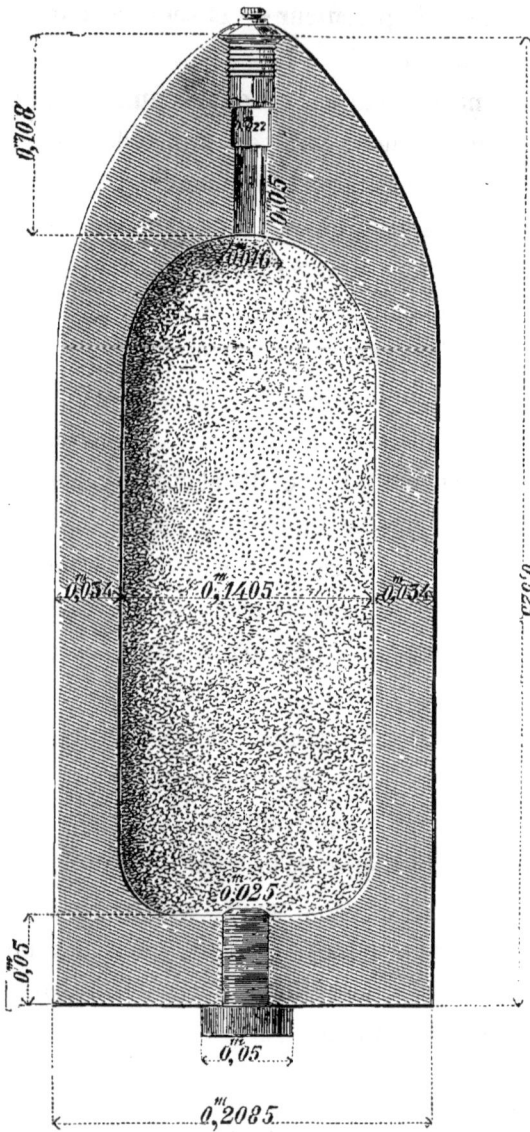

Fig. 4. — Obus du mortier rayé ou canon court.
Coupe verticale suivant l'axe. (*Réduction au quart.*)

Les projectiles lancés par les bouches à feu prussiennes peuvent se classer de la manière suivante :

1° L'obus *du mortier rayé* ou *canon court* (fig. 4) du calibre de $0^m,2085$; hauteur totale $0^m,523$; — poids du projectile vide : $73^k,000$; — charge de poudre du projectile : $5^k,000$; — poids de la vis fermant le trou de charge au culot : $0^k,490$; — poids de la fusée percutante : $0^k,195$; — poids total du projectile chargé : $78^k,685$.

L'auteur de l'*Artilleristische Notizen* attribue à ce projectile des proportions plus considérables. — « Le mortier rayé, dit-il, lance sous un angle quelconque, avec des charges variant de $1^k,500$ à $4^k,000$, des obus allongés pesant 82 kilogrammes, renfermant une charge explosible de $7^k 500$ et munis d'une chemise en plomb mince et soudée. Ces obus ont une longueur de 2 calibres 7 dixièmes. »

Nos soldats assiégés dans Belfort donnaient aux projectiles du mortier rayé le surnom d'*enfants de troupe*. — « Ces obus, dit le colonel Denfert, étaient doués d'une très-grande puissance d'écrasement, sans cependant avoir une force vive de beaucoup supérieure à celle de nos projectiles de 24, car ils n'étaient animés que d'une vitesse relativement assez faible. Cet écrasement était dû surtout à la charge énorme de poudre qu'ils contiennent à l'intérieur. Le projectile entre profondément dans la terre, éclate ensuite, et l'effet de projection et de destruction se produit en avant, vu la masse considérable du culot ; il agit, en un mot, à l'instar d'un fourneau de mine bien bourré. »

2° L'obus n° 1 *du canon de* 24, d'une longueur de deux calibres, soit $0^m,296$, contenant $0^k,900$ de poudre et pesant, tout chargé, $28^{kil.},150$ (*Voyez* la fig. 5).

120 CHAPITRE QUATRIÈME.

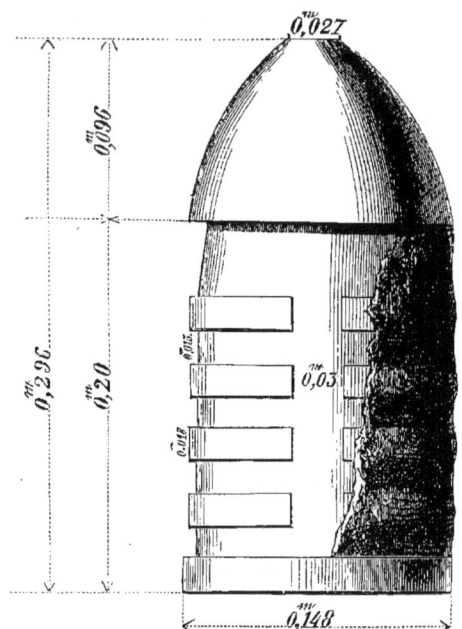

Fig. 5. — Élévation.
(*Réduction au quart.*)

Nota. — La partie droite de la figure représente l'obus revêtu de sa chemise de plomb.

3° L'obus n° 2 *du canon de 24*, d'une longueur de trois calibres, soit $0^m,444$, contenant environ $2^k,000$ de poudre et pesant $26^k,000$, charge comprise.

L'auteur de l'*Artilleristische Notizen* parle de ce projectile en des termes un peu différents. — « Le canon de 24 court, dit-il, tire un obus de $27^k,700$, c'est-à-dire de même poids que celui du canon de 24 long; mais cet obus est plus long de 2 calibres et demi et se nomme, pour cette raison, *obus allongé;* il a une chemise de plomb mince et soudée et contient une charge de poudre explosible de 2 kilogrammes. »

4° L'obus *du canon de* 12, contenant $0^k,500$ de poudre et pesant, avec cette charge, environ 12 kilogrammes.

5° L'obus *du canon de* 6, de campagne, du poids de $6^k,500$ avec sa charge de poudre, laquelle est de $0^k,250$.

Les Prussiens ont, d'ailleurs, lancé sur Paris des projectiles incendiaires de 24, de 12 et de 6; les uns, remplis de *matières incendiaires* proprement dites (et percés de quatre évents, à l'ogive, pour le calibre de 24, et de trois évents seulement pour les calibres de 12 et de 6); les autres, du calibre de 24 seulement, renfermant une charge d'éclatement et de 12 à 16 cylindres de laiton remplis de *roche à feu*.

Il n'est point démontré que les Prussiens aient fait usage d'*obus à pétrole;* mais il est, d'autre part, avéré qu'ils ont lancé quelques *obus à balles* (1) des calibres de 6, de 12 et de 24.

On estime que les pièces prussiennes de $0^m,2085$ étaient approvisionnées à 800 coups; celles de 24 et de 12, à 400 coups.

---

(1) C'étaient ordinairement des balles de plomb sphériques du calibre du fusil d'infanterie. Quant aux *balles de fusil de rempart* que les Prussiens faisaient pleuvoir sur nos ouvrages, au moment du bombardement, elles étaient en acier et de forme ovoïde. La figure 6 représente la coupe d'un de ces projectiles dont le poids s'élève à $0^k,098$.

Il est probable que la rotation de ce projectile dans le fusil de rempart s'obtient par le moyen du forcement d'un culot porte-balle.

CHAPITRE QUATRIÈME.

De la nomenclature et de la description sommaire que nous venons de donner il appert que les projectiles prussiens dont on nous faisait des fantômes n'ont en réalité rien d'*extraordinaire* ni d'étonnant. Les dimensions de l'obus du mortier rayé, du calibre de $0^m,2085$ sont seules remarquables, mais le parc français du palais de l'Industrie renfermait des modèles encore plus imposants.

Fig. 6. — Balle de fusil de rempart. — Coupe longitudinale suivant l'axe.
(*Grandeur naturelle.*)

A Strasbourg et à Belfort, l'assiégeant s'était attaché à donner une importance considérable à l'emploi des obus à balles auxquels il avait adapté des fusées fusantes du système Richter. A Strasbourg les canons de 24 longs en ont tiré 5,000; les canons de 12, 11,000; les canons de 6, 4,000; ensemble 20,000 obus à balles.

CHAPITRE CINQUIÈME.

BATTERIES PRUSSIENNES.

Il nous serait difficile de donner ici l'exacte description de l'organisation intérieure d'une batterie prussienne. C'est en les entourant du plus profond mystère que nos adversaires aménageaient les lieux qu'ils avaient choisis pour y concentrer leurs moyens d'action contre nous. Ils construisaient généralement leurs batteries hors de la vue de nos observatoires, derrière un bouquet d'arbres, un pâté de maisons ou un pli de terrain de peu d'épaisseur. Ils les démasquaient ensuite en abattant les arbres, en faisant sauter les maisons, en opérant un petit nivellement du sol. Aucun indice n'en révélait à nos lunettes ni l'emplacement, ni les dispositions; l'œil s'égarait sur quelques taches jaunâtres qui pouvaient seules trahir le sens des mouvements de terre. Et encore ces taches disparaissaient-elles le plus souvent sous des amas de branchages ou de décombres assez adroitement régalés. Pendant trois mois, d'ailleurs, les Prussiens ont eu la patience d'attendre... et d'attendre en silence. Jamais ils n'ont voulu répondre au feu de nos forts détachés qui décimait régulièrement leurs travailleurs (1).

Pendant la période du bombardement, nos adversaires ne laissaient pénétrer personne dans ces batteries dont on distinguait à peine les *vomitoria*, aussi ardents que les cratères d'un volcan en pleine activité. — « *Ils excluent*, écrivait-on alors de Londres (2), *ils excluent, avec le plus grand soin de leurs batteries tous ceux qui pourraient en parler.* »

Ce n'est qu'après l'armistice qu'on put acquérir à cet égard quelques notions précises, dues aux officiers hollandais et français qui s'empressèrent de visiter les lieux. Nous résumerons brièvement les conclusions que des investigations sérieuses ont alors permis de formuler.

Mainte fois pendant le siége de Paris, certains journaux ont exposé le tableau fantastique des merveilleuses inventions des ingénieurs et artilleurs chargés de la direction des attaques. Les Allemands n'ont cependant pas, généralement, le don des découvertes et leur génie national ne se prête qu'à l'application rigoureuse, et souvent brutale, des principes que le travail, éclairé par une intelligence vive, a révélés aux adversaires qu'ils insul-

---

(1) C'est un fait que le major Blume ne peut dissimuler qu'à grand'peine. — « Bien que ce feu, dit-il, fût peu efficace, et que nos troupes eussent promptement appris à s'en garantir, il n'en est pas moins vrai que l'inquiétude constante produite par ce tir incessant, *auquel on ne pouvait répondre*, rendait, à la longue, pénible la tâche des troupes de blocus. »

(2) Lettre du comte de Paris, du 17 janvier 1871.

tent. En particulier, il n'a été rien inventé par ceux qui ont voulu nous réduire au moyen du bombardement.

Les premiers visiteurs n'ont pas eu de détails intéressants à noter dans les batteries de Breteuil, de Meudon et de Châtillon. Ces batteries étaient uniformément enterrées d'un mètre. Leur crête intérieure se trouvait donc à 1^m,50 au-dessus du sol naturel et, par suite, à 2^m,50 au-dessus du niveau des plates-formes. L'épaulement avait tantôt 6, tantôt 7 mètres d'épaisseur; tantôt, il était *plein,* c'est-à-dire sans embrasures (1), tantôt, il était percé d'embrasures dont la profondeur ne dépassait pas 30 centimètres. Les joues en étaient clayonnées ou revêtues de fascines avec harts en fil de fer. Quant au revêtement du talus intérieur, il était fait soit en claies, soit en gabions (2) ou en fascines, et toujours très-solidement établi.

On remarquait dans chaque batterie des traverses, blindées ou non, élevées de pièce en pièce, ou seulement de deux en deux pièces, suivant le degré de probabilité du succès des coups d'enfilade ou plutôt d'écharpe. Ces traverses n'étaient quelquefois constituées qu'à l'état de simples *pare-éclats* composés, en profil, de deux gabions accolés et surmontés d'un troisième gabion, à

---

(1) — «.... Les Prussiens affirment que leur système de batteries sans embrasures, sorte de barbette dont je n'ai jamais vu l'exacte description, a un grand avantage... l'embrasure offrant toujours une cible pour pointer. »
(*Lettre du comte de Paris,* du 17 janvier 1871.)

(2) Le gabion d'artillerie prussien a environ 1^m de haut et 0^m,80 de diamètre.

cheval sur le joint des deux premiers. Parfois enfin, la traverse n'était formée que d'un seul rang de gabions farcis campés debout (1).

Les magasins à poudre étaient, partout et toujours, soigneusement revêtus de madriers très-épais.

Chaque batterie était, en outre, munie d'un nombre considérable d'abris blindés, formés : les uns, d'une charpente recouverte de saucissons portant un mètre de terre; les autres, d'une charpente recouverte de rails, ou même de deux rangs de rails recroisés, avec un ou deux lits de saucissons surmontés d'une couche de terre de peu d'épaisseur. Vers le milieu, et sur l'alignement des crêtes des batteries de Châtillon, régnait un grand blindage de plus de cinquante mètres de long. Abrité derrière un petit mamelon qu'on avait, à dessein, laissé boisé, il servait de logement aux troupes de soutien et aux artilleurs pendant les temps de repos. Toutes ces constructions portaient l'empreinte d'un cachet de grande solidité.

Sur la foi de nous ne savons quel observateur, les gardes nationaux ont dit et répété à satiété que des appareils analogues à ceux de nos voies ferrées donnaient aux pièces des batteries prussiennes une mobilité extraordinaire et leur permettaient, pour ainsi dire, de voltiger çà et là le long de la crête. Ces fables rencon-

---

(1) Le gabion farci prussien est, à peu près, aux mêmes dimensions que le nôtre, soit $2^m,30$ de hauteur sur $1^m,3$ de diamètre.

traient grande créance au moment du bombardement, mais ce n'étaient que des fables.

Les communications organisées par les Prussiens en vue du service de leurs batteries n'avaient absolument rien de remarquable. Nulle part, ils n'ont ouvert ni amorcé de route. Ils n'ont fait que relier ces batteries à la route de Châtillon à Versailles par un réseau de tranchées dont le sol était revêtu de corps d'arbres, ou de simples rondins jointifs, et fréquemment semé de débris de maisons démolies, tels que portes, volets, persiennes, etc.; le tout recouvert de claies à l'effet de répartir sur une surface assez étendue le poids des pièces qu'on roulait par ces passages.

Tel est le système de chemins qui a permis d'amener en place le matériel d'armement des batteries. L'écoulement des eaux y avait été mal réglé; on y comptait un grand nombre de puisards qui n'avaient jamais su étancher ni le sol des tranchées, ni celui des batteries. Quant aux batteries elles-mêmes, les Prussiens les avaient assez bien reliées entre elles par des passages blindés, en utilisant, pour cet objet, les caves des maisons démolies.

A ce tableau nécessairement imparfait nous ajouterons l'extrait suivant des notes prises par un officier d'artillerie au siége de Strasbourg (*Artilleristische Notizen*, etc.) :

« Par suite du système uniforme d'affûts élevés des canons de divers calibres, toutes les batteries de siége de Strasbourg purent être construites exactement de la même manière. Les embrasures étaient très-peu profondes et allaient diminuant du côté de l'ennemi. Elles étaient planes et à peine visibles.

« Des traverses et des abris couverts étaient établis dans les batteries, Le nombre en était variable, suivant le danger auquel on se sentait exposé; la disposition, selon les matériaux qu'on avait sous la main. Dans celles qui étaient principalement soumises au feu des mortiers, les abris étaient blindés avec des rails de chemin de fer, mais ce blindage n'offrait guère de résistance à la pénétration.

« Les dépôts de munitions des batteries de canons et les magasins à poudre des batteries de mortiers étaient situés, le plus souvent, en arrière et de côté, sur une communication particulière ou sur les approches avec les batteries elles-mêmes. Les revêtements de ces magasins n'ont pas toujours paru résister convenablement et, plusieurs fois, ils furent traversés par les lourdes bombes françaises.

« Construites à la hâte, pendant la nuit et sous le feu de l'ennemi, les batteries ne pouvaient prétendre à une grande netteté de contours; mais on ne négligeait guère ce qu'il y avait de réellement important dans leur construction. Leurs épaulements étaient de force à résister à un feu d'artillerie des plus puissants. Elles étaient uniformément enfoncées de $1^m,10$ en terre.

« La nécessité dans laquelle on se trouvait d'employer des quantités considérables de fascines et de gabions fai-

BOMBARDEMENT DE PARIS. — Une batterie prussienne à Fontenay-aux-Roses.

sait qu'on les confectionnait avec une rapidité extrême et que ces confections laissaient beaucoup à désirer. Beaucoup de revêtements en gabions se détérioraient prématurément dans les batteries. On employait, d'ailleurs, pour les revêtements, des matériaux de nature diverse qui se trouvaient en abondance dans les ruines des maisons démolies dans la zone des attaques.

« Les batteries, une fois construites, n'eurent à subir que des dégâts insignifiants. Il est vrai qu'elles n'offraient au tir ennemi aucun but distinct ou prédominant. C'étaient seulement des amas de terre confus, dont les vagues contours se perdaient dans l'ensemble des mouvements du terrain ambiant. L'ennemi n'apercevait ni les pièces ni les embrasures.

« Grâce à la hauteur des affûts en fer; grâce au système de chargement par la culasse, les batteries étaient d'une construction fort simple. Les servants et le matériel y étaient peu exposés; d'autant moins que, en arrière des roues des pièces mises en batterie, on plaçait de *longs coins en bois,* sur lesquels elles montaient au moment du recul pour redescendre ensuite d'elles-mêmes vers le parapet, une fois le coup parti.

« Le numéro et l'armement de chaque batterie étaient inscrits sur un tableau planté en terre. On y lisait aussi les buts à battre et leurs distances, ainsi que les numéros des batteries voisines qui avaient à tirer sur les mêmes points.

« De nombreux poteaux indicateurs permettaient, en

outre, de retrouver facilement chaque batterie dans le dédale des tranchées et des communications de toute espèce. »

En résumé, l'organisation d'une batterie prussienne ne présente aucun détail original et n'impose, par conséquent, à l'observateur aucun élan d'admiration spéciale. Nos adversaires n'ont fait que suivre des sentiers battus, mais ils se sont distingués par une correcte application des principes de l'art.

CHAPITRE SIXIÈME.

SYSTÈME ADOPTÉ POUR LES OPÉRATIONS DU BOMBARDEMENT DE PARIS.

La page d'histoire militaire que nous nous sommes proposé d'écrire ne comporte point un examen détaillé de tous les travaux exécutés par nos adversaires en vue de siége de Paris ni, en particulier, des dispositions d'ensemble prises par leurs artilleurs. Nous ne poursuivons que l'étude des moyens qu'ils ont employés à l'effet d'opérer le bombardement de la région sud de la ville.

Toutefois, outre les batteries spécialement destinées à fournir cette attaque du sud, et dont nous donnons ci-dessous la nomenclature, nous exposerons brièvement quels ont été les emplacements choisis par les Prussiens pour l'établissement de leurs batteries à l'entour de la place. Nous ferons ainsi la description de ce fameux *cercle de fer* dont il a été tant parlé pendant nos 135 jours de blocus (1).

---

(1) Paris était bloqué, au nord, par *l'armée de la Meuse* dont on trouvera ci-après la composition; au sud, par la IIIme armée, commandée par le prince

CHAPITRE SIXIÈME.

Au nord-ouest, entre les routes de Pontoise et du Havre, les Prussiens avaient garni de bouches à feu les hauteurs qui s'étendent de la lisière des bois de Mont-Frais jusqu'au sud du village de Sannois, et, en particulier, le mamelon occupé par les moulins de Trouillet. Poussant dans cette direction jusqu'à la Seine leurs opérations d'investissement, ils avaient armé de huit pièces la butte du moulin d'Orgemont et disposé trois autres batteries dans les carrières à plâtre qui s'étagent au-dessous de la Butte.

Au nord, on remarque une batterie de six pièces établie à Enghien, et une autre, de huit pièces, à cheval sur la route de Dunkerque. Au sud de celles-ci sont les deux batteries du moulin de Pierrefitte, destinées à l'attaque du fort de la Briche et de la Double-Couronne du nord; puis, la batterie de la station de Pierrefitte, visant aussi la Double-Couronne. Au pont du bois de Garges, deux batteries distinctes gardent la position ; quatre autres, établies en arrière de Stains, peuvent diriger leur feu encore sur la Double-Couronne et, de plus, sur la ville de Saint-Denis et le Fort de l'Est. Mais, dans cette région, les Prussiens se sont principalement attachés à défendre la ligne de la Morée ; ils occupent solidement

royal de Prusse, et qui comprenait : les 5ᵉ, 6ᵉ et 11ᵉ corps d'armée ; la division de landwehr de la garde ; la 17ᵐᵉ division d'infanterie ; les 1ᵉʳ et 2ᵐᵉ corps bavarois ; la division Wurtembergeoise ; les 2ᵉ, 4ᵉ, 5ᵉ et 6ᵉ divisions de cavalerie — ensemble 133,235 hommes d'infanterie, 24,879 chevaux et 628 bouches à feu. Les deux armées présentaient, au 21 octobre, un effectif total de 202,030 fantassins, 33,794 cavaliers et 898 pièces de campagne.

Dugny et n'ont pas moins de soixante-douze pièces de position en batterie sur les pentes qui se développent en arrière du Pont-Iblon. Ils doivent s'avancer encore, c'est-à-dire se fortifier dans le Bourget et y organiser quatre batteries destinées à battre la Courneuve, Crève-Cœur, Aubervilliers, le fort d'Aubervilliers, Drancy, Bobigny. Quelques-uns de leurs projectiles atteindront même Paris, au quartier de la Villette. Les dernières batteries du nord sont disposées sur les croupes du Blanc-Mesnil et au Pont-David, au sud d'Aunai-les-Bondy.

A l'est, les Prussiens avaient construit des épaulements sur les mouvements de terrain qui s'enchevêtrent entre Livry et Clichy-en-l'Aunai; puis, se rapprochant de la place, ils avaient occupé le plateau de l'ancien parc du Raincy. Là s'étaient installées quatre batteries, armées ensemble de vingt-quatre bouches à feu et prenant pour objectifs Bondy, Noisy-le-Sec, Merlan, Rosny-sous-Bois, les forts de Noisy et de Rosny, ainsi que le plateau d'Avron et les redoutes de Montreuil et de la Boissière. Nos ennemis s'étaient solidement établis dans tout le pâté de hauteurs compris sous le triangle formé par les villages de Gagny, Chelles et Montfermeil. Çà et là, dans le massif ainsi occupé, apparaissaient des batteries imposantes, comme celles de la Maison-Rouge et du Pressoir. Sur la rive gauche de la Marne, l'ennemi avait concentré de puissants moyens d'action, à l'entour de Noisy-le-Grand. A l'est du village, une batterie de huit pièces dirigeait son tir, d'une part, sur le plateau d'Avron ; de l'autre, sur le fort de Nogent. Au sud de Noisy, sur la crête, deux autres batteries, respectivement armées de neuf et de trois pièces, battaient aussi le fort de Nogent. Ce fort était, de plus, en prise aux coups de deux batteries établies : l'une, sur le plateau de Villiers; l'autre, sur celui de Champigny. Toutes les hauteurs qui bordent la rive gauche de la Marne étaient d'ailleurs hérissées de batteries prussiennes, de Champigny à Chennevières; de Chennevières à Ormesson ; d'Ormesson à Sucy. Les bouches à feu qui occupaient ces positions commandaient la boucle de la Marne.

Outre les batteries dites de bombardement, et dont il va être bientôt question, les Prussiens avaient armé, au sud, les hauteurs de Montmesly. Ils avaient mis une batterie à cheval sur le chemin de fer de Lyon, en deçà du carrefour Pompadour. Sur la rive gauche de la Seine, ils avaient aussi construit et armé quelques ouvrages, tels que ceux d'Orly, de la Belle-Épine et du Cabaret. Partant de cette base, et s'avançant en bataille vers la place assiégée, ils avaient multiplié les batteries en avant du front formé par la ligne des villages de Choisy, Thiais, Chevilly, l'Hay, Bourg-la-Reine et Plessis-Picquet. On remarquait surtout une grande batterie de huit pièces, fortement organisée dans l'un des replis du chemin de fer de Sceaux.

Mais c'est surtout à l'ouest que les assiégeants avaient accumulé des masses d'artillerie de position. Ils occupaient la Capsulerie, les Fausses-Reposes, Marne, Vaucresson, le Butard, le château de Beauregard, les Gressets; — et, en avant de cette ligne : Brimborion, le parc de Saint-Cloud, Villeneuve-l'Étang, l'hospice Brezin, le Haras, la Celle-Saint-Cloud. S'avançant plus encore, les Prussiens s'étaient installés à Garches et s'étendaient jusqu'à la Jonchère par la Bergerie et le château de Buzenval. Ces trois lignes, appuyées d'une formidable artillerie, formaient un obstacle difficile à franchir.

Revenons au bombardement.

Au début de cette opération, un journal allemand, l'*Augsburger Post*, exposait le tableau des forces d'artillerie que nos adversaires réunissaient alors sous Paris. — « D'ici au 14 janvier, disait-il, 40 nouvelles compagnies d'artillerie de siége, de 200 hommes chacune, vont arriver à l'armée devant Paris, qui comptera alors au moins 25,000 hommes d'artillerie de siége (1). »

Touchant le matériel à mettre entre les mains de ce personnel considérable, le journal poursuivait en ces termes :

« Environ 1,500 canons des calibres les plus divers, les mortiers monstres qui ont fait leurs preuves devant Strasbourg, des pièces de 96 et de 48, des batteries de côtes, des pièces de 24 et même de 12 seront alors en position.

« Une quantité de munitions s'élevant à 750,000 char-

---

(1) On disait que ce personnel considérable était placé sous les ordres du colonel Kamecki, *aliàs* von Kameke.

ges est, partie devant Paris, partie en route pour cette destination. »

Ces chiffres formidables ont dû faire pâmer d'aise plus d'un lecteur d'outre-Rhin, mais ils ne donnent qu'une représentation très-imparfaite de la réalité. Les méthodes d'approximation, usitées en ces sortes de recherches, avaient cédé le pas aux caprices de la plus haute fantaisie, car il est avéré aujourd'hui que les Prussiens n'avaient pas construit plus de 25 batteries ni mis en batterie plus de 140 bouches à feu contre nos défenses du sud. Nous en trouvons la preuve irrécusable en deux documents que nous devons ici reproduire *in extenso*.

Le premier, adressé au *Times* par son correspondant militaire de Versailles, est ainsi conçu :

« Batterie n° 1. — Sur le bord de la Seine, à gauche du chemin conduisant du pont à Saint-Cloud, derrière le pavillon de Breteuil. Objectifs : Billancourt, la basse Seine, Boulogne. Armement : huit pièces de 24 et de 12. Projectiles lancés : 1,255 boulets de 24 ; 2,575 boulets de 12.

« Batterie n° 2. — Sur la terrasse du château et à gauche des batteries de Meudon. Armement : d'abord six, puis huit pièces, dont moitié de 12 et moitié de 24. Objectif : la Seine supérieure et les îles, les ouvrages du Point-du-Jour, la presqu'île de Billancourt et de Boulogne. Nombre de coups : 1,330 boulets de 12 ; 1,460 de 24.

« Batterie n° 3. — En face de l'aile gauche du château de Meudon. Armement : deux pièces de 12 et quatre de 24, ayant tiré : les premières, 1,310 coups ; les secondes, 1,894 coups. Objectif : le fort d'Issy.

« Batterie n° 4. — Exactement semblable à la précédente.

« Batterie n° 5. — Au sud du mur du bois de Clamart. Armement : deux pièces de 6, deux de 12 et deux de 24. Objectif : le fort d'Issy. Nombre de coups tirés : pièces de 6, 610 ; pièces de 12, 200 ; pièces de 24, 2,260.

« Batterie n° 6. — Au sud et près du n° 5, sur la route de Chevreuse. Armement : six pièces de 24. Objectif : le fort de Vanves. Nombre de coups tirés : 1,067.

« Batterie n° 7. — Placée sur la hauteur, au-dessus de Châtillon, à l'endroit nommé d'abord redoute Française ; puis, redoute Bavaroise. Armement : quatre pièces de 24, deux pièces de 12. Objectif : le fort d'Issy. Nombre de coups : pièces de 12, 480 ; pièces de 24, 2,600.

« Batterie n° 8. — Placée un peu en avant du n° 7. Armement : six pièces de 24. Objectif : le fort de Vanves. Nombre de coups tirés : 3,360. Le but de cette batterie était de démonter les pièces du fort et d'y faire brèche, s'il était possible. La portée des pièces était d'environ 2,150 yards. Les assiégeants ont pensé qu'à cette distance on pourrait faire plus de mal au fort en tirant sur ses canons et sur les embrasures de l'escarpe, qu'en cherchant à y faire brèche pour un assaut qui n'aurait pu être livré tant que les flancs et les forts flanquants, ainsi que la contrescarpe, ne seraient pas détruits.

« Batterie n° 9. — A quelques pas au sud-est du n° 8, de l'autre côté du n° 14, entre cette batterie et le Moulin-de-la-Tour. Objectifs : les forts de Vanves et de Montrouge, par enfilade. Armement : huit pièces de 12. Nombre de coups : environ 3,920.

« Batterie n° 10. — Un peu à l'est du n° 9. Objectif : le fort de Vanves, par enfilade. Armement : six pièces de 24. Nombre de coups : 1,000.

« Batteries n°^{os} 11 et 12. — Près du chemin en face de Fontenay-aux-Roses, sur les hauteurs environnant Bagneux. Armement du n° 11 : six pièces de 12. Nombre de coups : 1,840. Armement du n° 12 : six pièces de 24. Nombre de coups : 3,600.

« Batteries n°^{os} 13 et 14. — Placées l'une près de l'autre dans le bouquet d'arbres épais qui entoure Châtillon, sur le plateau du Moulin-de-la-Tour. Chacune de ces batteries était armée de deux pièces d'un modèle qui n'avait jamais servi à la guerre ; c'étaient des mortiers rayés de 21 centimètres de diamètre, se chargeant par la culasse, et fabriqués de façon à pouvoir être élevés de 80 degrés au-dessus de l'horizon. Le résultat du tir de ces pièces ne paraît pas avoir répondu à ce qu'on en attendait. Objectifs : Issy et Vanves. Nombre de coups tirés : batterie n° 13, 840 boulets ; n° 14, 810.

« Batterie n° 15. — Ne diffère de la précédente que par sa position qui occupe le versant de la colline derrière Bagneux. Comme l'autre, elle est armée de deux mortiers de 21 centimètres rayés et se chargeant par la culasse. Objectif : le fort de Montrouge. Nombre de coups : inconnu.

« Batterie n° 16. — Établie sur la terrasse de Meudon, entre les batteries n°^{s} 2 et 3. Armement : six pièces de 12. Objectifs : les ouvrages français en avant d'Issy, près Notre-Dame de Clamart. Nombre de coups : 1,790.

« Batterie n° 17. — Placée tout près et au nord-ouest du n° 8, sur la colline qui domine Châtillon. Armement : six pièces de 12. Nombre de coups : 2,430. Le but de cette batterie était de tenir sous son feu les ouvrages de campagne jetés entre les forts d'Issy et de Vanves.

« Batterie n° 18. — A l'ouest de Bagneux, sur le chemin de Châtillon. Armement : six pièces de 24. Objectif double : tirer directement sur Montrouge et bombarder Paris. Nombre de projectiles lancés : 2,600 obus.

« Batterie n° 19. — Armée d'abord de deux, puis de quatre pièces longues de 24. En dernier lieu, son armement consistait en six pièces courtes de 24, lançant des obus de 3 pouces plus longs que les pièces ordinaires du même calibre, avec une précision et une force telle qu'ils finirent par entamer l'escarpe du fort d'Issy de façon à faire brèche et à ouvrir un passage suffisant pour l'assaut de la forteresse. Nombre de projectiles lancés : par les six pièces courtes, 2,000 obus; par les six longues, 1,000.

« Batterie n° 20. — Au nord-ouest de Clamart, à mi-chemin entre ce village et la batterie n° 19. Armement : dix pièces longues de 24. Objectifs : la façade sud de

Vanves et la face gauche du bastion nord-ouest. Nombre de coups : 2,850.

« Batterie n° 21. — Derrière les maisons à l'ouest de Châtillon. Armement : six pièces courtes de 24. Objectif : la façade sud du fort de Vanves. Nombre de coups : 1,880.

« Batterie n° 22. — Tout à côté et un peu à l'ouest du n° 21. Armement mixte : six pièces, alternativement de 12 et de 24. Objectif : le même que celui de la batterie n° 21. Nombre de coups : 1,700.

« Batterie n° 23 et dernière. — Elle complète la liste des ouvrages construits pour le bombardement de la partie sud des défenses de Paris. Son armement consistait en quatre mortiers de 50 ou, pour éviter toute confusion, de 11 pouces de diamètre, à âme lisse. Cette batterie était la plus rapprochée de Paris, la distance qui la séparait du fort d'Issy n'étant que de 1,250 yards. Elle lança seulement 350 bombes, dont l'une fit sauter un magasin du fort. »

Le correspondant du *Times* ne compte ainsi, en tout, que vingt-trois batteries, armées : l'une, de dix canons ; trois autres, de huit ; et quinze, de six canons. Les mortiers forment quatre groupes ayant pour armement : l'un, quatre pièces ; et les trois autres, chacun deux pièces.

C'est donc un ensemble de 134 bouches à feu.

Étudié au point de vue de la variété des calibres, ce total se décompose en : deux canons de 6 ; — quarante-cinq canons de 12 ; — soixante-dix-sept canons de 24 ; — six mortiers de $0^m,21$; — et quatre mortiers de $0^m,2085$. On compte : huit batteries de 24 ; — quatre batteries de 12 ; — six batteries *mixtes*, 24 et 12 ; — une *mixte* 24, 12 et 6 ; — trois batteries de mortiers de $0^m,21$; — et une de mortiers de $0^m,2085$. Enfin, au dire du correspondant, il aurait été lancé, tant sur Paris que sur les forts 53,040 projectiles, ainsi répartis par calibres : canons de 6, 610 projectiles ; — canons de 12, 18,035 ; — canons de 24, 31,570 ; — mortiers de $0^m,21$, 2,475 ; — mortiers de $0^m,2085$, 350. On voit par là que les Prussiens ont surtout fait usage contre nous de pièces de 24 et de 12, et de ces deux calibres dans la proportion de 2 à 1.

Telles sont les données puisées au document anglais. Cependant, c'est un autre point de départ que nous avons adopté pour restituer le système de batteries organisé par nos adversaires en vue du bombardement de Paris. La carte que nous avons dressée résume, aussi exactement que possible, les notes prises par les officiers hollandais et français (2) qui ont visité les lieux, immédiatement après le départ des artilleurs prussiens. De cette étude sérieuse, faite par des gens compétents en la matière, il appert que

(1) Cette exploration scientifique était dirigée par le commandant Cary, l'un de nos artilleurs les plus distingués. Les officiers hollandais dont il est ici question étaient en mission de leur gouvernement. Le siége était à peine terminé que la plupart des puissances s'étaient empressées d'envoyer à Paris force artilleurs et ingénieurs militaires, chargés d'étudier sur place l'organisation des moyens de l'attaque et de ceux de la défense.

la région sud de la place assiégée était en butte aux coups de 25 batteries, dont l'armement total était formé de 140 bouches à feu de gros calibre. Chacune de ces pièces faisant, à volonté, varier l'amplitude de son angle de tir et l'azimut de son axe, battait la ville en éventail durant la nuit. Le jour, elle avait l'un des forts pour principal objectif.

Voici la liste de ces 25 batteries (Voyez la carte de Paris bombardé) :

La batterie n° 1, ou *du pavillon de Breteuil*, était armée de huit canons et battait les défenses du Point-du-Jour.

La batterie n° 2, ou *du Château de Meudon*, avait été construite à l'entrée du château, face à la grande avenue. Comme la précédente, elle était armée de huit canons destinés à l'attaque de l'enceinte, au Point-du-Jour.

Les batteries n°s 3, 4 et 5, ou *de la Terrasse de Meudon*, étaient effectivement établies sur la grande terrasse du château, perpendiculairement à la batterie n° 2. Dirigées toutes trois contre le fort d'Issy, elles disposaient, à cet effet : la première, de quatre; et chacune des deux autres, de six canons.

La batterie n° 6, ou *de la Station*, était armée de quatre canons battant le fort d'Issy. Elle se trouvait, comme son nom l'indique, sur la ligne du chemin de fer de l'Ouest, non loin de la station de Meudon.

La batterie n° 7, ou *du Chalet*, visait encore le fort d'Issy, comme la précédente; forte de huit canons, elle occupait les abords du Chalet de Fleury :

La batterie n° 8, ou *du Moulin de Pierre*, comprenait quatre mortiers dont le fort d'Issy recevait les feux courbes.

Les batteries n°⁸ 9, 10 et 11, ou *de Clamart*, avaient des objectifs et des armements divers. Établie à la grille du parc de Clamart et armée de six canons, la première battait le fort de Vanves. Les deux autres avaient chacune six mortiers. Construite au sud du long mur de Clamart, la batterie n° 10 menaçait le fort d'Issy. Installée près de la route de Chevreuse, au sud et à droite de la précédente, la batterie n° 11 lançait ses boulets sur le fort de Vanves.

Les batteries n°⁸ 12, 13, 14, 15, 16, 17, 18 et 19, ou *de Châtillon,* couronnaient en effet les crêtes du plateau de ce nom tant de fois répété dans le récit des opérations du siége. Armée de deux mortiers rayés qui couvraient le fort d'Issy de leurs feux, la batterie n° 12 était située à gauche du plateau, vers Clamart, au sud de la Tour-aux-Anglais. Les sept autres batteries étaient dirigées contre le fort de Vanves. Il avait été donné un armement de six canons aux numéros 13, 14 et 15. Le n° 16, avait deux mortiers rayés; le n° 17, huit canons. La batterie n° 18, forte de six canons, était établie sur la droite de la route n° 54; la batterie n° 19, également de six canons de gros calibre, se trouvait en avant de la plâtrière de Châtillon.

Les batteries n°⁸ 20, 21, 22, ou *de Fontenay-aux-Roses,* avaient le fort de Montrouge pour objectif spécial pendant la journée. Armée de huit canons, la batterie n° 20 était établie dans la propriété La Boissière et avait à sa droite le n° 21, qui ne comptait que deux mortiers. En avant, se trouvait la batterie n° 22, forte de huit canons.

Les batteries n°* 23, 24 et 25, ou *de Bagneux*, visaient aussi Montrouge. Les deux premières étaient armées chacune de six canons; la troisième n'avait que deux mortiers rayés.

Telles étaient les positions occupées par les 116 canons et les 24 mortiers, dont six rayés, qui concouraient à former le total des 140 bouches à feu mises en batterie. Seize de ces pièces battaient le Point-du-Jour; — cinquante-deux concentraient leur feu sur le fort d'Issy; — quarante, sur le fort de Vanves; et, enfin, trente-deux frappaient le fort de Montrouge. Cet armement fort respectable avait été réparti, comme on l'a vu plus haut, en plusieurs groupes, d'inégale importance numérique, auxquels nous avons donné les noms : *de Breteuil*, — du *Château de Meudon*, — de la *Terrasse de Meudon*, — de *la Station*, — du *Chalet*, — du *Moulin-de-Pierre*, — de *Clamart*, — de *Châtillon*, — de *Fontenay-aux-Roses* et de *Bagneux*.

A ces dix groupes de pièces, il convient d'ajouter celui *du Bourget* formé de quatre batteries auxquelles nous avons attribué les n°* 26, 27, 28 et 29. Ces batteries, comme on le sait, sont parvenues à lancer une douzaine de projectiles sur l'extrême région nord de Paris. (Voyez la carte de Paris bombardé.)

SYSTÈME ADOPTÉ POUR LES OPÉRATIONS.

Le tableau que nous venons de présenter résume, aussi exactement que possible, les observations faites par des défenseurs ou des neutres ; mais il convient d'en contrôler l'exactitude au moyen de quelques documents allemands, et nous ne saurions mieux faire que de nous adresser au major Blume. — « Voici, dit cet écrivain militaire, la nomenclature des batteries qui entrèrent en action sur le front sud de Paris :

« *Batterie de bombardement et contre-batterie* (Bagneux) n° 18 : construite entre Bagneux et Châtillon ; armée de *six pièces de 24 long*, rayées ; destinée à contrebattre le front ouest de Montrouge et le terrain situé à l'ouest du fort, ainsi qu'à bombarder la ville. Distance de Montrouge : 2,900 pas. Distance de l'enceinte : 4,500 pas. — Ouverture du feu contre Montrouge dans la matinée du 8 janvier. — Contre la ville, dans la soirée du même jour.

« *Contre-batterie et batterie de brèche* (Fleury) n° 19 : construite sur le mamelon qui se trouve en saillie entre Fleury et Clamart ; armée de *quatre pièces de 24 long*, rayées, empruntées à la batterie n° 4 de Meudon, et de *quatre pièces de 24 court*, rayées. La batterie était dirigée contre le fort d'Issy, à la distance de 2,100 pas, et contre le Point-du-Jour, à 4,700 pas. — Ouverture du feu dans la matinée du 10 janvier.

« *Contre-batterie et batterie d'enfilade* (Clamart) n 20 : construite dans le village, à 500 pas en arrière de Notre-Dame de Clamart ; armée de *six pièces de 24 long*, rayées, empruntées à la batterie n° 6 ; dirigée contre le fort de

Vanves, à la distance de 2,600 pas. — Ouverture du feu dans la matinée du 11 janvier.

« *Contre-batterie de Châtillon* n° 21 : établie à l'ouest du village, dirigée contre Vanves et les terrains voisins à une distance de 1,800 pas; armée de *six pièces de 24 court*, rayées. — Ouverture du feu le 13 janvier au matin.

« *Contre-batterie et batterie d'enfilade* (Châtillon) n° 22 : établie à gauche de la batterie n° 18; dirigée contre Montrouge et le terrain à l'ouest du fort, à une distance de 2,800 pas; armée de *six pièces de* 12, rayées. — Ouverture du feu le 13 janvier au matin.

« *Batterie de mortiers* n° 23 : établie sur le flanc gauche de l'ouvrage construit par les Français près de Notre-Dame de Clamart; armée de *quatre mortiers lisses de* 50 *livres;* dirigée contre le fort d'Issy, à une distance de 1,800 pas. — Ouverture du feu le 20 janvier.

« Outre ces batteries, il fut construit un épaulement pour *quatre pièces de* 6, rayées, au nord de la gare de Meudon. Cette batterie, dirigée contre Issy, était destinée à refouler les sorties du fort. »

Comme on le voit, le major Blume ne compte *en première ligne* que sept batteries distinctes, dont six portent les numéros 18 à 23 de la nomenclature générale. L'armement de ces sept batteries comprend 16 pièces de 24 long, rayées; 10 pièces de 24 court, rayées; 6 pièces de 12, rayées; 4 pièces de 6, rayées, et 4 mortiers lisses de 50 livres, en tout quarante bouches à feu. Mais, en

SYSTÈME ADOPTÉ POUR LES OPÉRATIONS.

même temps, l'auteur dit expressément que ces 40 pièces mises *en batterie en première ligne*, ne sont que l'appoint du nombre 123, lequel représente le total des bouches à feu de tout calibre, *en activité contre le front sud de Paris, vers le milieu du mois de janvier*. Il est probable que, du 15 au 26 de ce mois, les Prussiens ont encore amené dans cette zone d'attaques et mis en batterie 17 autres pièces ; et, dès lors, il y a concordance entre le récit du major Blume et le résultat des observations faites *à posteriori* par les officiers hollandais et français.

Le major nous donne aussi quelques renseignements touchant les dispositions prises pour le bombardement du nord et de l'est de la place. — «... Il était nécessaire, dit-il, de procéder à une attaque en règle des forts d'Issy et de Vanves. Je sais de source certaine que cette opération avait toujours été admise ; mais elle devenait moins nécessaire, puisque la résistance de Paris touchait à sa fin. Lors même que l'état de leurs approvisionnements en vivres leur eût permis de tenir plus longtemps, les assiégés devaient bientôt être à bout de courage... car le moment n'était pas éloigné où les quartiers du nord allaient subir aussi les « *horreurs du bombardement*. »

« L'attaque d'artillerie contre le front sud de la place fut notablement soutenue par le feu *renforcé* des batteries établies à l'est et au nord, car on divisait ainsi la vigilance et l'action des défenseurs.

« Deux nouvelles batteries, n°s 16 et 17, furent construite *près de Chennevières* et dirigées contre les ouvrages de Saint-Maur; trois autres, n°ˢ 18, 19 et 20, *à Blanc-Mesnil* et *au Pont-Iblon* pour couvrir les positions de la garde. Les premières furent armées de 4 canons de 24 court et de 16 de 12; les secondes, de 6 pièces de 24 long et de 12. Leur feu s'ouvrit du 5 au 6 janvier.

« D'un autre côté, le fait de la capitulation de Mézières, rendant disponible un important matériel de siége, permit de *renforcer notablement* les moyens d'attaque du front nord. Une partie de ce matériel fut, de suite, expédiée à l'*armée de la Meuse* devant Paris (1); la seconde partie, d'abord destinée au siége de Péronne, lui parvint également sans retard (2).

---

(1) L'armée de la Meuse avait été formée vers le 20 août 1870 (après la bataille de Saint-Privat) des corps de la 1ʳᵉ armée (Steinmetz) et de ceux de la 2ᵐᵉ (Frédéric-Charles) qu'on n'avait pas jugé utile de laisser devant Metz et auxquels on avait adjoint les 4ᵐᵉ et 12ᵐᵉ corps (saxons), la garde, et les 5ᵐᵉ et 6ᵐᵉ divisions de cavalerie. Placée sous le commandement du Prince-Royal de Saxe, cette armée était, au 21 octobre, forte de 68,795 hommes d'infanterie, 8,915 chevaux et 270 bouches à feu. Elle occupait, le 30 novembre, les positions suivantes : le 4ᵐᵉ corps s'étendait de Chatou à Montmorency; la garde, de Montmorency à Sevran. Plus à l'est, le 12ᵐᵉ corps (saxon) était à cheval sur la Marne, la gauche appuyée à Champigny.

(2) Péronne avait été bombardée du 18 décembre au 9 janvier par neuf batteries de campagne. Le 9 janvier, un parlementaire apportait au commandant de la place une lettre du général de Barnekow annonçant l'arrivée de nouvelles forces et d'*un matériel de siége important;* le menaçant d'un bombardement *avec des pièces de gros calibre*, s'il persistait dans sa résistance... La capitulation de Péronne fut signée le 9 janvier, à onze heures du soir et, dès lors, tout le matériel venant de Mézières put être dirigé sur Paris.

Paris avait donc à subir, l'une après l'autre, les conséquences désastreuses de la chute des autres places de France; Strasbourg, Toul, Amiens, Mézières, Péronne. En ce qui concerne celle-ci, la capitulation fut diversement appréciée. — « On prétendait, dit le général Faidherbe, que, avec la manière des Prussien d'attaquer les villes par le bombardement et l'incendie, les commandants

« L'artillerie de siége, dirigée contre le front nord put ainsi, *vers le milieu de janvier*, s'augmenter de 26 pièces de 24 long, de 10 pièces de 24 court, de 32 pièces

seraient inhumains de prolonger la défense, *quoiqu'ayant leurs remparts et leur garnison intacts*, au prix de la ruine et de la destruction de toute une population civile, trop nombreuse pour trouver des abris contre les projectiles de l'assiégeant. Pourtant, l'ordonnance sur les armées en campagne est formel.

« *Art. 218. — Les lois militaires condamnent à la peine capitale tout com-*
« *mandant qui livre sa place, sans avoir forcé l'assiégeant à passer par les*
« *travaux lents et successifs des siéges, et avant d'avoir repoussé au moins*
« *un assaut au corps-de-place sur des brèches praticables.* »

« A cela on répond : « Mais ce règlement suppose que l'assiégeant attaque les « fortifications d'une place et y fait des brèches ; or, les Prussiens ne font rien « de tout cela ! »

« Ceci est un paradoxe : les Prussiens seraient bien obligés d'en venir là pour faire la garnison prisonnière et s'emparer du matériel de guerre et des approvisionnements, — ce qui est, leur but, en définitive — si l'on ne capitulait pas lorsqu'ils ont, plus ou moins, détruit la ville par le bombardement. En agissant ainsi, on justifie leur méthode.... — Les raisonnements spécieux des Prussiens ne seraient plus possibles si une ville, se résignant à une ruine complète forçait l'ennemi à faire suivre le bombardement d'un vrai siége. L'assiégeant ne trouverait plus d'avantages à la destruction de la population civile et serait obligé de renoncer à son odieux système sous la pression de l'exécration universelle.

« Quoi qu'il en soit, si les commandants de place doivent se rendre par humanité, il faut que le règlement soit immédiatement changé — le devoir doit être nettement défini — et, si le règlement est changé ; et, si les places ne sont plus tenues de se défendre, il faut se garder à l'avenir d'y mettre des garnisons, de l'artillerie, des munitions de guerre et de bouche, car ce sont autant de cadeaux, rassemblés d'avance, que l'on fait bénévolement à l'ennemi. »

Le général Faidherbe a raison, le devoir doit être nettement défini, et il ne pouvait plus l'être durant cette sinistre campagne de 1870-71, alors que les méthodes sauvages de nos ennemis frappaient nos braves commandants de places de surprise et d'indignation. Sous le coup des bombardements infligés à des populations inoffensives, nos loyaux militaires se sentaient ahuris, éperdus.... et les sentiments d'humanité reprenaient leurs droits sur ces cœurs honnêtes. Alors ils capitulaient. Qui oserait les flétrir ? Le joueur le plus intrépide se trouble vite et perd sa fortune s'il est en face d'un adversaire qui fait usage de cartes biseautées.

de 12, toutes pièces rayées, et de 4 mortiers, aussi rayés, sans compter un nombre considérable de canons de campagne.

« On eut ainsi le moyen d'entreprendre sans retard l'attaque des forts de Saint-Denis. Le matériel fut amené en chemin de fer jusqu'au pied des batteries que l'on construisait et qui étaient les suivantes :

« A. — Près du Bourget.

« *Batterie de bombardement* n° 21 : huit pièces de 24 long; distance au fort d'Aubervilliers : 5,000 pas; à la Villette : 8,000 pas.

« B. — Sur la hauteur de Stains.

« *Quatre batteries* n°ˢ 22, 23, 24, 25. — Armement : six pièces de 24 long; six, de 24 court; seize, de 12. Distance aux murs de Saint-Denis : de 4,000 à 5,000 pas.

« C. — Près de la station de Pierrefitte.

« *Batterie* n° 26. — Armement : quatre pièces de 24 court. Distance à la Double-Couronne : 2,700 pas.

« D. — Sur les hauteurs de Montmorency.

« *Deux batteries* n°ˢ 27 et 28. — Armement : quatre mortiers rayés; 8 pièces de 12. Distance à la Double-Couronne et au fort de la Briche : 3,400 pas.

« E. — Près de Montmorency.

« *Batterie* n° 29. — Armement : six pièces de 24 long. Distance aux mêmes ouvrages : 4,500 pas.

« F. — Près de La Chevrette, La Barre et Ormesson.

« *Trois batteries* n°ˢ 30, 31 et 32. — Armement :

quatre pièces de 24 court; six, de 24 long; huit, de 12. Distance au fort de la Briche ; 4,000 pas.

« Les batteries portant les n°s 22 — 32 ouvrirent leur feu le 21 janvier au matin; la batterie n° 21, ainsi qu'une autre batterie n° 33, récemment construite à l'ouest du Bourget, et armée de huit pièces de 24 long, commencèrent leur tir le 24 janvier. L'effet de ces pièces fut si grand que les avant-postes purent s'avancer dans la nuit du 24 au 25 et protéger l'établissement de batteries nouvelles à 1,500 pas des ouvrages de Saint-Denis; batteries qui entrèrent en action le 26 janvier.

« A l'est, on put de même construire de nouvelles batteries près de Champigny, ainsi que sur les hauteurs de Villiers et de Brie, afin de bombarder efficacement Vincennes.

« En présence de ces succès de l'artillerie de siége, on discutait sérieusement une attaque décisive contre Saint-Denis... lorsque Paris rendit les armes. »

Oui, cela est vrai, Paris a déposé les armes après cent trente-cinq jours d'un rigoureux blocus, après de longues souffrances vaillamment supportées, mais sa résistance n'est pas sans gloire. S'il est tombé, c'est avec honneur et, le jour de sa chute, il a eu le droit de mépriser ceux qui sont parvenus à le réduire par la famine et le bombardement. Ce jour-là, chacun de ses défenseurs s'est rappelé que, quinze années auparavant, sans avoir affamé Sébastopol, sans l'avoir menacé de nos bombes, nous en avions enlevé les remparts, en plein jour, à la suite d'un long siége, après un rude hiver passé dans les tranchées... et chacun s'est senti non sans orgueil, en paix avec sa conscience.

Pauvres soldats français, fils des preux, vous n'entendez plus rien à la guerre! M. de Moltke en a changé les principes (1). Si vous voulez combattre encore, hâtez-vous de répudier l'idée de la morale et de la justice éternelle; dépouillez vos sentiments d'honneur; oubliez Caton (2), étudiez les coups de Jarnac et allez avec vos ennemis à l'école d'Escobar (3).

---

(1) On attribue à M. Moltke une petite brochure qui vient de faire le tour de l'Allemagne.

L'auteur y démontre la haute valeur de cette formidable machine de guerre qu'on appelle l'armée prussienne; il lave ses compatriotes de toutes les accusations de barbarie qu'on a lancées contre eux et cependant il s'efforce de faire en même temps prévaloir la théorie du bombardement!

(2) — « Victrix causa Diis placuit; sed victa, Catoni. »

(3) On ne saurait trop énergiquement flétrir le langage des généraux prussiens qui n'omettaient jamais de faire suivre leurs sommations ou leurs dénonciations du bombardement de cette formule sacramentelle et, en quelque sorte, stéréotypée : « *Que la responsabilité du bombardement retombe sur ceux qui ne l'auront pas empêché!* » C'est ainsi que, le 28 décembre, le général de Senten disait avec une légère variante au commandant de Péronne : — « *Je vous somme de me rendre la place, vous déclarant que j'ai les moyens de vous y contraindre, et je vous rends responsable de tous les malheurs que le bombardement entraînerait pour la population civile.* »

Comment donc qualifier cette plaisanterie lugubre? Les Prussiens trouvent commode de déplacer les responsabilités, mais ni la France ni l'Europe ne sont dupes de leur hypocrisie.

TITRE TROISIÈME.

PARIS BOMBARDÉ.

CHAPITRE PREMIER.

TABLEAU DES PHASES DE LA PÉRIODE DU BOMBARDEMENT.

Le 27 décembre, à 7 heures 50 minutes du matin, les Prussiens ouvraient, contre les forts de l'est et la partie nord du plateau d'Avron, le feu de leurs batteries de bombardement. Fatigués d'une résistance de plus de cent jours, ils se disposaient à employer contre nous les moyens d'attaque à grande distance qu'ils avaient depuis longtemps rassemblés. — « La nouvelle phase, prévue depuis longtemps, dans laquelle entre le siége de Paris, disait le *Rapport militaire* du 29, pourra transformer les conditions de la défense, mais elle ne portera atteinte ni à ses moyens, ni à son énergie. » Et, le même jour, le gouvernement faisait afficher cette proclamation :

« L'attaque de l'ennemi ne fera qu'augmenter le courage de la population de Paris. Elle a prouvé par sa constance qu'elle est résolue à une résistance inflexible. Elle s'associera aux nobles efforts de ses défenseurs et redoublera de calme et de discipline. Prête à tous les sacrifices pour sauver la patrie, elle ne peut être ébranlée par aucune épreuve. »

Le 31 décembre, nouvelle proclamation du gouverneur. « L'ennemi, y était-il dit, désespérant de livrer Paris à l'Allemagne pour la Noël, comme il l'avait solennellement annoncé, ajoute le bombardement de nos avancées et de nos forts aux procédés si divers d'intimidation par lesquels il a cherché à énerver la défense. — L'armée a subi de grandes épreuves et elle avait besoin d'un court repos que l'ennemi lui dispute par le bombardement le plus violent qu'aucune troupe ait jamais éprouvé. »

Jusqu'alors cependant, nos forts et nos ouvrages avancés de l'est avaient seuls à souffrir des efforts du bombardement et résistaient avec une énergie peu commune. Cet exemple de fermeté ne devait pas être perdu. Le 5 janvier, en effet, vers huit heures du matin, le bombardement des forts du sud commençait avec une violence extrême. Ce même jour, vers deux heures de l'après-midi, trois obus sifflant à la fois sur le campanile de la mairie du XIVme arrondissement annonçaient aux quartiers de la rive gauche que l'heure de la Passion avait sonné pour eux. Le *Rapport militaire* du lendemain, 6 janvier, s'attachait à rassurer ainsi les habitants que la venue de ce fameux *moment psychologique* avait quelque peu émotionnés :

« La fermeté, le calme de la population et de l'armée soumises à ce violent bombardement sont à la hauteur des circonstances, et les procédés d'intimidation employés par l'ennemi ne font que grandir leur courage ; chacun s'inspire des grands devoirs que la patrie impose aux défenseurs de Paris. »

Après les premiers instants d'un émoi facile à comprendre, la population parisienne sut, en effet, se montrer calme, et son courage ne devait point se démentir. Pendant quinze jours, l'ouragan d'obus si violemment déchaîné contre nos défenses de l'est et du sud fut supporté avec une constance héroïque. Ce temps passé, l'on sut que, loin de s'apaiser, la tempête de fer venait encore d'agrandir sa zone de désolation. Le 21 janvier, à 8 h. 45 minutes, commençait le bombardement des forts du nord et de la ville de Saint-Denis. Les sujets de l'empereur d'Allemagne avaient choisi l'anniversaire de la mort du roi Louis XVI, pour mutiler la basilique qui renferme les tombeaux des rois de France. C'est ainsi qu'ils exprimaient leur reconnaissance à cette république du Quatre-Septembre qui leur avait permis de pousser jusqu'à Paris (1).

A l'exception de la région ouest, défendue par le mont Valérien, le cercle de feu était fermé sur le pourtour de Paris. Dès lors, le tir des batteries prussiennes sembla plus que jamais atteint de folie furieuse. Sur tous les points de l'horizon, l'on entendit bourdonner les projectiles, comme des frelons autour d'une ruche d'abeilles. L'ennemi tirait à toute volée ses *bolides* de fonte qui semaient le ravage et la mort, sans épouvanter ni même

---

(1) Il serait facile de démontrer que le fait de la révolution du 4 septembre est, en partie, l'œuvre de M. de Bismarck.

CHAPITRE PREMIER.

intimider personne. Cette dévastation se prolongea six journées pleines, c'est-à-dire jusqu'au milieu de la nuit du 26 au 27 janvier.

En résumé, les repères chronologiques du bombardement peuvent se fixer ainsi :

27 décembre 70, — 7,h. 50 m. matin. — Commencement du bombardement des forts de l'est.

5 janvier 71, — 8 h. matin. — Commencement du bombardement des forts du sud.

5 janvier 71, 2 h. après midi. — Commencement du bombardement des quartiers sud de Paris.

21 janvier 71, — 8 h. 45 m. matin. — Commencement du bombardement des forts du nord.

24 janvier 71, — Commencement du bombardement des quartiers nord de Paris.

26 janvier, minuit. — Cessation du feu.

....

L'œuvre de l'empereur Guillaume fut alors accomplie (1) et l'Allemagne épuisée, mais avide, put se laisser aller à de longs transports de joie.

---

(1) Le 3 janvier 1871, deux jours avant l'ouverture du feu sur les quartiers de la rive gauche, le roi de Prusse avait dit à une députation de la municipalité de Potsdam ; — « L'heure désirée n'a pas encore sonné de déposer l'épée dans nos « foyers; nous sommes encore en face de grandes tâches qui attendent leur « solution. C'est pourquoi j'implore Dieu, le tout-puissant, afin qu'il continue « à donner la victoire à nos armes glorieuses et nous conduise bientôt à une paix « bénie et durable. Puisse alors l'Allemagne-Unie surgir des semailles san- « glantes de ces combats dans une nouvelle prospérité et une nouvelle gran- « deur ! »

CHAPITRE DEUXIÈME.

VARIATIONS D'INTENSITÉ.

Les opérations du bombardement de Paris n'étaient pas toujours menées avec la même vigueur et les effets n'en étaient pas constants; on observait, au contraire, dans le tir des pièces prussiennes des variations de fureur très-sensibles. Tantôt, arrivant par bordées, les obus bourdonnaient sur la ville assiégée comme un essaim de guêpes ardentes et formaient, en éclatant, d'effroyables concerts. Tantôt, l'ouragan semblait s'apaiser; les sifflements sinistres se faisaient rares et l'on n'entendait plus que des détonations isolées. Parfois, enfin, de longs silences marquaient les temps d'arrêt de la grêle psychologique.

Les artilleurs prussiens qui nous bombardaient ainsi pourraient seuls nous faire connaître exactement la loi des changements divers qui survenaient dans l'intensité de leur feu; géomètres intrépides, ils ont sans doute engagé cette loi de mort dans le sanctuaire de quelque *fonction de plusieurs variables*, et nous ne possédons pas cette équation. Nous, les bombardés, nous en sommes réduits, à cet égard, aux recherches empiriques. Aussi, pour retrouver quelque trace de la loi, avons-nous construit différentes courbes, suivant la méthode chère à certains observateurs. Chacun de ces tracés dépend de deux variables : le temps, et l'un des effets produits par la tempête de fonte. Les divisions du temps suivent la ligne des abscisses et les effets correspondant aux temps considérés sont représentés à l'œil par les valeurs des ordonnées successives. La première courbe d'intensité a pour seconde variable le nombre de coups comptés par les guetteurs; la deuxième, le nombre des victimes; la troisième, le nombre des maisons atteintes; la quatrième, enfin, le nombre des incendies signalés par les rapports officiels.

TABLEAU DE LA PÉRIODE DU BOMBARDEMENT.

COURBE D'INTENSITÉ DU BOMBARDEMENT, ÉTABLIE D'APRÈS LE NOMBRE
DE COUPS COMPTÉS PAR LES GUETTEURS.

Janvier 1871.	Nombre de coups.
Du 5 au 6.	»
Du 6 au 7.	»
Du 7 au 8.	300
Du 8 au 9.	900
Du 9 au 10.	300
Du 10 au 11.	237
Du 11 au 12.	250
Du 12 au 13.	250
Du 13 au 14.	500
Du 14 au 15.	500
Du 15 au 16.	300
Du 16 au 17.	189
Du 17 au 18.	»
Du 18 au 19.	»
Du 19 au 20.	»
Du 20 au 21.	200
Du 21 au 22.	»
Du 22 au 23.	»
Du 23 au 24.	128
Du 24 au 25.	».
Du 25 au 26.	137
Du 26 au 27.	»

Échelle des ordonnées : $0^m,001$ pour 20 coups.

COURBE D'INTENSITÉ DU BOMBARDEMENT DRESSÉE D'APRÈS LE NOMBRE DES VICTIMES.

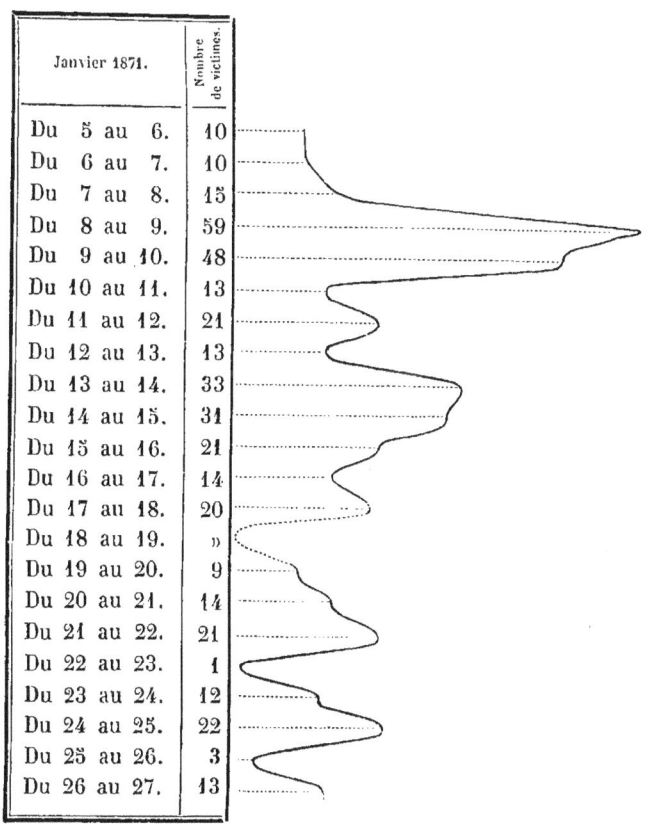

Janvier 1871.	Nombre de victimes.
Du 5 au 6.	10
Du 6 au 7.	10
Du 7 au 8.	15
Du 8 au 9.	59
Du 9 au 10.	48
Du 10 au 11.	13
Du 11 au 12.	21
Du 12 au 13.	13
Du 13 au 14.	33
Du 14 au 15.	31
Du 15 au 16.	21
Du 16 au 17.	14
Du 17 au 18.	20
Du 18 au 19.	»
Du 19 au 20.	9
Du 20 au 21.	14
Du 21 au 22.	21
Du 22 au 23.	1
Du 23 au 24.	12
Du 24 au 25.	22
Du 25 au 26.	3
Du 26 au 27.	13

Échelle des ordonnées : $0^m,001$ par victime

TABLEAU DE LA PÉRIODE DU BOMBARDEMENT.

COURBE D'INTENSITÉ DU BOMBARDEMENT DRESSÉE D'APRÈS LE NOMBRE DE MAISONS ATTEINTES.

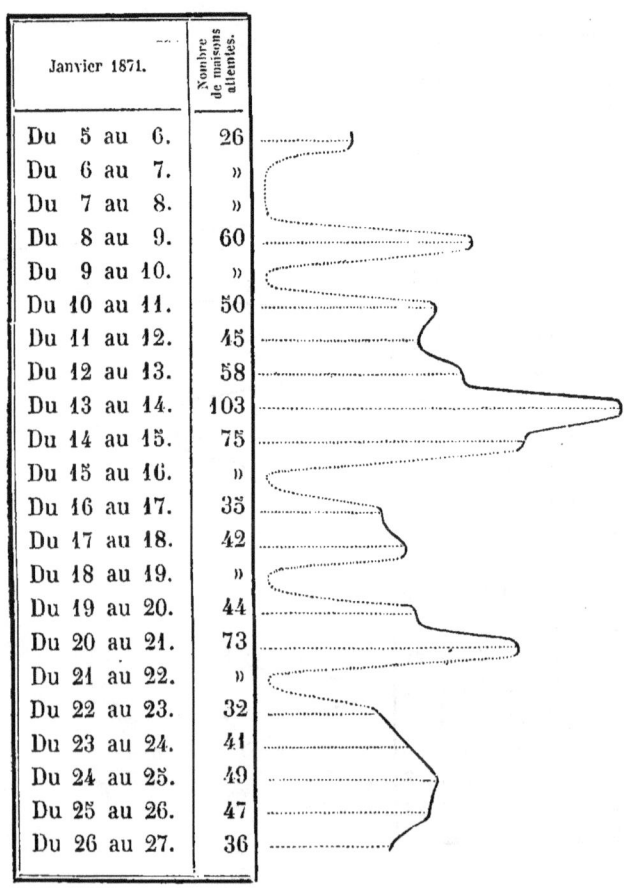

Janvier 1871.	Nombre de maisons atteintes.
Du 5 au 6.	26
Du 6 au 7.	»
Du 7 au 8.	»
Du 8 au 9.	60
Du 9 au 10.	»
Du 10 au 11.	50
Du 11 au 12.	45
Du 12 au 13.	58
Du 13 au 14.	103
Du 14 au 15.	75
Du 15 au 16.	»
Du 16 au 17.	35
Du 17 au 18.	42
Du 18 au 19.	»
Du 19 au 20.	44
Du 20 au 21.	73
Du 21 au 22.	»
Du 22 au 23.	32
Du 23 au 24.	41
Du 24 au 25.	49
Du 25 au 26.	47
Du 26 au 27.	36

Échelle des ordonnées : $0^m,0005$ par maison atteinte.

CHAPITRE DEUXIÈME.

COURBE D'INTENSITÉ DU BOMBARDEMENT TRACÉE D'APRÈS LE NOMBRE D'INCENDIES SIGNALÉS.

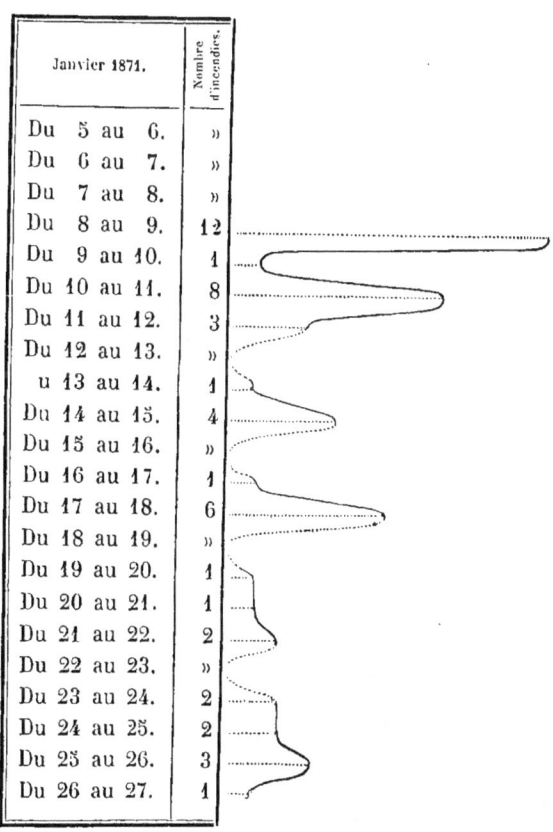

Janvier 1871.	Nombre d'incendies.
Du 5 au 6.	»
Du 6 au 7.	»
Du 7 au 8.	»
Du 8 au 9.	12
Du 9 au 10.	1
Du 10 au 11.	8
Du 11 au 12.	3
Du 12 au 13.	»
u 13 au 14.	1
Du 14 au 15.	4
Du 15 au 16.	»
Du 16 au 17.	1
Du 17 au 18.	6
Du 18 au 19.	»
Du 19 au 20.	1
Du 20 au 21.	1
Du 21 au 22.	2
Du 22 au 23.	»
Du 23 au 24.	2
Du 24 au 25.	2
Du 25 au 26.	3
Du 26 au 27.	1

Échelle des ordonnées : $0^m,004$ par incendie.

La courbe d'intensité construite d'après les données officielles exprimant le nombre de coups comptés par les guetteurs atteint ses *maxima* dans les journées du 8 au 9 ; — du 13 au 14 ; — et du 14 au 15.

Celle qui s'obtient par le relevé quotidien du nombre des victimes donne aussi pour *maxima* les journées du 8 au 9 ; — du 13 au 14 ; — du 14 au 15 ; — et, de plus, celles du 21 au 22 et du 24 au 25.

La courbe qui exprime les variations des dommages survenus aux maisons particulières a ses points culminants placés : du 8 au 9 ; — du 13 au 14 ; — du 14 au 15 ; — du 20 au 21 ; — et du 24 au 25.

Enfin, la courbe obtenue par la supputation des incendies compte ses plus grandes ordonnées : du 8 au 9 ; — du 10 au 11 ; — du 14 au 15, et du 17 au 18.

De l'examen comparé des quatre courbes on peut facilement déduire les *maxima* d'intensité absolue. Les journées du 8 au 9 et du 14 au 15, se trouvant cotées *maxima* sur les quatre courbes, sont évidemment celles pendant lesquelles le bombardement a sévi avec le plus de fureur. Vient ensuite la journée du 13 au 14 qui se trouve être maximum sur trois courbes ; enfin, celle du 24 au 25 janvier, cotée de même maximum, mais sur deux courbes seulement. On remarquera sur chacune des courbes ci-dessus des alternances très-nettes de *maxima* et de *minima*. L'intensité du bombardement était donc loin d'être constante ; les Prussiens semblaient, au contraire, procéder par *à-coups*, sursauts et intermittences. On observait aussi, dans le cours d'une même journée, des variations d'intensité très-appréciables. Les intermittences diurnes affectaient une certaine régularité périodique et se produisaient ordinairement vers 6 heures du matin, midi et 5 heures du soir, c'est-à-dire aux heures où, vraisemblablement, on relevait les servants.

CHAPITRE TROISIÈME.

DÉGRADATIONS AUX ÉDIFICES.

Le bombardement ne pouvait produire et n'a effectivement produit que des effets insignifiants sur les défenses de l'enceinte. Ce tir si formidable des batteries prussiennes était parfaitement impuissant à ruiner l'escarpe du corps de place ; les brèches qu'il y a ouvertes ne sont que de simples égratignures. C'est ainsi, par exemple, que la face droite du bastion 77, l'un des points les plus vigoureusement battus, a reçu sept projectiles, lesquels n'ont fait dans la maçonnerie que des trous de $0^m,20$ à $0^m,40$ de profondeur. La pénétration maximum qu'on ait observée — courtine 77-78 — ne dépasse pas quarante-cinq centimètres. Quant au cube de l'écorchement, il n'est pas considérable. Chaque entonnoir affecte la forme d'un cône droit, ou plutôt d'une pyramide irrégulière dont la base présente des dimensions variant de $0^m,30$ à $0^m,80$. Le cube maximum de maçonnerie enlevée se remarque au flanc droit du bastion 78, où la base de l'entonnoir est exactement le cercle circonscrit au carré de $0^m,80$ de côté.

Quand il tombait sur la terre gelée du parapet, l'obus n'y pénétrait que d'une trentaine de centimètres et y ouvrait un cône dont la base mesurait près d'un mètre de diamètre. Dans la terre qui recouvrait les abris blindés du rempart, la pénétration ne dépassait pas $1^m,60$. Or, la surépaisseur ordonnée au moment de l'ouverture du feu avait conduit à une hauteur totale de $2^m,80$ de terre franche au-dessus des ciels en rails ou en rondins. Il résultait de ces dispositions qu'il n'y avait, à l'intérieur des abris, que des chances de danger minimes. On compte pourtant quelques accidents dus au cas, heureusement assez rare, de projectiles tombant au défaut du caniveau, juste au raccordement du massif de blindage avec le terre-plein.

En fait d'édifices publics, il n'y avait sur le rempart que des postes-casernes, dont quelques-uns eurent passablement à souffrir. Pour ne citer qu'un exemple des effets produits, nous retracerons le chemin parcouru par un obus à l'intérieur du poste du bastion 77. Entré par le mur de face du 2me étage, ce projectile a traversé le mur de refend parallèle; puis, le plancher; il est enfin arrivé sur le plancher du 1er étage, où il a éclaté en brisant les vitres.

Mais ce n'était pas aux remparts qu'en voulaient les Prussiens; ils avaient d'autres objectifs. Du sein de cet océan de maisons, qu'on nomme la grande ville, émergent, çà et là, des flèches à la pointe effilée, des dômes, des frontons à l'élégant profil ou des tours carrées majestueuses; et le point où s'élève chacun de ces monuments est si heureusement choisi qu'on ne peut se lasser d'admirer l'harmonie des détails de l'œuvre de nos pères. Les beautés s'en révèlent aisément à l'artiste ou, pour mieux dire, au poëte qui stationne un instant sur l'un des ponts de la Seine jetés en aval de la *Cité*, cet antique embryon de Paris; mais c'est au sud du Paris moderne que doit se placer l'observateur s'il veut embrasser d'un regard un panorama splendide et qui n'a pas de rival au monde. C'était ce tableau magnifique qui frappait chaque jour les yeux des artilleurs prussiens embusqués, la lunette à la main, derrière leurs épaulements. Comme des braconniers à l'affût, ils choisissaient leurs proies... et les proies d'élection, c'étaient nos édifices!...

Du 5 au 26 janvier, les projectiles prussiens ont frappé plus de cent de nos monuments ou grands établissements publics et privés parmi lesquels :

Six ambulances : celles des Dames Augustines; — des Sœurs Bénédictines; — de la rue de la Gaîté; — du Luxembourg; — du Sacré-Cœur-de-Marie; — de Sainte-Périne;

Neuf casernes : celles de Babylone; — de Dupleix; — de la place d'Enfer; — de l'École Militaire; — de Lourcine; — de Mouffetard; — de Panthemont (rue Bellechasse); — du Vieux-Colombier; — de la place Violet;

Cinq couvents : des Carmélites; — du Sacré-Cœur;

— de la rue Rollin ; — des sœurs de Saint Vincent de Paul ; — des religieuses de Vaugirard ;

Huit écoles : de Droit ; — des Mines ; — Égyptienne ; — Normale ; — Polytechnique ; — de Médecine ; — la Sorbonne et le collége de France ;

Sept églises : Notre-Dame des Champs ; — Panthéon ; — Saint-Étienne du Mont ; — Saint-Germain des Prés ; — Saint-Nicolas ; — Saint-Pierre de Montrouge et Saint-Sulpice ;

Seize établissements hospitaliers : Bicêtre ; — Maison de santé du docteur Blanche ; — La Charité (annexe) ; — Cochin ; — Enfants-Malades ; — Invalides ; — Incurables (femmes) ; — Larochefoucauld ; — Lourcine ; — Maternité ; — Midi ; — Necker ; — Pitié ; — Salpétrière ; — Sainte-Anne et Val-de-Grâce ;

Trois institutions : les Jeunes-Aveugles ; — Saint-Nicolas, de Vaugirard ; — les Sourds-Muets ;

Quatre lycées : Henri IV ; — Louis-le-Grand ; — Saint-Louis ; — Collége Rollin ;

Six musées ou établissements scientifiques : Hôtel de Cluny ; — Gobelins ; — Jardin des Plantes ; — Musée du Luxembourg ; — Observatoire ; — Sainte-Geneviéve (bibliothèque) ;

Quatre prisons : Cherche-Midi ; — Madelonnettes ; — Sainte-Pélagie ; — La Santé ;

Sept établissements des subsistances : Abattoirs de Grenelle ; — Boulangerie des Hospices ; — Entrepôt des vins ; — Grenier aux fourrages ; — Usine Cail ; —

Usine à gaz de Grenelle ; — Usine à gaz de la Villette.

On a constaté sur ces édifices ou établissements publics la chute de plus de 1,600 obus, dont 700 environ dans le cimetière Montparnasse ; — 137, sur l'asile Sainte-Anne ; — 80, sur le Jardin des Plantes ; — autant sur le Luxembourg ; — 75, sur le Val-de-Grâce ; — 60, sur la gare de l'Ouest (rive gauche) ; — 47, sur l'hôpital de la Pitié ; — 40, sur la fabrique de produits chimiques de Javel ; — et 31, sur la Salpêtrière.

Il est à remarquer que le chiffre le plus élevé de cette nomenclature appartient aux établissements hospitaliers. Les casernes, les écoles, les églises et les bâtiments des subsistances n'apparaissent qu'au deuxième rang dans la liste des édifices mutilés.

Et, quand on leur reprochait de tirer surtout sur les hôpitaux, les bombardeurs accusaient des erreurs de pointage!!!...

Telle était la consigne. L'hypocrisie tressait à nos vainqueurs leurs couronnes de lauriers.

CHAPITRE QUATRIÈME.

LES DIX ARRONDISSEMENTS FRAPPÉS.

Les dégradations qui survenaient chaque jour aux édifices n'étaient pas de nature à en compromettre la stabilité. On n'avait, à cet égard, aucune crainte à concevoir et le sentiment public n'en ressentait qu'une douleur morale. Mais les événements de la rue impressionnaient vivement la population. On mesurait, non sans stupeur, le diamètre des trous creusés par la chute des obus sur les chaussées et les trottoirs; on ne parlait que de l'arbre quasi déraciné par un projectile sur le boulevard Montparnasse, au coin de la rue du Cherche-Midi. On citait les incendies de la rue de Vaugirard, n°s 16 et 64; de la rue de Fleurus, n°s 24 et 26, et celui du carrefour de l'Observatoire. La foule répétait que les combles, les mansardes, les cinquième et quatrième étages venaient de s'effondrer aux maisons sises rue Carnot, 10; — rue de Fleurus, 31; — rue Crébillon, 2; — boulevard Montparnasse, 49. Un obus avait enlevé, disait-on, une pierre de taille au n° 28 de la rue

Vavin; un autre avait brisé, rue Casimir-Delavigne, n° 1, une colonne en fonte de 0^m,18 de diamètre. On savait que les morceaux de métal psychologique envoyés par les batteries prussiennes perforaient les entablements et les balcons, comme ceux de la rue de Rennes, n° 107, et du boulevard Saint-Michel, à l'angle de la rue Soufflot; qu'ils enlevaient des pans entiers de toiture, comme au n° 17 de la rue Saint-Placide; qu'ils étaient capables de percer deux murs l'un après l'autre, comme au n° 42 de la rue du Dragon. On était ému surtout des effets produits par une poudre extrêmement brisante qui venait littéralement de pulvériser des mobiliers entiers dans une foule d'appartements, tels que ceux du sixième étage du n° 10 de la rue de Vaugirard; — du quatrième étage des n°s 17 et 48 de la rue Saint-Placide; — des n°s 53 et 135 de la rue de Sèvres; — du n° 21 de la rue de l'Odéon; — de l'atelier de peinture sis au troisième étage du n° 5 de la rue Carnot; — du n° 22 de la rue de Condé; — de la pharmacie établie rue Racine, n° 12. Il n'était bruit, dans le sixième arrondissement, que des dégâts survenus au premier étage du n° 6 de la rue de l'École de Médecine; aux quatrième et cinquième étages de la maison n° 7 de la rue Casimir-Delavigne; au troisième étage du n° 9 de la rue du Regard; au cinquième étage du n° 17 du passage Stanislas. Partout, les mobiliers, les ustensiles de cuisine, les ferrures des portes et des croisées étaient brisés, détruits, anéantis, réduits en poussière impalpable. Nous avons visité nous-même quelques-uns de ces appartements; on n'y reconnaissait plus rien ; on n'y retrouvait aucun vestige accusant une forme quelconque et qui pût permettre de restituer le profil du moindre objet.

Sur les vingt arrondissements de Paris, dix ont été frappés, mais fort inégalement, il faut le dire. Quelques-uns, comme les quatrième, onzième et dix-huitième, n'ont reçu qu'un petit nombre de projectiles. Les autres ont été plus rudement atteints et, dans le nombre, il en est qui ont beaucoup souffert. Nous analyserons comme il suit les dommages éprouvés :

Quatrième arrondissement. — Le quatrième arrondissement, grâce à son éloignement des batteries prussiennes, n'a pas subi grands dommages. Un obus est tombé sur le pont Notre-Dame; un autre a frappé l'île Saint-Louis dans la nuit du 15 au 16 janvier; un troisième est arrivé, dans la nuit du 16 au 17, au pied du Grenier d'abondance, à l'intersection du quai Henri IV et du boulevard Bourdon. On a, d'ailleurs, signalé quelques autres projectiles qui se sont éteints dans la Seine entre la place Mazas et la place Walhubert.

Cinquième arrondissement. — Le cinquième arrondissement fait contraste avec le précédent. Il a été fort maltraité, notamment durant les journées des 8, 9, 10, 11, 12, 13, 14, 15, 16, 17 et 18 janvier. On y a signalé et reconnu la chute de 216 projectiles, dont 23, sur la seule rue Saint-Jacques ; et 14, rue Mouffetard. On y compte 177 maisons atteintes par les obus et 123 victimes, dont 15, dans le quartier Saint-Victor; 48, dans le quartier du Jardin des Plantes; 42, dans le quartier du Val-de-Grâce; et 18, dans celui de la Sorbonne.

Sixième arrondissement. — Le sixième arrondissement a été également très-éprouvé, principalement du 8 au 14 janvier 1871. Dans la nuit du 8 au 9, un obus arrivait rue Clément, à 500 mètres du Pont-Neuf. La nuit du 15 au 16, le quartier de la Monnaie recevait son premier projectile; dans celle du 16 au 17, le tir de l'ennemi atteignait l'église de Saint-Germain des Prés. On a compté 220 projectiles tombés sur le sixième arrondissement, dont 25, boulevard Montparnasse; et 20, rue d'Assas. 160 immeubles ont été atteints et l'on a relevé 35 victimes, dont 17, dans le quartier de l'Odéon; 16, dans le quartier de Notre-Dame des Champs; et 2, seulement, dans celui de Saint-Germain des Prés.

Septième arrondissement. — Le septième arrondissement a été, comme le cinquième et le sixième, très-rudement atteint et mutilé, principalement du 8 au 15 janvier. Les quartiers des Invalides et de l'École-Militaire ont surtout beaucoup souffert; celui de Saint-Thomas-d'Aquin n'a reçu son premier obus que dans la nuit du 13 au 14. Un grand nombre de projectiles sont tombés sur des terrains vagues et l'on n'en a repéré que 125. Quant aux victimes, on en compte 28, dont 5, dans le quartier de Saint-Thomas-d'Aquin; 1, dans le quartier des Invalides; 20, dans le quartier de l'École-Militaire; et 2, dans celui du Gros-Caillou.

Douzième arrondissement. — Quelques obus sont parvenus à la limite sud du douzième arrondissement, et l'on y signale un soldat blessé sur le quai de la Râpée.

Treizième arrondissement. — Le treizième arrondissement a eu à subir sa plus grande part d'épreuves du 9 au 16 janvier. On y a relevé 286 projectiles, dont 29, boulevard de la Gare; 25, rue Pascal; et 24, rue de Lourcine. Le nombre des maisons endommagées s'élève à 133, et l'on a compté 25 victimes, dont 17, dans les quartiers de la Salpêtrière et de Croulebarbe; 5, dans le quartier de la Gare; et 3, dans celui de la Maison-Blanche.

Quatorzième arrondissement. — C'est le quatorzième arrondissement qui a été le premier frappé. Les effets du bombardement s'y sont fait sentir avec une extrême intensité depuis le commencement jusqu'à la fin. On y a constaté la chute de 279 projectiles, dont 21, Chaussée-du-Maine; 14, rue de Vanves; 13, avenue d'Orléans. Les victimes reconnues y sont au nombre de 77, dont 22, quartier Montparnasse; 17, dans les quartiers de la Santé et du Petit-Montrouge; et 38, dans le quartier de Plaisance.

Quinzième arrondissement. — Le quinzième arrondissement a été aussi fort rudement atteint du 6 au 16 janvier. Le nombre de projectiles tombés monte au chiffre de 650, dont 29, rue de Vaugirard; 29, boulevard de de Grenelle; et 28, rue Lecourbe. On y compte 68 victimes, dont 31, quartiers Saint-Lambert et Javel; 29, quartier Necker; et 8, quartier de Grenelle.

Seizième arrondissement. — Le seizième arrondissement est loin d'avoir été ménagé. Il a surtout souffert du 5 au 8 janvier; du 14 au 18; et du 21 au 26. Dans la nuit du 21 au 22, un obus est arrivé jusqu'à la rue du Ranelagh. Nombre de villas luxueuses y ont été mutilées ou détruites; mais on n'y compte, en tout, que 33 victimes frappées dans les quartiers de la Muette et d'Auteuil.

Dix-huitième arrondissement. — Une dizaine de projectiles, venus des batteries du Bourget, sont arrivés jusqu'au dix-huitième arrondissement. L'usine à gaz de la Villette en a reçu un dans la nuit du 25 au 26, et son régulateur a fait explosion dans celle du 26 au 27. On n'y a signalé qu'une seule victime.

En résumé, l'on a compté sur les quartiers du quatrième arrondissement (édifices publics et grands établissements non compris) la chute de............ 3 projectiles.
 Du cinquième arrondissement........ 214 —
 Du sixième — .... 218 —
 Du septième — .... 131 —
 Du douzième — .... 1 —
 Du treizième — .... 286 —
 Du quatorzième — .... 279 —
 Du quinzième — .... 650 —
 Du seizième — .... 350 —
 Du dix-huitième — .... 10 —
     Ensemble............ 2,142 projectiles.
Si l'on ajoute à ce chiffre celui de   1,579 —
qui représente le nombre d'obus
tombés sur les édifices publics et
les grands établissements, on obtient le total....... .... 3,721 projectiles,

lequel exprime numériquement la quantité de projectiles dont on a *signalé et constaté* le point d'arrivée sur Paris pendant la période du bombardement. Mais il faut observer que chacun des chiffres ci-dessus ne doit être considéré que comme un *minimum* et, cela étant, on peut dire qu'il est tombé sur Paris une masse de 4 à 5,000 projectiles prussiens. Cette conclusion est assez en harmonie avec le renseignement tiré du nombre de coups comptés par les guetteurs de service — lequel est de 4,191, suivant les rapports officiels.

Nous devons dire ici qu'on remarque de grandes divergences d'appréciation chez les observateurs qui cherchent à supputer exactement la quantité d'obus arrivés sur la ville.

« Le total, dit l'un d'eux, est difficile à évaluer ; je crois bien qu'il n'a pas dépassé 12,000, et c'est beaucoup... »

Un autre établit le calcul suivant : — « A l'attaque du sud, il y avait 140 pièces en batterie. Le bombardement commençait vers 10 heures du soir pour finir vers 7 heures du matin, soit de 9 à 10 heures de tir. Je suppose 4 coups par pièce et par heure, soit 40 par pièce et par nuit, et, dans cette hypothèse, j'arrive à 800 coups par pièce pour les 21 nuits. Je ne pense pas toutefois qu'on doive compter en tout plus de 300 coups par pièce, soit 42,000 *coups tirés en bombardement sur la ville*, à raison d'environ 2,000 coups par nuit. »

Il faut rapprocher de ces chiffres ceux que donne le

Correspondant du Times, et dont le total s'élève à 53,040. Ce nombre exprime l'ensemble des coups tirés par les batteries du sud, tant sur les forts que sur la ville et, en ce qui concerne le bombardement de celle-ci, il convient d'en prendre au plus la moitié, soit, à peu près, 25,000.

Mentionnons aussi un témoignage important suivant lequel il serait tombé environ 1,500 obus dans le périmètre du quatorzième arrondissement, celui qui a le plus souffert. En admettant pareil chiffre pour chacun des arrondissements bombardés (non compris les quatrième, douzième et dix-huitième dont il n'est question que pour mémoire), on arrive à un maximum de 10,500 projectiles.

Voici enfin le dire du major Blume : — « On lan-
« çait, prétend-il, sur Paris de 2 à 300 obus par
« jour. » Si l'on accepte ce dernier chiffre, les 23 jours de bombardement donnent un total de 6,900 projectiles.

Nous déclarons, en résumé, que l'examen comparé de ces diverses appréciations nous porte à croire qu'il n'est pas tombé dans Paris plus de 12,000 obus prussiens.

Quant aux maisons atteintes par la grêle de fonte, on en compte :

Dans le quatrième arrondissement 1
Dans le cinquième   —   175
Daus le sixième   —   160
Dans le septième   —   13
Dans le treizième   —   133
Dans le quatorzième —   258
Dans le quinzième   —   389
Dans le seizième   —   28
Dans le dix-huitième —   1

Ensemble...... 1,158 maisons;
mais, si l'on ajoute à ce total le nombre 103
afférent aux édifices et grands établissements, on obtient le chiffre............ 1,261

qui représente la masse des immeubles atteints. Ces résultats ne sont encore ici que des *minima* et l'on peut, sans commettre trop d'erreur, dire que le feu de l'ennemi nous a mutilé de 13 à 1,400 édifices ou maisons.

Pour les victimes, on a reconnu qu'il avait été tué sur le coup :

54 hommes.
24 femmes.   } 111 morts.
33 enfants.

Les blessés se répartissent ainsi :

142 hommes.
90 femmes.   } 270 blessés.
38 enfants.

Total..... 381 victimes, dont

123 dans le cinquième arrondissement.
35 dans le sixième —
28 dans le septième —
1 dans le douzième —
25 dans le treizième —
77 dans le quatorzième —
68 dans le quinzième —
33 dans le seizième —
1 dans le dix-huitième —

Mais il faut encore, ici malheureusement, considérer ces chiffres comme des *minima* et, par suite, déclarer que les batteries prussiennes nous ont fait environ 400 victimes.

Enfin, en ce qui concerne les commencements d'incendie provoqués par les obus, on en a signalé une cinquantaine; de sorte que, en définitive, le bilan du bombardement peut s'établir ainsi qu'il suit :

Environ 12,000 projectiles tombés sur Paris (1);
— 1,400 immeubles endommagés;
— 400 personnes tuées ou blessées;
— 50 commencements d'incendie promptement éteints.

Les chiffres ci-dessus posés permettent de faire des observations curieuses et de se livrer à une étude comparée des désastres survenus dans les divers quartiers

(1) Nous nous plaisons à faire observer que les résultats de nos calculs ne diffèrent pas sensiblement de ceux du colonel Prévost (*Les forteresses françaises pendant la guerre de* 1870-1871 — Paris, Dumaine, 1872).

de Paris. Bornons-nous à remarquer ici que, parmi les 10 arrondissements frappés, ce sont les quinzième et seizième qui ont reçu le plus de projectiles; le quinzième et le quatorzième qui comptent le plus de maisons atteintes; le cinquième et le quatorzième qui ont relevé le plus de victimes. Ce sont donc, en somme, les cinquième, quatorzième, quinzième et seizième arrondissements qui ont le plus souffert.

Cela étant, nous devons encore, paraît-il, remercier les Prussiens qui ont eu pour nous *des ménagements*. — « On se proposait seulement, dit le major Blume, d'in« quiéter les habitants dont une partie était forcée d'é« migrer; d'ébranler leur esprit de résistance sans causer « de dommages matériels sérieux. »

Noble et touchant exemple de modération!

Vous voudrez bien, major, faire agréer à M. de Moltke l'expression de notre sincère et vive reconnaissance.

CHAPITRE CINQUIÈME.

ÉPISODES.

La chute des premiers obus prussiens était un fait de nature à impressionner vivement la population parisienne, essentiellement nerveuse et avide d'émotions violentes. Les groupes qui se formaient dans la rue étaient singulièrement agités et l'on y entendait des discours qui faisaient frémir. On ne parlait que de l'obus tombé sur le quartier-général du 8ᵉ secteur ; de celui qui venait de couper un chien en deux ; d'un autre qui avait tué dans son lit Mᵐᵉ Lesuisse, la cantinière du 146ᵉ bataillon de la garde nationale.

Il devint bientôt impossible de compter les projectiles ; d'en suivre et d'en raconter les effets désolants. La grêle en était continue. Dès lors, les Parisiens ne parurent plus troublés ; bien mieux, ils semblèrent habitués de longue date au feu des infernales batteries prussiennes. Ils n'étaient point terrorisés (1) ; ils s'indignaient ; ils méprisaient...

(1) « Quand les Prussiens commencèrent à bombarder Paris, je crus, dit un

— « Quand les sévices de ce bombardement atteignirent Paris, écrit le général Trochu (1), nos églises, nos hôpitaux, nos asiles furent particulièrement frappés. Dans une autre occasion, je dirai ce que je pense de cet acte qui fut imprévu, inouï..... » Si le général tient sa promesse et expose publiquement son opinion, il ne manquera certainement pas de flétrir énergiquement les brutalités de nos adversaires car, au moment où commençait le feu, le gouverneur était sur le point d'adresser aux habitants bombardés une proclamation des plus touchantes. Cette proclamation fut composée à l'Imprimerie nationale et tirée en épreuve. Elle devait être affichée le 7 janvier... mais des considérations politiques firent abandonner un projet dont le succès n'était possible qu'autant qu'on eût été en droit de supposer au public parisien une grande confiance en la justice divine.

Voici à peu près le sens de ce document :

— « Je suis croyant. Si les Prussiens ont commencé le bombardement pendant la neuvaine consacrée à la patronne de Paris, c'est que Dieu veut leur laisser mettre le comble à leurs forfaits, afin de tirer d'eux un châtiment exemplaire... »

---

témoin de l'évènement, à une immense terreur de la ville pour ses habitants et ses édifices.

« Ah! bien oui! Voici ce qu'on disait sur les places : — « Les Prussiens « sentent qu'ils sont perdus. C'est du désespoir à présent... Les voilà qui bom- « bardent Paris! »

« Il y avait même des gens qui prétendaient que ce n'était pas un bombardement sérieux, et que les Prussiens voulaient seulement nous intimider. »

(1) *Une page d'histoire contemporaine.* — Paris, Dumaine, 1871.

Malgré la mise à néant de cette proclamation du général, bien des Parisiens avaient observé que le bombardement avait commencé le surlendemain de la fête de Sainte-Geneviève, laquelle tombe le 3 janvier. Les âmes catholiques en furent réellement consternées et leur émoi fut grand lorsqu'on sut que, dans la nuit du 8 au 9 janvier, un obus avait écrêté le rampant gauche du pignon sud de l'église de Saint-Étienne-du-Mont. Ce pignon, comme l'on sait, s'élève précisément à l'aplomb de la châsse de la patronne de Paris, de l'humble fille des champs qui sut jadis arrêter les fureurs d'Attila (1).

La nuit du 8 au 9 janvier fut encore signalée par d'autres désastres. Cette horrible nuit vit détruire le Muséum d'histoire naturelle qui jusqu'alors, dit le vénérable M. Chevreul, « *avait été respecté de tous les partis et de tous les pouvoirs nationaux et étrangers.* » Elle fut aussi témoin de l'assassinat des élèves de l'école des Frères de Vaugirard. « La nuit vint, dit un spectateur. Les enfants s'endormirent après la prière. Puis, la tempête d'artillerie se déchaîna ; le quartier s'étoila de projectiles ; l'air am-

---

(1) Ce n'étaient pas seulement les catholiques de Paris qui venaient alors prier Geneviève dans l'Église de Saint-Étienne-du-Mont. On y voyait aussi nombre de réfugiés de la banlieue prosternés devant la châsse d'or de la sainte. Au moment du bombardement, ces braves gens que n'ont pas encore pervertis les malfaiteurs de notre littérature nationale, ces braves gens avaient appendu aux piliers de l'église des bannières bleues sur lesquelles se détachaient, en lettres d'argent, les noms de leurs villages, alors au pouvoir des Prussiens.
Sur l'une on lisait : *Plessis-Picquet, Bagneux, Thiais, Orly* ; sur l'autre : *Sceaux, Chatenay, Antony* ; sur une troisième : *Fresne, l'Hay, Rungis, Chevilly*. Et de même pour tous les environs.

biant cria lamentablement... Les frères eurent peur pour leurs élèves et les firent descendre au rez-de-chaussée. Il était une heure moins un quart... Tout à coup un obus troue le toit de la maison, traverse le grenier, effondre le plafond du dortoir et éclate avant d'avoir touché le parquet... la salle s'emplit de bruit, de flammes et de fumée... On n'entend que quelques gémissements et ces mots soupirés : *ah ! mon Dieu maman !...* Cinq enfants étaient tués; sept blessés !.. Mais quoi ! c'est le moment psychologique ! Le roi Guillaume veut être empereur d'Allemagne...

> C'est pour cela qu'il faut que les vieilles grand'mères
> De leurs pauvres doigs gris, que fait trembler le temps,
> Cousent dans le linceul des enfants de sept ans ! »

Presque à la même heure une trentaine d'obus éclataient sur les ambulances du Luxembourg et il fallait en retirer précipitamment les blessés... de pauvres soldats blessés qui venaient de combattre bravement et loyalement les soldats, désormais odieux, du roi Guillaume.

Les dévastations continuèrent et, en ayant pris leur parti, les Parisiens s'amusèrent à en observer les particularités les plus saillantes. Après l'obus de Saint-Étienne-du-Mont, ils ne manquèrent pas de remarquer celui de l'École polytechnique, qui venait d'entrer dans l'appartement du général Favé. Glorieusement blessé à Champigny, le général avait été, fort heureusement, transféré, la veille, hors de l'école.

Les passants eurent ensuite à compter les éraflures de

la bibliothèque Sainte-Geneviève, et la rage leur monta au cœur quand ils aperçurent les traces du projectile qui venait de déshonorer la coupole du Panthéon. Quelques jours après, ce fut le tour de la Sorbonne où les professeurs, poursuivis jusque dans les amphithéâtres par des éclats de fonte prussienne, durent nécessairement suspendre leurs cours. Puis, on dressa la liste des coups les plus curieux. On sut que, le 12 janvier, un obus était tombé, non loin du Luxembourg, juste sur le tracé du méridien de Paris. On parla de l'École des Mines et du document lu par M. de Chancourtois à la séance de l'Académie des sciences du 16 janvier.

« On sait, dit l'honorable savant, que deux obus sont tombés sur l'École.

« M. Léopold de Buch, président de l'Académie des sciences de Berlin, à son dernier passage à Paris l'année qui a précédé sa mort, se rendit à l'École des mines pour examiner des échantillons venus du Chili, dont la détermination contredisait une de ses vues géologiques.

« Or, c'est exactement à la place où se trouvaient ces échantillons, dans la collection de paléontologie, et là où par conséquent s'était arrêté l'illustre chef des géologues allemands, qu'est venu éclater, à travers le toit mansardé, le premier obus tombé dans la nuit du 11 au 12 janvier. Singulier hasard! La place était prédestinée.

« Le second obus tombé dans la nuit du 12 au 13 a fourni l'occasion à un élève de l'école de faire un autre rapprochement.

« Cet obus a pénétré sans éclater dans le cabinet de M. Daubrée, et est venu se poser debout, sous la table du professeur.

« On sait depuis longtemps que les aérolithes sont principalement formés de fer, et on y a reconnu ensuite d'autres métaux, puis du soufre, du carbone, etc. Leur composition est donc analogue à celle des obus. N'est-il pas très-frappant de voir un de ces bolides artificiels arriver précisément au siége du savant minéralogiste qui, dans ces derniers temps, s'était fait une sorte de spécialité de l'étude des bolides naturels?

« D'après les indications de M. Dupont, inspecteur de l'école, témoin des deux chutes, les obus avaient $0^m,145$ de diamètre au culot, $0^m,149$ avec le plomb, et $0^m,31$ de longueur.

« Deux échantillons de plus qui enrichiront la collection déjà si riche de l'École des mines! »

Nous terminerons le récit des épisodes les plus remarquables du temps du bombardement par ces quelques traits qui peignent sous son vrai jour le caractère français.

Un correspondant du journal *le Temps* proposait de recueillir tous les obus qui tombaient sur la ville assiégée pour en fondre une colonne portant cette inscription :

« COLONNE ÉLEVÉE A LA CIVILISATION
« PAR LES OBUS PRUSSIENS
« LANCÉS SUR PARIS
« EN 1871. »

Autre fait à enregistrer. De toutes les plantes rares qu'on cultivait dans la serre des orchidées du Jardin-des-Plantes on n'avait pu sauver que deux camélias blancs. Ces deux fleurs furent envoyées par M. Chevreul à M. Richard Wallace, le bienfaiteur de la population parisienne.

Mentionnons enfin l'histoire d'une maison qui semblait servir de cible aux Prussiens. Située à l'angle de la place Sorbonne et du boulevard Saint-Michel, elle recevait obus sur obus. Or, à chaque nouvelle plaie béante de sa façade mutilée le propriétaire s'empréssait de planter un drapeau tricolore. Et les passants de s'écrier : Vive la France !

CHAPITRE SIXIÈME.

CARTE DE PARIS BOMBARDÉ.

Il n'entre point dans le cadre de cette étude d'exposer le tableau de tous les désastres qu'ont subis, du fait des Prussiens, la banlieue et les défenses extérieures de Paris. Notons seulement, pour mémoire, que les communes suburbaines frappées par les projectiles sont celles de :

Saint-Denis; — la Courneuve; — Crèvecœur; — Aubervilliers; — le Bourget; — Drancy; — Bobigny; — la Folie; — Bondy; — Noisy-le-Sec; — Merlan; — Villemomble; — Rosny-sous-Bois; — Montreuil; — Fontenay-sous-Bois; — Nogent-sur-Marne; — Villiers; — Champigny; — Joinville-le-Pont; — Saint-Maur; — tous les groupes de maisons de la Boucle de la Marne; — Créteil; — Villejuif; — Arcueil-Cachan; — la Croix d'Arcueil; — Malakoff; — Vanves; — Issy; — Billancourt; — Boulogne; — Saint-Cloud.

Les ouvrages défensifs atteints par les obus prussiens sont :

Le fort de la Briche ; — la Double-Couronne, — le fort de l'Est ; — le fort d'Aubervilliers ; — le fort de Noisy ; — la redoute de La Boissière ; — le fort de Rosny ; — le plateau d'Avron ; — le fort de Nogent ; — le château de Vincennes ; — les redoutes de la Faisanderie et de Gravelle ; — la redoute du Petit-Parc ; — les redoutes du Moulin-Saquet et des Hautes-Bruyères ; — les forts de Montrouge, de Vanves et d'Issy.

Le fort de Bicêtre ne reçut que quelques obus. Les forts de Romainville, de Charenton, d'Ivry et du Mont-Valérien demeurèrent absolument intacts.

Nous nous sommes spécialement proposé de retracer les dommages qu'éprouvait la ville de Paris elle-même, à l'intérieur de son enceinte fortifiée. Ces dégâts y étaient régulièrement constatés, au jour le jour. Sur les édifices et dans les grands établissements publics, le point de chute de chaque obus était exactement repéré par les soins des architectes ou des administrateurs, et nous donnons ici, comme exemple de ce genre d'opérations, le relevé des coups qui ont eu pour effet de mutiler le Jardin des Plantes.

CARTE DE PARIS BOMBARDÉ.

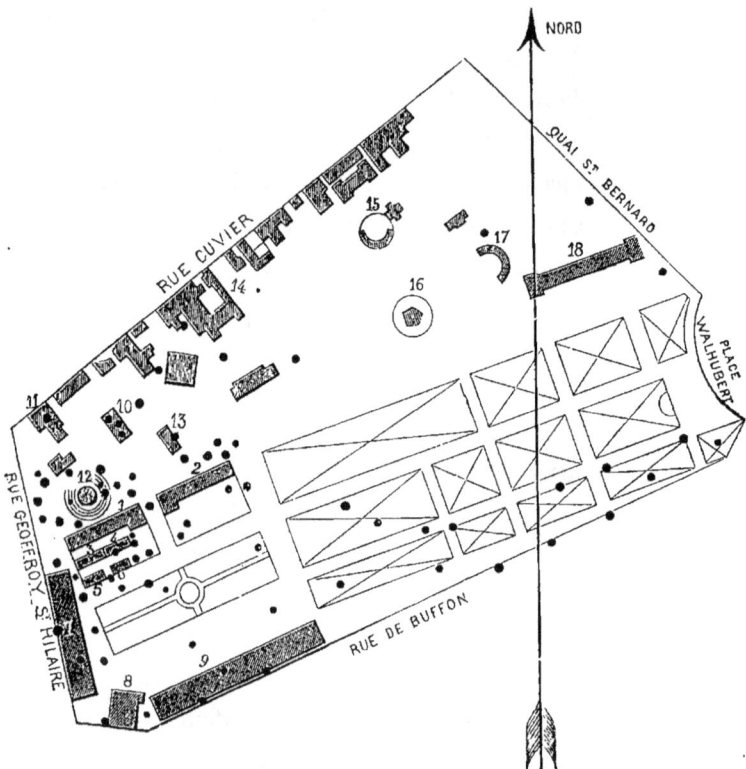

Fig. 7. — Plan du bombardement du Jardin des Plantes. — Échelle de $\frac{1}{6250}$.

LÉGENDE.

Serres chaudes.
1. — Serre courbe.
2. — Pavillon tempéré.
3. — Orchidées.
4. — Fougères.
5 et 6. — Serres à boutures.
7. — Muséum.
8. — Concierge et corps-de-garde.
9. — Cabinet de minéralogie.
10. — Laboratoires.
11. — Direction.
12. — Labyrinthe.
13. — Administration.
14. — Anatomie comparée.
15. — Oisellerie.
16. — Éléphants.
17. — Singerie.
18. — Animaux féroces.

CHAPITRE SIXIÈME.

Pour les maisons particulières, les constatations quotidiennes étaient faites par les architectes-voyers d'arrondissement; les renseignements que recueillaient ces agents se centralisaient ensuite à l'Hôtel de ville, bureau des alignements et des permissions de voirie (1).

L'étude de ces divers documents nous a permis de dresser deux listes : l'une, des édifices et grands établissements atteints par les projectiles (*voyez l'Appendice* A); l'autre, des maisons particulières atteintes (*voyez l'Appendice* B); ces deux tableaux, disposés suivant l'ordre alphabétique, donnent toute facilité pour suivre, sur un plan de Paris, la direction des coups et mesurer la profondeur des cicatrices; mais, afin de parler aux yeux et de rendre plus saisissant le panorama de nos ruines, nous avons cru devoir dresser une *carte spéciale de Paris bombardé*.

Voici comment nous avons procédé, et comme chacun peut opérer à cet égard : Si l'on repère exactement et que l'on pique sur un plan de Paris le point d'arrivée de chaque obus, on obtient un dessin d'ensemble assez analogue à celui d'une *carte céleste;* on y voit apparaître des figures qui se peuvent comparer à des constellations et à des nébuleuses. La puissance des effets du bombardement s'y manifeste par des mouchetures plus ou

---

(1) C'est à l'obligeance de M. Gastelier, chef du bureau des alignements et des permissions de voirie, que nous devons communication d'une foule de documents curieux dont les originaux ont vraisemblablement péri dans l'incendie de l'Hôtel de ville, en mai 1871.

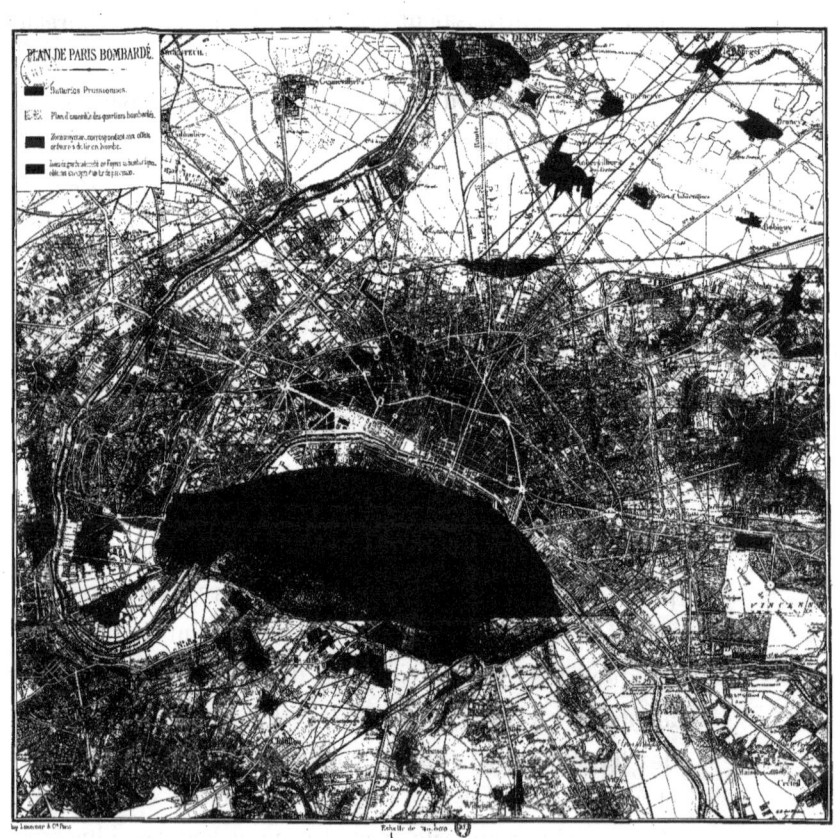

moins multipliées, formant tout naturellement des taches dont le ton se prononce plus ou moins vigoureusement. Si l'on opère à grande échelle, il est possible de distinguer un nombre assez considérable de figures, accusant les variations qu'a subies l'intensité du bombardement considéré dans ses effets. Nous nous sommes borné à l'emploi de l'échelle de $\frac{1}{40000}$, et dans ces conditions nous avons dû nous restreindre à tracer, dans la région bombardée de Paris, les délimitations de trois zones qui se différencient facilement par le moyen d'autant de teintes de même couleur, mais de tons variant du pâle au foncé.

La première zone, carmin pâle, comprend l'ensemble des quartiers frappés par les projectiles. Elle s'étend depuis l'enceinte jusqu'à une ligne indiquant la limite extrême du bombardement et ainsi tracée de l'est à l'ouest :

De l'angle d'épaule du bastion 93, ou mieux, de l'intersection du chemin d'Orléans et du chemin de Ceinture, cette limite coupe obliquement la Seine et atteint, sur la rive droite, l'extrémité du pont de Bercy. Elle suit de là le quai de la Râpée, la place Mazas et le quai Henri IV. Puis elle continue tangentiellement aux bords sud de l'île Saint-Louis et de la Cité; passe en deçà de la Monnaie, de l'École des beaux-arts et du Ministère des travaux publics; coupe la rue de Grenelle entre le Ministère de l'instruction publique et l'ambassade d'Autriche; frôle la façade nord de l'Hôtel-des-Invalides et tombe à l'avenue de la Bourdonnaye en un point situé à égale distance des débouchés des rues de Grenelle et de Saint-Dominique. La ligne se dirige ensuite diagonalement à travers le Champ-de-Mars; rencontre, à la gare de Grenelle, la pointe nord-est de l'allée des Cygnes; coupe la rue du Ranelagh au-dessus de l'usine à gaz; suit la rue de la Source; passe au rond-point de la villa Montmorency et aboutit au flanc gauche du bastion 61.

Telle est la limite que les Prussiens, contre-battus par nos forts, ont vu s'imposer à la portée de leurs pièces tirant à toute volée; il convient d'observer toutefois que nous avons négligé, dans le tracé, quelques projectiles extraordinaires, tels que ceux du boulevard Bourdon, de l'île Saint-Louis et du pont Notre-Dame. Combinée avec celle de l'enceinte, cette ligne forme un périmètre dont la figure peut se comparer à celle d'une ellipse très-allongée, et apointée aux extrémités de son grand axe. Cette analogie permettrait de calculer approximativement la superficie totale de la région bombardée.

La deuxième zone, ou *zone moyenne*, carmin de nuance foncée, est tout entière comprise dans la première à laquelle elle est intérieurement tangente : d'une part, au quai de la Râpée; de l'autre, à Auteuil. Son périmètre se détache de celui de la courbe-limite aux abords du pont d'Austerlitz. De là, il coupe obliquement la Seine et la Halle aux vins; longe le boulevard Saint-Germain jusqu'à l'intersection de celui-ci avec le boulevard Saint-Michel; passe au carrefour de l'Odéon, au marché Saint-Germain, se dirige ensuite vers le centre de figure de l'abbaye aux Bois, et traverse la rue du Bac à la hauteur de la rue de Babylone. Se redressant alors vers le nord, la courbe gagne la rue de Varennes ; traverse la partie centrale des Invalides et, redescendant diagonalement par l'avenue de la Motte-Piquet, écorne le Champ-de-Mars aux abords de l'École militaire. Elle passe ensuite à l'angle nord de la caserne Dupleix ; coupe l'allée des Cygnes aux deux tiers de sa longueur, comptés à partir du pont de Grenelle, et va se confondre avec la courbe-limite au-dessus de l'usine à gaz d'Auteuil. Elle s'en détache de nouveau vers le bastion 64 de l'enceinte ; passe par le point d'intersection du quai d'Auteuil et du chemin de Ceinture, et prononce vers le nord une inflexion qui englobe dans son périmètre la fabrique de Javel et laisse en dehors, au sud, la grande fabrique de produits chimiques que longe l'impasse Pernety. La courbe détache un large pan du pâté d'angle des rues Lecourbe et Croix-Nivert et pousse directement vers l'intersection du chemin de fer de l'Ouest et de la rue d'Alésia. Elle traverse le Petit-Montrouge à peu près parallèlement au chemin de Ceinture ; coupe la chaussée du Maine et l'avenue d'Orléans un peu au nord du carrefour des Quatre-Chemins ; passe le chemin de fer de Sceaux au sud de l'hospice des Aliénés ; puis, les deux bras de la Bièvre à la hauteur de l'impasse Sainte-Marie. Elle poursuit tangentiellement au bras dont le cours baigne le pied de la Butte-aux-Cailles ; traverse la route de Choisy vers la rue Saint-Hippolyte au sud de la place d'Italie ; enfin, de là pousse en ligne droite, et parallèlement au boulevard de la Gare, sur la gare aux marchandises du chemin de fer d'Orléans qu'elle atteint au sud du bâtiment dit *Gare-Trioson*.

Tel est le périmètre embrassant la zone moyenne du terrain bombardé, lieu géométrique des points d'arrivée de la majeure partie des projectiles prussiens envoyés dans le courant de chaque nuit, sans précision ni rectification du tir, et formant ce qu'on pourrait appeler l'*arrosage* des quartiers du sud, par analogie avec l'effet produit par une lance de pompe qu'on promène çà et là sans but déterminé.

A l'intérieur de cette zone moyenne qui constitue la grande *nébuleuse* de la carte de Paris bombardé apparaît la *troisième zone* — teinte orangée — correspondant au tir de précision des batteries ennemies. Elle se compose de trois figures isolées, de forme dissemblable et d'inégale superficie, représentant autant de *foyers* de bombardement. C'est sur ces trois îlots que les Prussiens concentraient leur feu.

La figure du nord, en forme de cœur, comprend bon nombre d'édifices et d'établissements importants : le dôme des Invalides ; — le couvent du Sacré-Cœur ; — l'École militaire ; — la caserne de cavalerie de la place Fontenoy ; — l'église Saint-François-Xavier ; — l'abattoir de Grenelle ; — la fontaine de la place Breteuil ; — l'hospice Necker ; — l'hôpital des Enfants-Malades ; — l'institution des Jeunes-Aveugles et celle des Frères des écoles chrétiennes; toutes maisons faites pour allumer au ventre des bombardeurs le prurit d'un frénétique désir de ruines.

La figure du sud, qui affecte la forme d'un profil de chaussure grossière, enferme les ateliers et la gare des marchandises du chemin de fer de l'Ouest; — le marché aux fourrages; — le cimetière du Mont-Parnasse; — la place d'Enfer; — l'hospice Larochefoucauld et l'embarcadère du chemin de fer de Sceaux. On ne s'explique le choix des batteries prussiennes que par l'intérêt psychologique qu'elles avaient à frapper les monuments funéraires du cimetière et les maisons du quartier de Plaisance, l'un des plus mal habités de Paris.

La figure de l'est, dont la forme peut se comparer à celle d'un plastron, est d'une étendue plus considérable que celle des deux foyers précédents. Elle contient aussi quantité d'édifices et d'établissements publics dont le bombardement était bien de nature à soulever l'indignation de la population parisienne. On y remarque : le Luxembourg; — l'École des Mines; — la Sorbonne; — le collége de France; — le collége Louis-le-Grand; — l'École de droit; — le collége Sainte-Barbe; — la bibliothèque Sainte-Geneviéve; — le Panthéon; — le collége Henri IV; — l'École polytechnique; — le couvent des dames Saint-Michel; — l'église Saint-Jacques du Haut-Pas; — l'institution des Sourds-Muets; — l'hôpital du Val-de-Grâce; — l'hospice du Midi; — l'École normale; — l'École de pharmacie; — la halle aux cuirs; —

l'hôpital de la Pitié; — la prison de Sainte-Pélagie; — la boulangerie des hôpitaux ; — l'amphithéâtre d'anatomie; — le Muséum et le Jardin des Plantes; — la manufacture des Gobelins, etc. Cette pléiade de monuments consacrés au culte, à l'étude, aux arts et à la bienfaisance offrait à nos ennemis un appât irrésistible auquel nulle considération morale ne pouvait les empêcher de mordre. Ils abîmèrent en effet cette région de Paris; c'est celle qui a le plus souffert.

Outre le bombardement du sud, dont nous venons d'exposer le tableau, nous devons mentionner aussi celui du nord. Les batteries prussiennes du Bourget ont entamé, quoique assez légèrement, le dix-huitième arrondissement, et l'effet produit peut se limiter, au sud, à un arc partant du saillant du bastion 30, pour arriver au flanc gauche du bastion 35, et passant tangentiellement au raccordement du chemin de fer de l'Est avec la ligne du Nord.

Ce segment teinté de carmin pâle complète la carte de Paris bombardé.

Les Allemands adorent la géographie; ils nous feront sans doute l'honneur d'insérer cette carte dans la prochaine édition de l'atlas de Justus Perthes, de Gotha.

TITRE QUATRIÈME.

LA RÉSISTANCE.

CHAPITRE PREMIER.

L'ARTILLERIE DE LA DÉFENSE.

Le jour où les batteries prussiennes allaient ouvrir leur feu sur les quartiers du sud, le gouvernement publiait au *Journal officiel* ce document, qui porte la date du 1er janvier :

« Au moment où l'ennemi menace Paris d'un bombardement, le gouvernement, résolu à lui opposer la plus énergique résistance, a réuni en conseil de guerre, sous la présidence du gouverneur, les généraux commandant les trois armées, les amiraux commandant les forts, les généraux des armes de l'artillerie et du génie. Le conseil a été unanime dans l'adoption des mesures qui associent la garde nationale, la garde mobile et l'armée à la défense la plus active.

« Ces mesures exigeront le concours de la population tout entière.

« Le gouvernement sait qu'il peut compter sur son courage et sur sa volonté inflexible de combattre jusqu'à la délivrance. Il rappelle à tous les citoyens que, dans les moments décisifs que nous allons traverser, l'ordre est plus nécessaire que jamais. Il a le devoir de le maintenir avec énergie ; on peut compter qu'il n'y faillira pas. »

Les ouvrages qui furent appelés à concourir aux opérations de défense provoquées par le bombardement du sud de Paris sont :

Le Mont-Valérien ; — les forts d'Issy, de Vanves, de Montrouge et de Bicêtre ;

Les redoutes des Hautes-Bruyères et du Moulin-Saquet ;
Les ouvrages de Villejuif ;
Les batteries extérieures appuyant les forts ;
Une partie des fronts des 6me, 7me et 8me secteurs de l'enceinte.
Enfin, quelques bâtiments de la flottille de la Seine.

Le Mont-Valérien était armé de 106 pièces, dont une de $0^m,24$, et deux de $0^m,19$, de la marine.

Le fort d'Issy en comptait 90, savoir :

5 canons de $0^m,16$, de la marine ;
8 canons de 24, de place ;
5 canons de 12, de place ;
9 canons de 12, de siége ;
4 canons de 4, de campagne ;
2 canons de 4, de montagne ;

1 mitrailleuse;
12 canons de 16, lisses;
13 canons-obusiers de 12;
4 obusiers de 0^m,22, de siége;
2 obusiers de 0^m,22, de côtes;
6 obusiers de 0^m,16;
7 mortiers de 0^m,27;
6 mortiers de 0^m,22;
6 mortiers de 0^m,15.

Le fort de Vanves avait pour armement :

3 canons de 0^m,16, de la marine;
9 canons de 24, de place;
5 canons de 12, de place;
5 canons de 12, de siége;
4 canons de 4, de campagne;
2 canons de 4, de montagne;
4 canons de 7, rayés;
1 mitrailleuse;
11 canons de 16, lisses;
8 canons-obusiers de 12;
4 canons de 8, lisses;
4 obusiers de 0^m,22, de siége;
4 obusiers de 0^m,16;
5 mortiers de 0^m,32;
7 mortiers de 0^m,27;
5 mortiers de 0^m,22;

6 mortiers de $0^m,15$;

En tout, 84 bouches à feu.

Suivant les mêmes proportions de calibres, les forts de Montrouge et de Bicêtre étaient armés respectivement de 52 et 80 pièces.

La redoute des Hautes-Bruyères comptait :

3 canons de 16, rayés ;
6 canons de 24 rayés, de siége ;
2 canons de 7 ;
2 mortiers de $0^m,27$;
Soit, 13 pièces.

Le Moulin-Saquet avait :

4 canons de 24, rayés, de siége ;
6 canons de 12, aussi rayés, de siége ;
En tout, 10 bouches à feu.

On avait, d'ailleurs, mis en batterie aux abords de Villejuif :

3 canons de $0^m,16$, de la marine ;
12 canons de 24, de siége ;
18 canons de 12, de siége ;
2 canons de 4, de campagne ;
2 canons de 7, rayés ;

2 mitrailleuses;
9 obusiers de côtes de 0^m,22;
Ensemble, 33 pièces.

En outre, on avait disséminé :

12 canons de 12, rayés, de siége, dans les tranchée voisines de Villejuif;

2 mitrailleuses et 1 canon de 24, rayé, de côtes, défendaient la barricade dudit village de Villejuif;

Enfin, 2 canons de 24, rayés, de siége, étaient en batterie à l'aqueduc d'Arcueil.

C'était un total de 17 pièces.

Pour leur part, les batteries extérieures avaient réclamé l'emploi de :

26 canons de 24, de place;
2 canons de 24, de siége;
9 obusiers de 0^m,22, de la marine;
6 mortiers de 0^m,32;
Soit, ensemble, 43 bouches à feu (1).

---

(1) Les obusiers de 0^m,22, de la marine, étaient ainsi répartis :

6 à la batterie de la Pépinière;
3, à celle du pont du chemin de fer d'Orléans, dite de Mazagran.

Les bouches à feu étaient, en général, divisées par groupes de 6 ou de 3. C'est ainsi, par exemple, qu'on avait disposé, à droite du fort de Vanves, une batterie extérieure de 6 canons de 24, et, à gauche du même fort, 2 autres batteries armées chacune de 3 canons de même calibre.

CHAPITRE DEUXIÈME.

L'armement du 6me secteur de l'enceinte était de 157 pièces, dont :

2 canons de 0^m,19, de la marine ;
14 canons de 0^m,16, de la marine ;
40 canons de 24, rayés, de place.

Le 7me secteur était armé de 123 bouches à feu, dont :

3 canons de 0^m,19, et 21 canons de 0^m,16, de la marine ;
15 canons de 24, rayés, de place.

Le 8me secteur, enfin, disposait de :

1 pièce de 0^m,19, de la marine (1) ;
5 canons de 0^m,16, de la marine ;

---

(1) Cette pièce de 0^m,19 de la marine était celle qu'on appelait *Joséphine* et qui depuis le commencement du siège était en batterie au bastion 40, sur un affût articulé de l'invention de l'amiral Labrousse. Elle était servie par des matelots-canonniers, sous les ordres du capitaine de frégate de Lassuchette. Il fut décidé, le 14 janvier, que la *Joséphine* serait immédiatement installée sur l'un des deux grands *cavaliers* construits sur le chemin de Ceinture ; mais il ne fut donné aucune suite à ce projet, et l'armement du 8me secteur ne comprit en réalité que :

5 canons de 0^m,16 ;
8 canons de 24, de place ;
7 canons de 12, de place ;
21 canons de 12, de siège ;
26 canons de 7 ;
42 obusiers de 0^m,15 ;
2 mortiers de 0^m,22 ;
2 mortiers de 0^m,15.

8 canons de 24, de place.

Son armement comportait un total de 114 bouches à feu.

A titre d'exemple, nous ajouterons ici le détail de la composition de l'armement complet d'un secteur, soit le 7me. Cet armement comprenait :

2 canons lisses, de 0^m,19 ;
1 canon rayé de 0^m,19 ;
21 canons, rayés, de 0^m,16 ;
15 canons de 24, de place ;
4 canons de 24, de siége ;
6 canons de 12, de place ;
22 canons de 7 ;
32 obusiers de 0^m,15 ;
12 canons de 12, rayés, de campagne ;
4 mortiers de 0^m,27 ;
4 mortiers de 0^m,22.

Quant à la flottille de la Seine, elle ne se composait plus, pendant la période du bombardement, que de 15 canonnières ou batteries-flottantes, commandées chacune par un lieutenant de vaisseau, et réunies sous les ordres du capitaine de vaisseau Thomasset. Armés d'un petit nombre de pièces de gros calibre, ces bâtiments nous furent d'un grand secours. L'escadrille qui opérait sur la basse Seine était ordinairement mouillée au Point-du-Jour, près du viaduc, et de là se portait en avant, quand besoin était, pour contre-battre les batteries prussiennes. On peut évaluer à 20 ou 25 le nombre des bouches à feu de la flottille appelées à prendre part à la lutte contre le bombardement.

En résumé :

Le Mont-Valérien était armé de	106	pièces.
Le fort d'Issy	90	—
Le fort de Vanves	84	—
Le fort de Montrouge	52	—
Le fort de Bicêtre	80	—
La redoute des Hautes-Bruyères	13	—
La redoute du Moulin-Saquet	10	—
Les abords de Villejuif	38	—
Les tranchées de Villejuif et l'aqueduc d'Arcueil	17	—
Les batteries extérieures	43	—
Le 6me secteur de l'enceinte	157	—
Le 7me secteur	123	—
Le 8me secteur	114	—
La flottille de la Seine (pour mémoire)	»	—
Total (1)	927	pièces.

Tel était, au 28 janvier 1871, l'armement des ouvrages qui venaient d'opposer au bombardement une résistance

---

(1) L'armement total de l'enceinte comportait 805 pièces; celui des forts et ouvrages détachés, 1,389; ensemble, 2,194 bouches à feu. Cet armement total était donc à celui des ouvrages spécialement destinés à contre-battre les batteries de bombardement du sud dans la proportion de 2,36 à 1. — Le nombre total des bouches à feu qui se trouvaient à la disposition de l'armée de Paris était, tout compris, de 3,435.

des plus énergiques. Toutes ces bouches à feu, bien entendu, n'avaient pas pris part à l'action; mais on peut évaluer à 400 le nombre de celles qui s'étaient trouvées en situation de le faire.

Parmi celles-ci, les gros calibres prédominaient. L'unique pièce de $0^m,24$ de la marine qui fût à Paris, celle que le public appelait *Marie-Jeanne*, était en batterie au Mont-Valérien.

Sur les 17 pièces de $0^m,19$ mises par la marine à la disposition de la défense des forts, le Mont-Valérien en avait deux.

Sur 132 pièces de $0^m,16$, de la marine, il y en avait :

5, au fort d'Issy ;

3, au fort de Vanves ;

Autant à proportion dans les autres forts ;

3, à Villejuif ;

3, à la redoute des Hautes-Bruyères.

Quant au 24, rayé, de place, cette excellente bouche à feu qui ne craindra jamais d'entrer en lice avec les meilleurs canons d'acier Krupp, il était semé presque à profusion. On en comptait :

8 pièces à Issy ;

9, à Vanves ;

12, à Villejuif ;

6, aux Hautes-Bruyères ;

2, à Arcueil ;

4, au Moulin-Saquet ;

28 dans les batteries extérieures.

C'était un total de 69 canons de 24.

Les trois secteurs qui prenaient des vues sur les batteries prussiennes n'étaient pas moins bien partagés, en calibres de $0^m,19$, de $0^m,16$ de la marine et de 24 rayé de place.

Il y avait :

2 pièces de $0^m,19$ au 6me secteur ;
3 au 7me ;
1 au 8me ;
Ensemble, 6 pièces de $0^m,19$.

Le calibre de $0^m,16$, de la marine était représenté par 40 pièces, dont :

14, au 6me secteur ;
21, au 7me ;
5, au 8me.

Enfin, ces trois secteurs se partageaient 63 canons de 24, rayés, de place.

Le 6me secteur en avait 40 ;
Le 7me, 15 ;
Le 8me, 8.

Ce matériel n'eut pas à souffrir autant qu'on pourrait le croire durant la période aiguë de la défense, c'est-à-dire pendant le bombardement. Ainsi, pour ne citer qu'un exemple, le fort de Vanves, l'un des plus maltraités, n'avait encore, au 28 janvier 1871, que 10 pièces mises hors de service par le feu de l'ennemi, savoir :

4 canons de 24 ;
2 canons de 16, rayés ;
2 canons de 12, rayés, de siége ;
2 canons de 12, rayés, de place.

Il disposait donc encore de plus des sept huitièmes de l'armement qui lui avait été attribué à l'origine.

L'artillerie de la défense contrariait singulièrement les projets des assiégeants, et ceux-ci en éprouvaient souvent des déceptions amères.

On sait avec quelle violence ils avaient commencé leurs attaques. Trois mille de leurs obus avaient labouré le plateau d'Avron dans la journée du 27 décembre ; le lendemain, 28, il en était tombé de cinq à six mille sur nos forts de l'est (1). Témoins de l'évacuation du plateau, les Prussiens croyaient bien avoir aussi facilement raison des forts. Ils pensaient forcer, sous vingt-quatre heures, ceux de Nogent et de Rosny à amener leur pavillon tricolore ; aussi, leur stupéfaction fut-elle grande lorsque, après un temps de si-

---

(1) Nos forts du sud en reçurent tout autant dans la journée du 5 janvier. Un fort était ordinairement battu de cinq cents coups en vingt-quatre heures, mais ce nombre était parfois doublé. En prise au feu de sept batteries convergentes, La Briche reçut un millier de projectiles, le 23 janvier. Précédemment, durant la journée du 4, le fort de Nogent en avait reçu douze cents !

CHAPITRE PREMIER.

lence, ils virent se prononcer de leur part une résistance énergique.

Pareille surprise désagréable les attendait, à quelques jours de là, du côté de nos forts du sud, de ces insolentes et surannées défenses dont le roi Guillaume, avait deux ou trois fois déjà annoncé l'entière destruction à la reine Augusta. Ils osaient répondre au feu des barbares, ces misérables forts d'Issy, de Vanves et de Montrouge, qui n'ont pas été réduits au silence aussi prestement que l'a dit le major Blume (1). Ils tenaient l'adversaire en échec, occupaient suffisamment ses premières batteries et l'empêchaient de cheminer jusqu'en des points d'où, élevant des batteries nouvelles, cet insatiable adversaire espérait pouvoir bombarder non-seulement la rive gauche, mais aussi la rive droite de la Seine et couvrir ainsi tout Paris de ses projectiles.

Les bouches à feu de l'enceinte secondaient parfaitement celles des forts. Les 6me, 7me et 8me secteurs démontaient nombre de pièces prussiennes. Nos obus firent sauter, le 21 janvier, les magasins à poudre de la batterie du Moulin-de-Pierre; et, le surlendemain, 23, celui de l'une des batteries de Châtillon.

(1) Précédemment, M. de Bismarck avait dit : — « *C'est affaire d'ingénieurs... quand nous le voudrons, nous prendrons deux de vos forts...* » Soit, on peut réussir tout ce qu'on veut fortement, mais pour prendre un fort qui ne se rend pas sous le coup d'un rude bombardement, il faut en faire le siége et, pour des raisons qui leur sont personnelles, les Prussiens ne manifestent pas un goût prononcé par les opérations régulières qu'a consacrées l'art honnête de l'attaque des places.

Pour nous tenir tête, les bombardeurs étaient forcés de faire de grands efforts, et tout ne marchait pas au gré de leurs désirs. Leurs canons souffraient beaucoup des fortes charges de poudre employées ; et leurs affûts, de l'angle de trente degrés et demi qu'il leur fallait ouvrir pour atteindre les défenses et les maisons de la grande ville. Ils faisaient, enfin, des pertes sensibles qu'ils ne savaient pas toujours dissimuler.

« Dans la nuit de Noël, écrivait un canonnier silésien, quelques-uns de nos chasseurs de grand'-garde aux avant-postes, à *l'est* de *Chevilly*, avaient fait un petit feu pour se réchauffer, la nuit. Ils étaient mélancoliquement assis autour du foyer, et s'entretenaient de leurs affaires de famille lorsque, tout à coup, comme cadeau de Noël, leur arrive un terrible pain de sucre de l'ennemi. Les vingt-cinq chasseurs qui faisaient ainsi la causette se levèrent en sursaut, mais la bombe était tombée dans le feu et fit d'énormes ravages. Trois furent tués ; dix, grièvement blessés ; les autres en ont été quittes pour la peur. Cela leur a donné une rude leçon pour avoir allumé du feu en face d'un ennemi *qui est vigilant* au dernier degré, et ne néglige pas une seule occasion de nous causer les plus grands dommages. »

Les plus grands dommages, en effet !... l'expression n'est pas trop forte. Nous avons la consolation, si c'en est une, d'avoir fait le plus grand mal aux Prussiens ; de leur avoir tué bien du monde. Les officiers hollandais et français qui visitèrent leurs batteries après le siége, les trouvèrent encombrées de cadavres auxquels il n'avait été donné qu'une sépulture sommaire. Les parapets et les traverses étaient autant de nécropoles... du massif desquelles émergeaient encore, çà et là, des jambes, des mains et des crânes décharnés.

On est dès lors en droit de se demander pourquoi le major Blume, un écrivain sérieux, omet de mentionner l'état des pertes de l'artillerie prussienne. Voici en quels termes il parle de la résistance que nous opposions au bombardement : — « Les assiégés répondirent vigoureusement avec un grand nombre de pièces de gros calibre des forts, des batteries situées dans les intervalles des forts, de l'enceinte et même, au début, des canonnières embossées sur la Seine. Peu de jours nous suffirent pour réduire au silence les forts d'Issy et de Vanves, la redoute de Villejuif et, en partie, le fort de Montrouge. Dans l'intervalle des forts, on installa des pièces volantes, mais qui n'en furent pas moins contraintes de cesser le feu, après un petit nombre de coups. Les bouches à feu de l'enceinte continuèrent au contraire sans relâche le combat contre nos batteries, mais sans grand résultat de part et d'autre, vu la distance qui variait de 4 à 7 mille pas. Sur le front sud de la ville, qui est presque en ligne droite, qui présente un développement de 9,000 pas et comprend 18 bastions, l'ennemi avait accumulé des canons du plus gros calibre avec lesquels il contrebattait nos batteries. Mais celles-ci avaient l'avantage de ne présenter qu'un but très-restreint, eu égard à la distance, et n'éprouvaient, par suite, que des dommages insignifiants. Aussi l'assiégeant put-il bientôt avancer ses batteries et s'établir sur des positions d'où il bombardait une portion considérable de la ville. »

Major, il vous répugne de parler de vos morts, mais le roi votre maître a dit : « La nation a subi de graves et irréparables pertes, qui me remplissent d'une profonde douleur... »

Les défenseurs connaissaient, vers la fin du siége, tout le succès de leurs efforts, car, à la date du 17 janvier, le comte de Paris leur avait écrit de Londres :

« Il est certain que les pertes des Prussiens sont beaucoup plus considérables qu'ils ne le disent; que bon nombre de leurs canons ont été démontés... qu'il y a une batterie dont le feu a été éteint par le Mont-Valérien... (1). »

« Malheureusement, ajoutait le prince, les remarques des correspondants impartiaux sont que nos obus ont une percussion trop délicate, et éclatent, par conséquent, avant d'avoir pénétré dans le parapet qu'ils ne peuvent entamer sérieusement..... — Un de ces obus a failli tuer M. de Moltke, qui a été littéralement couvert de terre et de pierres..... (2). »

---

(1) Le *Rapport militaire* du lendemain, 18 janvier, faisait connaître aux Parisiens que le 6me secteur avait complétement éteint « *la batterie des Cha-*
« *lets.* »

(2) Presque sur le champ, les Parisiens apprirent, nous ne savons par quelle voie, qu'un personnage de distinction venait d'être touché — d'aucuns disaient coupé en deux — dans une batterie prussienne. Cette donnée assez vague parut

220 CHAPITRE PREMIER.

Ainsi les défenseurs avaient renversé et presque fait passer de vie à trépas le chef d'état-major général de l'armée ennemie, ce Fridigern au cœur d'acier dont la froide et immorale logique avait fait prendre au roi de Prusse la décision du bombardement. Traîné dans la poussière, il s'était relevé...

A-t-il compris alors qu'il est une justice de Dieu et que cette éternelle justice n'accorde pas indistinctement à tous les hommes la gloire d'une mort de soldat?

suffisante aux gens dits *bien informés* pour préten lre que la victime n'était autre que le comte de Bismarck et qu'elle était tombée non loin de la Porte de Châtillon, sur le plateau. (Voyez la carte de l'Etat-Major à l'échelle de $\frac{1}{40\,000}$.)

Et les gavroches de s'emparer de cette idée en ajustant un libretto bizarre aux premières notes d'une marche dont le clairon fatiguait alors nos oreilles.

Ce refrain impossible fit aussitôt le tour de Paris. Il sut distraire de ses maux plus d'une famille bombardée... et, à ce titre méritoire, nous l'insérons ici, paroles et musique, dans toute son authenticité.

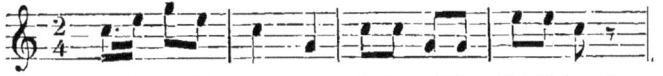

As-tu vu Bis-mar-*que* A la port' de Châ-til-lon ?

CHAPITRE DEUXIÈME.

LES ABRIS.

Dès le début du siége le gouvernement de la défense avait ordonné l'organisation de bon nombre d'abris blindés destinés aux gardes nationaux de service. Le général de Chabaud-la-Tour, commandant supérieur du génie de l'armée de Paris, en avait fait disposer quatre par front, soit deux par courtine, et autant par bastion de l'enceinte. Ce minimum, prescrit le 24 septembre, fut notablement dépassé lors de l'exécution, et le total des blindages ainsi établis au pourtour intérieur de la fortification s'éleva au moins à 600. Ces abris étaient construits dans les talus du rempart, en pièces de charpente ou en corps d'arbres; les *ciels* étaient formés de rondins jointifs ou de rails de chemin de fer, soulagés par des étais sous le milieu de leur portée. Le tout était recouvert d'un ou de plusieurs lits de fascines et d'une couche de terre d'un mètre d'épaisseur. Il avait été disposé à l'intérieur de chacun de ces postes des lits de camp et des râteliers d'armes.

Il fut, en outre, prescrit d'établir sur les terre-pleins

des *traverses-abris creuses* aux dimensions intérieures de la *demi-galerie* de mines. Elles furent faites en charpente ou en rondins; les ciels en furent également recouverts de branchages ou de claies, et d'une épaisseur de terre suffisante. On en éleva d'abord aux angles d'épaule; puis, sur le milieu des faces de chaque bastion; enfin, sur les courtines des fronts des 5me, 6me, 7me et 8me secteurs, où elles se succédèrent à 50 ou 60 mètres d'intervalle.

De plus, dans le but de garantir les factionnaires de l'effet des projectiles creux, le service du génie organisa des *pare-éclats* sur les terre-pleins hauts, à raison de trois par face de bastion, et de quatre par courtine. Il en sema également en échiquier sur tous les terre-pleins bas des bastions. Chacun de ces abris du moment se composait de deux rangées accolées de gabions, paniers ou tonneaux, surmontées d'une troisième rangée, placée à cheval sur le joint des premières; — le tout rempli de terre, sur 3 ou 4 mètres de longueur. Le système affectait, en plan, la forme d'un T.

Au moment de l'attaque des forts du sud, et dès que le bombardement de l'enceinte fut sérieusement à craindre, le général de Chabaud-la-Tour ordonna l'épaississement de tous les abris blindés, fit renforcer les traverses et laissa aux commandants du génie des secteurs bombardés la latitude d'élever de nouveaux pare-éclats partout où ils le jugeraient nécessaire.

En somme, les défenseurs trouvaient au rempart d'excellents abris. On en avait semé à profusion; on avait, de plus, utilisé à cet effet les portes de ville par lesquelles le passage était interdit. Elles avaient été bouchées, recouvertes de corps d'arbres et de plusieurs lits de sacs à terre.

Quant aux habitants, ils prirent, dès les premiers jours du bombardement, toutes les mesures de précautions que l'administration leur avait suggérées. Ils évacuèrent les étages supérieurs des maisons; bouchèrent les baies de rez-de-chaussée (1); disposèrent devant les magasins des auvents en madriers ou des rangées de tonneaux remplis de sable; s'ingénièrent à créer dans les cours divers systèmes de traverses ou pare-éclats, et descendirent dans les caves après en avoir fermé les soupiraux au moyen de quelques sacs à terre. L'administration vint au secours des familles bombardées. On leur ouvrit tous les souterrains voûtés des monuments publics : les cryptes des églises (2), les caves du Panthéon, le sous-sol du marché couvert du quatorzième arrondisse-

---

(1) L'administration avait depuis longtemps donné l'exemple et s'était attachée à préserver de tout malheur nos édifices et les objets d'art qu'ils renferment. Un décret du 15 septembre avait ouvert, à cet effet, un crédit de 50,000 francs au ministre de l'instruction publique, et l'on se rappelle les travaux de blindage du Louvre, de Cluny, de la Bibliothèque nationale, de celle de l'Institut, des chevaux de Marly, etc. M. Delaunay, qui n'avait pas cru au bombardement, fut saisi d'une vraie douleur lors de la chute des premiers obus et dut se hâter de prendre des mesures propres à garantir notre bel Observatoire des effets du tir en bombes des batteries prussiennes.

(2) Une partie des cryptes était réservée pour la célébration des offices. Ainsi, la messe se disait dans le souterrain voûté de la chapelle de la Vierge de Saint-Sulpice, depuis qu'un obus était tombé sur la coupole de l'église.

ment, etc. On eut un instant l'idée d'utiliser les Catacombes, mais on ne tarda pas à reconnaître que, faute de moyens d'aérage, ces lieux de refuge seraient aussi insalubres qu'incommodes... et le projet fut aussitôt abandonné.

Ainsi réduits à l'état de Troglodytes, les bombardés des quartiers du sud menaient une vie misérable. La mort faisait de grands ravages dans les tanières souterraines hantées par des corps affaiblis, épuisés. Malgré tout, les forces morales n'abandonnaient pas ces pauvres familles. Elles ne se plaignaient point outre mesure et s'entretenaient, encore et toujours, des moyens de résistance et de la délivrance de Paris assiégé. Dans l'ombre de ces lieux de refuge, on n'entendait proférer, d'ailleurs, que des paroles de froid mépris. Là, chacun des éclairs annonçant une explosion d'obus allumait dans les cœurs des haines que rien ne saura plus éteindre... de ces haines vigoureuses qui seront le salut de la France.

CHAPITRE TROISIÈME.

PRESCRIPTIONS ET MESURES ADMINISTRATIVES.

Dès les premiers jours du bombardement, le gouvernement de la défense nationale crut devoir rappeler aux habitants des quartiers menacés quelques-unes des prescriptions déjà publiées au début du siége, savoir :

« 1° Descendre dans les caves le bois, le charbon et autres matières combustibles;

« 2° En cas d'absence, même momentanément, remettre les clefs de l'appartement chez le concierge;

« 3° Tenir rempli d'eau un tonneau défoncé, dans la cour et à chaque étage de la maison ;

« 4° Lorsqu'un obus tombe sur un immeuble, vérifier immédiatement s'il y a un commencement d'incendie. Le bombardement des forts a démontré qu'en pareil cas il suffisait de quelques seaux d'eau pour éteindre le feu;

« 5° Prévenir le poste de sapeurs-pompiers le plus voisin;

« 6° Tenir les portes cochères entre-bâillées, au moins

jusqu'à onze heures du soir, afin que les passants puissent y chercher un refuge en cas de besoin. »

Le colonel commandant le régiment de sapeurs-pompiers de la ville de Paris indiquait, en même temps (7 janvier), les dispositions à prendre contre l'incendie possible des grands établissements. — « Un service de surveillance, disait-il, sera organisé jour et nuit, et sans interruption, au moyen de rondes permanentes faites tant dans les salles que dans les combles.

« Ce service sera confié aux sapeurs-pompiers, conjointement avec les surveillants et gardiens spéciaux des établissements, et en nombre déterminé pour chacun d'eux.

« Lors de la prise du service, les surveillants et sapeurs devront s'assurer du bon état du matériel et de l'existence des réserves d'eau dans les récipients de toutes grandeurs (vases, tonnes, réservoirs), qui doivent être constamment remplis.

« Dès qu'un commencement d'incendie se manifestera, le surveillant le plus rapproché se transportera sur ce point avec un seau, une éponge ou les autres moyens de secours qu'il aura à sa disposition, et commencera l'extinction. Pendant ce temps les autres gardiens viendront à son aide avec la pompe, et au besoin l'un d'eux se détachera pour aller prévenir le poste de sapeurs-pompiers le plus voisin.

« Si ce commencement d'incendie est dû à un projectile, le surveillant devra attendre l'explosion de celui-ci avant d'agir, et au cas où il renfermerait des matières incendiaires (pétrole, roche à feu, etc.) il devrait employer la couverture mouillée, dont il couvrirait les parties enflammées.

« Toutes les lumières devront être renfermées dans des lanternes dites *marines*.

« L'interdiction de fumer ou de faire du feu est absolue; les allumettes employées à l'allumage devront être amorphes.

« Les surveillants devront, en outre, se conformer à la consigne particulière de chaque établissement. »

Quelques jours après, c'est-à-dire le 13 janvier, le *Journal Officiel* adressait de nouveau des conseils au public : — « Nos maisons, disait-il, sont construites de façon à ne pas être facilement démolies. Les rez-de-chaussée et les étages inférieurs seront généralement à l'abri de l'action directe des projectiles; il sera probablement nécessaire d'évacuer les étages supérieurs dans les quartiers bombardés et de protéger les étages inférieurs contre les éclats de projectiles tombant dans les rues ou les cours, en plaçant des matelas entre les persiennes et les fenêtres.

« La plupart des obus éclatent par le choc au moment même de leur chute. On évite leurs effets meurtriers en se précipitant à plat ventre, si on n'a pas eu le temps de se mettre à l'abri derrière un mur ou un meuble solide. Ils communiquent rarement l'incendie, et seulement quand l'explosion a lieu tout près de matières inflammables.

« L'examen de ceux qui ont été lancés sur Paris jusqu'à présent a montré qu'ils renferment plusieurs cylindres de roche à feu, sorte de tubes en cuivre rouge ou en plomb, gros comme le doigt et longs de 6 centimètres environ, remplis d'une composition fusante qui fournit des flammes bleuâtres d'une certaine durée après l'explosion de l'obus. Ces cylindres ne sont dangereux que lorsqu'ils tombent sur des matières aisément inflammables.

« *Il est, en tous cas, absolument nécessaire d'aller se rendre compte immédiatement de l'effet d'une explosion d'obus.*

« On doit craindre également l'emploi des obus incendiaires spéciaux, qui en général ne font pas explosion ; ils sont remplis d'une composition volatile qui fournit, par plusieurs ouvertures, des jets violents de flammes très-puissantes. Ces obus incendiaires se distinguent facilement des autres, surtout la nuit, parce qu'ils sont lumineux. On pourrait *peut-être* s'en approcher sans danger ; mais néanmoins il est *de toute prudence* et il est *bien recommandé* d'attendre que leurs flammes propres aient cessé de se dégager, avant de venir éteindre les objets qu'ils auront enflammés. On éteindrait, du reste, difficilement avec de l'eau le projectile lui-même pendant l'émission des flammes.

« Pour remédier de suite aux commencements d'incendie qui pourraient se produire, il est recommandé d'avoir sous la main une couverture, une toile d'emballage ou autre toile toujours mouillée, un bâton muni à une de ses extrémités d'une grosse éponge ou d'un tampon de linge imbibé d'eau.

« On prie les propriétaires, dans un but de secours réciproques, de rechercher et d'établir les moyens de communications possibles, par les cours ou les jardins, entre les immeubles mitoyens, afin de faciliter l'accès des maisons, pour le cas du bombardement des rues dans le sens de leur longueur.

« Il est à désirer que dans les quartiers où tombent des projectiles les portes des maisons ou immeubles restent entr'ouvertes pendant tout le temps du bombardement, afin que les personnes appelées au dehors par leur service ou leurs affaires puissent se mettre à l'abri. »

— Le gouvernement ne se bornait pas à donner des conseils; il prenait aussi d'excellentes mesures destinées à atténuer les effets, déjà très-rudes, du bombardement. Il installait dans chacune des mairies des arrondissements menacés un service permanent d'architectes et d'ingénieurs civils chargés de procéder à l'exécution immédiate des travaux de réparation indispensables aux maisons atteintes par les projectiles. Il internait dans les quartiers bombardés quelques compagnies de gardiens de la paix ayant pour mission d'assurer l'ordre en cas d'incendie, de défendre les propriétés, et surtout de prêter un concours actif aux émigrants et aux blessés. Il ordonnait enfin dans chaque arrondissement la création d'un certain nombre de postes de brancardiers pour le transport des personnes frappées par des éclats d'obus. C'est ainsi que dans le cinquième arrondissement des postes munis du matériel nécessaire furent établis :

Au coin des rues des Feuillantines et Saint-Jacques ;

Au coin du boulevard Saint-Michel et de la rue Soufflot ;

Au coin de la rue de la Huchette et de la place Saint-Michel ;

Au coin des rues du Sommerard et Saint-Jacques ;

Au coin de la place Maubert et de la rue Galande ;

Au coin des rues Jussieu et Cardinal-Lemoine ;

Au coin des rue et place de l'École-Polytechnique ;

Au coin des rues Lacépède et Mouffetard ;

Au coin de la rue du Fer-à-Moulin et de l'avenue des Gobelins ;

Au coin des rues de Buffon et Geoffroy-Saint-Hilaire.

Durant cette crise douloureuse, l'administration, il faut le reconnaître, sut multiplier ses efforts. L'eau manquait sur certains points où les incendies étaient à craindre ; elle la fit rendre à tous les propriétaires des arrondissements bombardés, même à ceux qui n'avaient pas payé leur redevance à la Compagnie des Eaux. Elle les invita, de plus, à prendre toutes les mesures propres à en prévenir la congélation dans les tuyaux et dans les réservoirs. — Elle fit dépaver les abords des grands édifices (1) ; défendit les rassemblements sur les places et les

---

(1) La commission des barricades fit dépaver, de sa propre autorité, toutes les cours des maisons du quartier de Montrouge. Les travaux de cette fameuse

boulevards ; fit partout circuler la foule et lui prescrivit d'éviter, autant que possible, les voies de communication dirigées du nord au sud, celles qui vont de l'est à l'ouest offrant, toutes choses égales, plus de chances de sécurité. Elle défendit enfin de ramasser les obus (1), et le *Journal Officiel* publia cette note, qui, disons-le, ne produisit aucun effet sur les us des Parisiens :

commission, que personne à Paris ne pouvait prendre au sérieux, avaient su, chose incroyable ! glacer d'effroi les braves officiers prussiens. « — Afin d'ê-
« tre en mesure de continuer la lutte, dit le major Blume, au cas où l'on eût
« perdu l'enceinte principale, une commission spécialement instituée à cet effet
« avait élevé, dans l'intérieur de la ville, un système très-complet de barricades.
« — Quelque insuffisamment organisées que fussent les forces ennemies, elles
« auraient suffi cependant à opposer, derrière leurs remparts et dans les rues
« de la capitale, une résistance que n'aurait pu surmonter peut-être *l'attaque*
« *la plus héroïque des troupes même les plus braves...* » Nous ne doutons pas de votre bravoure, major ; mais, en parlant en termes aussi pompeux des barricades parisiennes, vous semblez confesser que vos soldats n'auraient jamais été capables d'affronter, comme les nôtres, les murailles de Péking, où les Chinois faisaient danser, pour nous faire peur, tant de monstres hideux et de bonshommes de carton.

(1) La cueillette des obus était alors la grande occupation des Parisiens ; ils s'en arrachaient les éclats. De là l'origine d'un commerce bizarre : on ne rencontra plus dans les rues que des *marchands d'éclats d'obus*. Le projectile entier, dégarni de sa charge de poudre, était exposé aux vitrines des armuriers et atteignait à des prix fabuleux. Après le bombardement, tous les morceaux de ferraille prussienne, tous les fragments du métal psychologique furent soigneusement ramassés, et l'on vit se développer une industrie d'un genre nouveau, c'est-à-dire confectionner *en éclats d'obus* une foule d'objets de curiosité qui surent trouver place sur les étagères des plus grands magasins du boulevard.

Nous ne saurions résister au plaisir d'exhiber ici le fragment du projectile de mortier rayé qui faillit emporter notre très-humble personne dans la nuit du 9 au 10 janvier (voir p. 232).

Nous gardons précieusement cet éclat d'obus et ne voudrions, pour rien au monde, le rendre à M. de Moltke... non, pas même pour voir pendre les Allemands qui violaient alors nos domiciles (*extrà muros*) en toute connaissance de cause — nous voulons dire en dévalisant, à dessein et sans honte, les défenseurs de Paris bombardé.

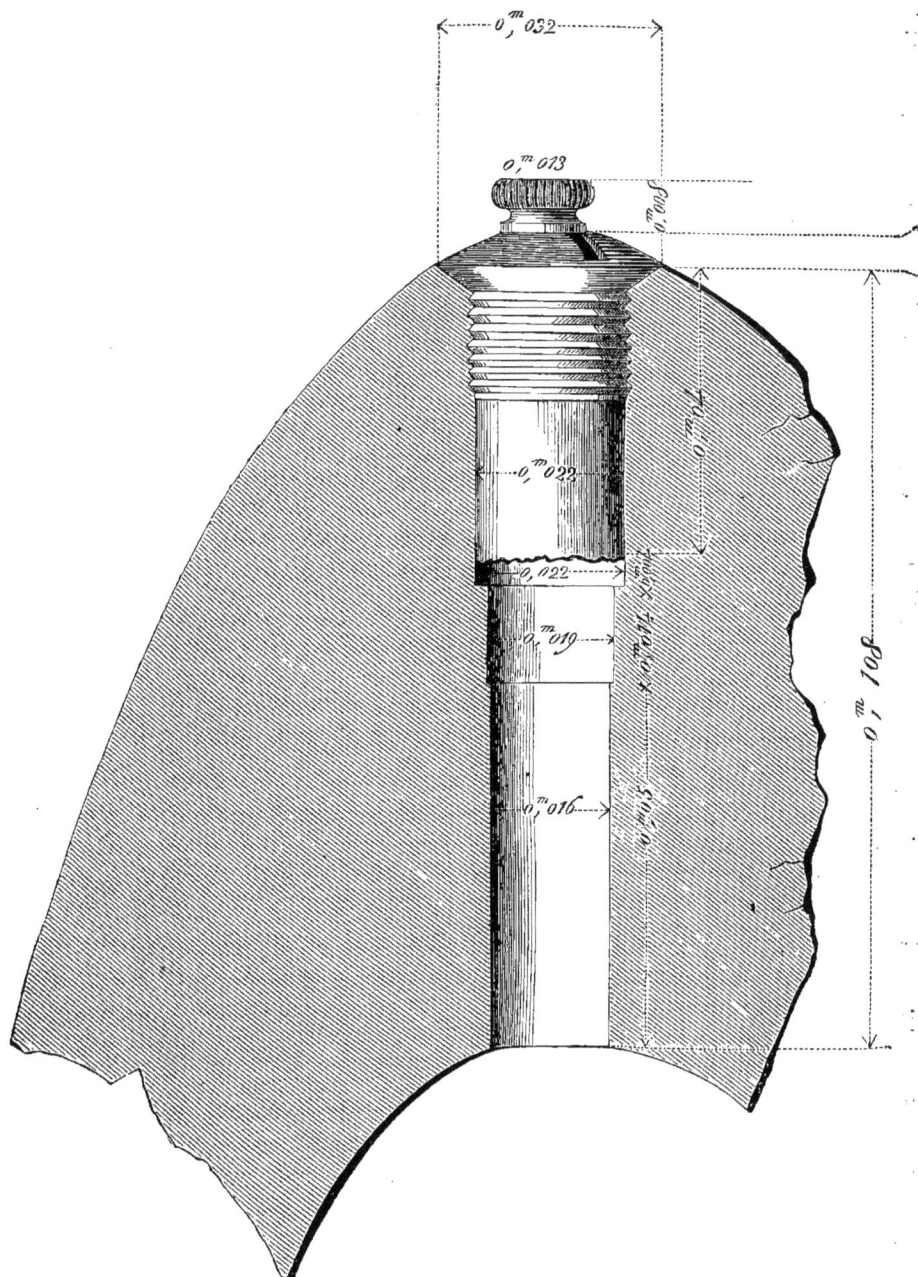

Fig. 8. — Éclat provenant d'un obus de mortier rayé de 0^m,2085. — Grandeur naturelle.

« Un certain nombre d'obus lancés par les Prussiens n'éclatent pas et sont l'objet de la recherche curieuse et ardente de la population; des accidents graves sont signalés.

« En conséquence, il est *interdit de ramasser les obus restés entiers*. Chaque citoyen est invité à les signaler aux commissaires de police et aux chefs des postes des pompiers qui les relèveront pour les transporter au comité d'artillerie. »

Cette admonition paternelle n'eut guère le pouvoir d'enrichir considérablement les collections de Saint-Thomas d'Aquin, car il se produisit aussitôt une hausse énorme sur les projectiles *entiers*, et des amateurs intrépides les recherchèrent avec plus de frénésie que jamais. Les accidents qu'on signalait chaque jour étaient loin d'arrêter l'essor d'un art nouveau, celui du *dévissement des obus*. Il y avait bien, de ci de là, des explosions qui emportaient la tête ou les bras des opérateurs; mais ces sinistres mêmes ne faisaient que donner plus de prix encore au métal psychologique sorti des ateliers de M. Krupp.

Heureux Parisiens! Ils oubliaient les fureurs du bombardement!

CHAPITRE QUATRIÈME.

L'ÉMIGRATION.

L'administration eut bientôt à intervenir dans la direction d'un exode qui avait pris cours tout naturellement et spontanément. Dès la chute des premiers projectiles prussiens, une foule d'habitants des quartiers de la rive gauche avaient précipitamment porté leurs pénates sur la rive droite de la Seine, qui semblait devoir demeurer à l'abri des effets du bombardement (1). C'est ce mouvement qu'il s'agissait de régulariser.

La municipalité fit, il faut le reconnaître, les plus louables efforts pour venir en aide aux familles que le feu de nos adversaires chassait vers le centre de Paris. Une inspection sommaire des garnis permit tout d'abord de cons-

---

(1) C'était un lamentable spectacle que celui de ces gens subitement pris de panique. Les uns traînaient leur pauvre mobilier dans une voiture à bras : l'homme était attelé au brancard ; la femme poussait le véhicule ; les enfants suivaient. Les autres emportaient à la main leurs objets précieux ou plutôt ceux qu'ils croyaient tels. Une femme opérait le sauvetage d'une cage d'oiseau ; un vieillard serrait contre sa poitrine une pendule de zinc ; une jeune fille fuyait, emportant avec conviction des bouquets de fleurs artificielles.

C'était navrant.

tater qu'il était possible de mettre 18,000 chambres à la disposition des émigrants, et l'on s'empressa d'en faire occuper sans délai la majeure partie. L'arrêté pris à ce sujet était conçu en ces termes :

« Il a été décidé que les réfugiés du 15ᵉ arrrondissement seraient logés dans le 7ᵉ ; ceux du 14ᵉ, dans le 1ᵉʳ et le 2ᵉ ; ceux du 6ᵉ, chez lui-même et dans le 17ᵉ ; ceux du 5ᵉ, chez lui et dans le 4ᵉ ; ceux du 13ᵉ, dans le 12ᵉ ; ceux du 16ᵉ, dans le 8ᵉ.

« Il sera dressé des listes des émigrants avec billets de logement délivrés à chacun d'eux par leurs municipalités respectives. Ces listes seront envoyées aux arrondissements qui devront recueillir les réfugiés. Il sera fait, au préalable, un recensement des locaux vides, et l'on affectera, autant que possible, le même quartier à chacune des troupes émigrantes.

« L'arrondissement abandonné établira de son côté dans le nouveau quartier une boucherie qui servira à chacun sa ration sur la présentation de son ancienne carte. De cette façon, la distribution de la viande se fera comme par le passé, et les arrondissements seront dispensés d'un nouveau travail de recensement ou de distribution ; les choses, en un mot, resteront en l'état, chaque habitant relevant de l'arrondissement auquel il appartenait avant le bombardement. »

A la date du 18 janvier, l'administration centrale avait déjà mis à la disposition des réfugiés 10,233 lits, répartis de la manière suivante :

Le 4ᵉ arrondissement avait reçu 2,332 lits dans le 4ᵉ même ; le 5ᵉ, 1,002 dans le 10ᵉ ; le 6ᵉ, 1,614 dans le 2ᵉ et 1,200 dans le 3ᵉ ; le 13ᵉ, 948 dans le 12ᵉ ; le 14ᵉ, 740 dans le 1ᵉʳ et 954 dans le 11ᵉ ; le 15ᵉ, 691 dans le 1ᵉʳ ; le 16ᵉ, 328 dans le 8ᵉ et 344 dans le 9ᵉ. Cela fait, l'administration centrale avait encore environ 6,000 lits disponibles.

Chaque jour amenait, d'ailleurs, la découverte de ressources nouvelles, dont on s'empressait de faire profiter les émigrants, et, pour ne citer qu'un exemple, le 2ᵐᵉ arrondissement avait effectivement recueilli, au 23 janvier, 3,527 réfugiés, savoir : 838 du 5ᵉ arrondissement ; 621 du 6ᵐᵉ ; 209 du 13ᵐᵉ ; 1,199 du 14ᵐᵉ ; 612 du 15ᵐᵉ ; enfin, 8 du 17ᵐᵉ arrondissement.

Cependant l'intensité croissante du bombardement ordonné par le roi Guillaume exigeait impérieusement qu'on trouvât encore un supplément de locaux. On proposa de transformer les églises en casernes et d'abandonner celles-ci à la population émigrante. On songea à convertir les théâtres en logements ou plutôt en dortoirs. Enfin, l'administration opéra des réquisitions.

« Le maire de Paris, exposait l'arrêté de M. Jules Ferry en date du 18 janvier 1871, considérant que les locaux délaissés par les absents peuvent d'ailleurs être utilement employés soit au placement des blessés et des malades, soit au logement des réfugiés des arrondissements atteints par le bombardement,

CHAPITRE QUATRIÈME.

« Arrête :

. . . .

« Art. 4. Réquisition est faite, au nom de la ville de Paris, des logements des personnes absentes. Ces locaux sont mis à la disposition de la mairie centrale et de la mairie d'arrondissement. »

Le lendemain 19 janvier, M. J. Favre, alors ministre de l'intérieur par intérim, écrivait à M. Ferry :

. . . .

« Quant aux réquisitions des logements vides, il est encore plus essentiel de concilier, autant que possible, les devoirs de l'humanité avec le droit de propriété et la sauvegarde du domicile. Les logements inoccupés seront d'abord choisis. Parmi ceux qui sont occupés, on préférera ceux qui sont assez vastes pour qu'on puisse commodément mettre à part le mobilier, en ayant le soin de le placer à l'abri de toute atteinte. Sans doute, il est pénible d'être forcé de recourir à de pareilles extrémités, mais il faut avant tout donner asile aux familles bombardées et les placer dans les locaux inhabités. C'est deviner, j'en suis sûr, les dispositions patriotiques des personnes absentes, qui s'empresseraient d'offrir leurs demeures si elles pouvaient communiquer avec nous. Dans la crise suprême que nous traversons, l'esprit de solidarité seul peut nous sauver, et c'est à lui que tout doit être sacrifié. »

L'armistice consenti le 28 janvier empêcha de donner suite à aucun de ces projets.

Tout en s'occupant de la question du logement des familles de la rive gauche, l'administration opérait aussi des mutations rationnelles dans la destination des établissements publics. Le 10 janvier elle faisait évacuer la prison de Sainte-Pélagie et transférer à Mazas les jeunes détenus de la Santé, prison qui fut occupée dès le lendemain par les prisonniers de guerre, qu'on avait jusqu'alors gardés à la Roquette. — Les ambulances de la rive gauche, celles du Luxembourg, de Bullier, de l'École polytechnique, etc., furent évacuées dès le 11 janvier, ainsi que l'hôpital du Val-de-Grâce. Les blessés furent transportés d'urgence dans les bâtiments des Magasins-Réunis, et l'on accepta l'offre du maire du deuxième arrondissement qui, malgré l'opposition des agents de change, voulait mettre la Bourse à la disposition des services hospitaliers. Il ne fut pas, fort heureusement, nécessaire d'occuper les salles de ce palais. — Le marché aux chevaux de boucherie, qui se tenait boulevard d'Enfer, fut transféré le 15 janvier rue de Flandres, à l'abattoir de la Villette. — La compagnie des Omnibus, manquant de chevaux, avait déjà notablement restreint le service de ses voitures ; elle dut encore s'imposer l'obligation de réduire sur certaines lignes l'étendue du parcours à fournir, et cela pour se garer des projectiles. Dès le 9 janvier l'omnibus *de Ménilmontant à la Chaussée du Maine* s'arrête à la gare de l'Ouest (Montparnasse). A partir du 11 celui d'*Auteuil* reçoit l'ordre de ne plus dépasser le pont de Grenelle. Le 17 janvier les deux lignes *Place Pigalle,* — *Halle aux vins* et *Batignolles,* — *Jardin des Plantes* prennent pour commune extrémité le quai de la Tournelle. La voiture *Chemin de fer du Nord,* — *Place du Maine,* n'ose plus dépasser la rue Taranne. Enfin, l'omnibus *Chemin de fer de l'Est,* — *Montrouge,* qui depuis le commencement du siége s'arrêtait à la place d'Enfer, ne s'aventure plus au delà du carrefour de l'Observatoire. Il vient même un jour où les fureurs du bombardement limitent sa course à la place Saint-Michel.

Les élèves de l'école de Saint-Cyr, alors casernés dans les bâtiments de l'École polytechnique, durent se réfugier au Louvre, au pavillon Colbert (ancienne caserne de la gendarmerie). Tous les lycées de la rive gauche furent fermés par ordre du ministre de l'instruction publique. Charlemagne et Bonaparte ouvrirent leurs portes à tous les élèves de Paris. — Chacun, enfin, prit, suivant ses attributions, des mesures de translation propres à sauvegarder son personnel.

Grâce à ces précautions, on sut prévenir de grands malheurs.

CHAPITRE CINQUIÈME.

M. RICHARD WALLACE.

A la date du 11 janvier, à l'heure où nous relevions nos premières victimes, le *Journal Officiel* avait publié ce décret :

« Le gouvernement de la défense nationale,

« Considérant que les devoirs de la république sont les mêmes à l'égard des victimes du bombardement de Paris qu'à l'égard de ceux qui succombent les armes à la main pour la défense de la patrie,

« DÉCRÈTE :

« Tout Français atteint par les bombes prussiennes est assimilé au soldat frappé par l'ennemi.

« Les veuves de ceux qui auront péri par l'effet du bombardement de Paris, les orphelins de pères ou de mères, qui auront péri de même, sont assimilés aux veuves et aux orphelins des soldats tués à l'ennemi. »

Les dispositions de ce décret étaient appelées à produire un grand effet moral, mais elles se trouvaient nécessairement impuissantes à soulager les infortunes que le feu des batteries prussiennes ne cessait d'accumuler. La charité privée vint efficacement au secours des bonnes intentions du gouvernement.

Un homme qui s'était déjà signalé par des actes de bienfaisance, un homme dont nous n'écrivons le nom qu'avec gratitude et respect, M. Richard Wallace, écrivit, le 14 janvier, à notre ministre des affaires étrangères :

« La conduite admirable de la population des quartiers de Paris si brutalement bombardés me suggère une pensée que je vous demande la permission de vous soumettre, et qui, je l'espère, sera bien accueillie et bien comprise par les habitants de la capitale.

« Je désirerais qu'il fût ouvert sans retard dans Paris une souscription patriotique en faveur des malheureuses familles obligées de fuir leur logis, sous le feu de l'ennemi, afin de leur faire distribuer immédiatement les secours de toutes natures dont elles ont un si pressant besoin (1).

« Au cas où ma proposition recevrait l'approbation du gouvernement de la défense nationale, je vous prierais de vouloir bien m'inscrire sur cette liste pour la somme de *cent mille francs*, que je ferais verser sur le champ au Trésor public, afin que la distribution des secours dont je parle puisse commencer *dès maintenant*. »

(1) Il est juste de mentionner ici le don fait par M. Rothschild aux classes nécessiteuses de *bons de vêtements* qui furent répartis, le 7 janvier, entre les vingt arrondissements de Paris.

Le même jour, 14 janvier, M. Jules Favre répondit à cette lettre touchante.

« J'accepte, dit-il, avec reconnaissance votre offre généreuse et vous prie, au nom du gouvernement, au nom de la ville de Paris, dont je me fais l'interprète, de recevoir l'expression de nos sentiments de gratitude. Déjà, vous avez puissamment contribué à soulager les souffrances que le siége nous impose. Votre présence au milieu de nous, vos abondantes libéralités feront bénir votre nom par la population parisienne. La conscience du grand devoir qu'elle accomplit la fait rester calme devant les violences de l'ennemi; elle puisera une nouvelle force dans la certitude d'un secours efficace auquel tous les hommes de cœur s'associeront, et dont ils vous remercieront, monsieur, d'avoir pris la première initiative. »

Conformément aux vœux exprimés par M. Richard Wallace, une souscription fut aussitôt ouverte au profit des familles victimes du bombardement. A la suite de M. Wallace, dont le nom fut mis en tête de liste, MM. Jules Favre et Clément Thomas s'inscrivirent chacun pour 1,000 fr. Une commission fut instituée à l'effet de répartir les fonds provenant de la souscription. Elle était composée de MM.

Richard Wallace;

Clerc, sous-directeur au ministère des finances;

Chambareaud, chef du personnel au ministère de l'intérieur;

Carnot, maire du huitième arrondissement.

Elle prit le nom de *Commission de la souscription pour secours d'urgence à distribuer aux familles nécessiteuses des arrondissements bombardés*, et cela fait, elle s'empressa de publier l'avis suivant :

« Toute victime du bombardement, soit qu'elle ait continué d'habiter l'arrondissement où elle était domiciliée, soit qu'elle ait cherché refuge dans un autre, devra, si elle a besoin d'un secours, s'adresser à sa mairie, qui lui délivrera un certificat constatant le dommage éprouvé. Munie de ce certificat, elle pourra se présenter, à dater du lundi 23, à la commission siégeant tous les jours, de dix à trois heures, au ministère des finances (cour de l'Horloge), rez-de-chaussée, 26.

« La commission se réserve d'apprécier l'importance de la somme qui pourra être allouée.

« Les offrandes seront reçues de neuf heures à deux heures : 1° au ministère des finances, caisse des recettes, galerie vitrée, 4 ; 2° dans les bureaux du *Journal Officiel*, quai Voltaire, 31 ; 3° à la mairie du huitième arrondissement, rue d'Anjou-Saint-Honoré, 11. »

Le Jardin des Plantes avait offert à M. Wallace deux fleurs échappées au massacre ; le *Jockey-Club* lui ouvrit ses portes avec acclamation.

Les bombardés de Paris n'oublieront pas le nom de leur bienfaiteur.

CHAPITRE SIXIÈME.

COMMUNEUX ET PRUSSIENS.

Nos loyaux adversaires ne se contentaient pas de nous bombarder; ils parvenaient encore à fomenter l'émeute à l'intérieur de la ville. Ils comptaient, suivant le dire de leurs journaux officiels, sur la « *désorganisation progressive des rapports sociaux* » ; sur les soubresauts d'un *prolétariat qui devait finir par se soulever contre les riches;* sur les « *révoltes intestines* ». — « *Bientôt*, écrivait la *Nouvelle Gazette de Prusse* du 5 janvier, *bientôt l'on entendra parler des quartiers ouvriers et révolutionnaires menacés dans leur sécurité.* »

Il serait difficile d'établir plus clairement ce fait que le bombardement de nos édifices et le soulèvement des Communeux étaient, de la part des Prussiens, deux moyens d'action combinés. M. de Bismarck avait effectivement lâché sur Paris une meute de chenapans cosmopolites (1) et tenait d'une main légère tous les fils qui

---

(1) Ces *condottieri* du ruisseau étaient vraisemblablement organisés militairement à la façon des espions prussiens qui sont placés sous la direction d'un

font sauter les fantoches de la république une et indivisible. Ses âmes damnées sonnaient à l'unisson l'hallali de notre ordre social, et tous les fauves de la démocrapule frémissaient, en se pourléchant, à la fanfare de la curée.

Comme il était utile de battre en brèche l'autorité qui présidait à la défense, les bandits crurent devoir, tout d'abord, démonétiser le gouverneur, en répandant partout qu'il trahissait; qu'il était, tout naturellement, vendu à la Prusse; que, par suite, il ne cherchait que le moyen de colorer sous des dehors acceptables une honteuse et lâche capitulation. Ces odieuses rumeurs se répandirent le 5 janvier, précisément le jour où les premiers obus arrivaient sur le sud de Paris avec leurs sifflements sinistres.

Immédiatement, le gouverneur adressa à la population parisienne cette proclamation, qui porte la date du 6 janvier :

« Au moment où l'ennemi redouble ses efforts d'intimidation, on cherche à égarer les citoyens de Paris, par la tromperie et la calomnie. On exploite contre la défense nos souffrances et nos sacrifices.

« Rien ne fera tomber les armes de nos mains. Courage, confiance, patriotisme !

---

colonel de l'armée. Ceux-ci portent tous un signe de reconnaissance ; c'était, en 1870-71, une pièce d'or de la grosseur d'un louis et munie d'un anneau qui permettait de la suspendre au cou. A l'avers, on remarquait l'effigie du roi Guillaume ; au revers, cette inscription : 2 1/2 groschen, 1870.

« Le gouverneur de Paris ne capitulera pas. »

Il a été bien souvent question, depuis cette époque, de la proclamation du général Trochu. Les accusations, les critiques calomnieuses et les railleries amères nous ont offert à ce sujet des concerts d'un goût douteux... Mais laissons le général se défendre lui-même. — « Quand je disais, a-t-il exposé à l'Assemblée nationale, quand je disais : *le gouverneur de Paris ne capitulera pas,* c'était pour répondre aux calomnies que les sectaires faisaient courir, calomnies que la presse avait accueillies et où l'on établissait que je cherchais, sans le dire, tous les moyens de capituler. Je cherchais, à ce moment, les derniers moyens de combattre, et lorsque, répondant à ces calomnies, je disais : *le gouverneur de Paris ne capitulera pas,* j'entendais assurément que je ne capitulerais devant aucun effort de l'ennemi, mais non que je ne capitulerais pas devant la famine d'une ville de deux millions d'âmes ! Il n'y avait là aucune espèce de bonne foi. »

Pendant que de telles attaques étaient dirigées contre le gouverneur, d'autres suppôts de l'armée prussienne couvraient les murs de Paris de certains placards rouges, revêtus de la signature des *délégués* (sic) des vingt arrondissements de Paris. Ces messieurs, dont plusieurs, on le comprend, furent ultérieurement institués membres du gouvernement de la Commune, prêchaient ardemment l'insurrection contre le gouvernement de la défense. On fit quelques arrestations, et cette note fut insérée dans le numéro du 7 janvier du *Journal Officiel*.

CHAPITRE SIXIÈME.

« .... Hier, une affiche provoquait les citoyens à la guerre civile. Ces tentatives criminelles ont soulevé l'indignation et le mépris de la population. Elles ne peuvent cependant rester impunies. Les principaux auteurs de ces actes inqualifiables ont été arrêtés et seront traduits devant les conseils de guerre, conformément aux lois. »

Cependant les affidés de M. de Bismarck ne se tinrent pas pour battus. Ils colportèrent de nouveau des bruits de trahison, et démontrèrent facilement au *peuple* qu'il était victime des noirs complots tramés par le général Schmitz, chef d'état-major du gouverneur de Paris; par le général Vinoy, commandant en chef de la troisième armée; enfin, par une foule d'officiers *royalistes* (1). Le

---

(1) C'est alors que les journaux rouges laissèrent échapper d'aimables insinuations dont voici un spécimen :

« Tout le monde sait qu'une sortie avait été décidée ces jours derniers en conseil secret.

« Elle a dû être contremandée parce que l'on s'est aperçu dès le lendemain que les Prussiens faisaient des préparatifs de défense sur les points menacés et sur les chemins mêmes par où il avait été décidé que nos troupes agiraient.

« Or, il n'y avait que quatre généraux dans le secret. On demande à connaître celui qui a... communiqué le plan. Ces quatre généraux, on sait leurs noms :

« M. le général Trochu;
« M. le général Ducrot;
« M. le général Vinoy;
« M. le général Schmitz.

« Le traître, si traître il y a, est évidemment un de ces quatre.

« Pourquoi justice n'est-elle pas faite ? Comment M. le général Trochu, dont la loyauté et l'extrême bonté, hélas ! ne sont contestées par personne, peut-il tolérer un seul instant cette situation ? »

Et le journal l'*Opinion nationale* ajoutait sous forme de péroraison bénigne :
— « N'est-il pas convenable que le gouverneur de Paris fasse fusiller *à propos*
« quelques-uns de ces chefs indignes et les remplace par des hommes jeunes et
« énergiques ? »

général Trochu prit aussitôt la défense de ses subordonnés, et le *Journal Officiel* du 11 janvier publia, sous sa signature, ces lignes empreintes d'une émotion bien naturelle :

« Une trame abominable, dont les fils sont entre les mains de la justice, tend à accréditer dans Paris le bruit que des officiers généraux et autres sont ou vont être arrêtés, pour avoir livré à l'ennemi le secret des opérations militaires. Le gouverneur s'est ému de cette indignité, et il déclare ici que c'est lui qu'on atteint dans la personne des plus dévoués collaborateurs qu'il ait eus pendant le cours de ces quatre mois d'efforts et d'épreuves.

« Entre les divers moyens qui ont eu quelquefois pour but et toujours pour effet de compromettre les intérêts sacrés de la défense, celui-là est le plus perfide et le plus dangereux. Il jette le doute dans les esprits, le trouble dans les consciences, et peut décourager les dévouements les plus éprouvés. Je signale ces manœuvres à l'indignation des honnêtes gens ; je montre les périls où elles nous mènent à ceux qui vont répétant, sans réflexion, de si absurdes accusations, et j'en flétris les auteurs.

« J'interviens personnellement, moins parce que j'ai le devoir de protéger l'honneur de ceux qui, sous mes yeux, se consacrent avec le plus loyal désintéressement

---

Ces hommes énergiques et jeunes dont on se disposait à lancer les noms, c'étaient sans doute Flourens, Dombrowski, Razoua, Mégy et le *général* Eudes.

au service du pays, que parce que j'aime la vérité et que je hais l'injustice. »

Les calomnies et l'appel à l'insurrection n'étaient pas les seuls ressorts mis en jeu par la ténébreuse agence de M. de Bismarck. Les hideux compères du chancelier de la confédération du Nord avaient encore d'autres flèches dans leurs carquois ; ils faisaient retentir de leurs grossiers outrages et de leurs menaces souvent obscènes les échos de ces clubs que les exigences de l'état de siége eussent dû faire, depuis longtemps, fermer.

— « *Ils* vous ont dit, vociférait-on à la salle Favié (1), à Belleville, en parlant des membres du gouvernement, *ils* vous ont dit que Paris ne serait pas bombardé... Eh bien, depuis hier, les bombes et les obus pleuvent sur la rive gauche !... » — « S'*ils* continuent à nous laisser bombarder par les Prussiens, disait un énergumène du *club de la Reine-Blanche*, à Montmartre, nous irons *les* bombarder à l'Hôtel de Ville. »

Au *club de la Révolution*, à l'Élysée-Montmartre, on accusait le général Trochu de bombarder lui-même le faubourg Saint-Germain, afin de se faire demander et imposer la capitulation par les hauts barons du faubourg. La salle de la *Marseillaise* à la Villette et celle du *Passage du Génie* au faubourg Saint-Antoine ne révoquaient en

(1) La tribune de cette salle Favié était souvent occupée par d'étranges orateurs. On y demandait alors la Commune comme le seul moyen de faire réapparaître instantanément sur le marché les haricots et les lentilles (*sic*). Au moment du bombardement le plus intense, on y réclamait avec conviction la *reconstitution de la Pologne!!!*..

doute aucun de ces crimes monstrueux. Quant au *club de la rue d'Arras,* il s'attachait surtout à décocher les traits les plus mordants contre M. Jules Favre, qui semblait alors ne pas se soucier de quitter Paris pour aller prendre part à la conférence de Londres. Le malheureux ministre des Affaires Étrangères avait, en effet, écrit à M. de Bismarck, à la date du 10 janvier :

« Il m'est difficile de m'éloigner de Paris, qui depuis huit jours est livré aux horreurs d'un bombardement exécuté sur sa population inoffensive sans l'avertissement usité dans le droit des gens. Je ne me sens pas le droit d'abandonner mes concitoyens au moment où ils sont victimes de cette violence. »

Là-dessus, le club de la rue d'Arras faisait des gorges chaudes. — « Il est certain, disait un jeune orateur, que le départ de cet avocat aurait sensiblement affaibli la défense, et que nous lui devons des remercîments pour les mesures énergiques que ses collègues et lui ont prises en vue de nous préserver d'un bombardement. »

Ce jeune homme n'avait pas tort, hélas! de railler un personnage dont les aspirations insensées, les vues grandiosement absurdes nous ont conduits au fond de l'abîme. Cet homme politique avait refusé de traiter après la victoire de Villiers... et le bombardement s'en était suivi. A l'heure où les obus pleuvaient sur Paris, il résistait aux membres du *comité de la rive gauche,* qui, le 17 janvier, lui disaient : —« Nous, habitants de la rive gauche, cruellement éprouvés par le bombardement, nous demandons à M. Jules Favre, *qui reste à Paris,* de servir plus utilement notre cause à Londres. » Malgré tout, l'illustre avocat, membre du gouvernement de la défense nationale, demeura intrépidement à Paris...C'est que le club de l'École de médecine, hanté alors par des figures suspectes, lui avait fait savoir, à la date du 22 janvier, que s'il prenait le chemin de Londres sa maison serait immédiatement rasée.

Ainsi, le bombardement était intense; les vivres diminuaient; les sectaires s'agitaient dans l'ombre; les clubs grondaient; les gens du 4 septembre semblaient en démence. Tous les malheurs nous accablaient à la fois.

Nous étions même ridicules,... car au milieu de ces souffrances le bon sens semblait nous échapper. Il eût été de notre dignité par exemple d'imposer une sourdine aux cordes fausses d'une lyre qui compromet, depuis longtemps, la réputation de gens d'esprit que les Français se sont acquise. Pendant qu'une bande de cuistres sanguinaires travaillait la pauvre ville de Paris, les assiégés entendirent ce chant du triste barde qui devait, quelques mois après, offrir asile à Dombrowski, l'un des plus précieux affidés de M. de Bismarck :

« Le lion du Midi voit venir l'ours polaire.
L'ours court droit au lion, grince et, plein de colère,
L'attaque, plus grondant que l'autan nubien,
Et le lion lui dit :
— Imbécile, c'est bien.
Nous sommes dans le cirque, et tu me fais la guerre,
Pour qui? Vois-tu là-bas cet homme au front vulgaire?

C'est le nommé Néron, empereur des Romains.
Tu combats pour lui. Saigne! il rit, il bat des mains,
Nous ne nous gênions pas dans la grande nature,
Frère, et le ciel sur nous fait la même ouverture,
Et tu ne vois pas moins d'astres que je n'en vois.
Que nous veut donc ce maître assis sur un pavois?
Quoi donc! il règne, et nous, nous mourons par son ordre;
Et c'est à lui de rire, et c'est à nous de mordre.
Il nous fait massacrer l'un par l'autre, et pendant,
Frère, que mon coup d'ongle attend ton coup de dent,
Il est là sur son trône et nous regarde faire.
Nos tourments sont ses jeux. Il est d'une autre sphère.
Frère, quand nous versons à ruisseaux notre sang,
Il appelle cela de la pourpre. Innocent,
Niais, viens m'attaquer. Soit. Mes griffes sont prêtes,
Mais je pense et je dis que nous sommes des bêtes
De nous entretuer avec tant de fureur,
Et que nous ferions mieux de manger l'empereur.

« VICTOR HUGO.

« 13 janvier 1871.

« *Paris. Pendant qu'on bombarde.* »

Passons sur ces inepties féroces (1) pour établir le bilan des opérations de monsieur de Bismarck. Ses occultes menées ont réussi. Soit. Mais il n'est pas impossible de

---

(1) Très-féroce, en effet, M. Hugo! Il nous proposait tout simplement, comme on le voit, de tuer, de dépecer et de manger le roi Guillaume!... Il est vrai que nous étions alors au 13 janvier et que les vivres commençaient à nous faire défaut; voilà la seule circonstance atténuante à faire valoir en faveur de ces méditations d'anthropophage.

On peut rire aujourd'hui de cette poésie sanguinaire, mais il est constant que le *peuple* de Paris la prenait alors au sérieux. Nous avons entendu, de nos oreilles, de malheureux bombardés donner un sens sauvage — le sens propre — aux métaphores de M. Hugo.

Décidément, l'empereur d'Allemagne a bien fait de renoncer à faire son entrée dans la bonne ville de Paris.

prophétiser et d'indiquer d'une manière précise le point où elles conduiront son pays. — « Tous ceux qui prendront l'épée, dit saint Mathieu (1), périront par l'épée. » Et l'on peut dire par analogie : « Ceux qui prennent à leur solde les bandits périront certainement par les bandits. » Or, pour débarrasser un instant le sol de l'Allemagne du travail souterrain des sociétés secrètes, le chancelier de la confédération du Nord en a détourné sur nous le mouvement dévastateur ; il a fait appel à la canaille internationale, mais cette alliée d'un jour se retournera sur lui pour le dévorer. On peut entretenir des intelligences dans une place assiégée et y fomenter des divisions politiques, mais il est indécent d'y remuer la boue socialiste. Annibal, assiégeant Tarente, y avait pour affidés trois jeunes Grecs de haute naissance, Nicon, Philémène et Tragisque, hostiles au gouvernement de leur cité. Mais, tout coupables qu'ils fussent, ces conspirateurs n'étaient pas méprisables comme ces déclassés que le ministre du roi de Prusse n'a pas craint d'aller racoler dans le bureau de placement de Karl Marx, l'entrepreneur à forfait de tous les guet-apens sociaux. M. de Bismarck en sera puni (2). Les Prussiens ne sont point

---

(1) — « Omnes enim qui acceperunt gladium, gladio peribunt. » (*Évangile du dimanche des Rameaux.*)

(2) Nous ne saurions trop engager M. de Bismarck à étudier de très-près son arme à deux tranchants, laquelle est extrêmement dangereuse. Dans son intérêt même, il lui faut connaître à fond les *us* et l'armement des plats spadassins qu'il prend à sa solde. Eh ! bien, le croirait-on ? Au mois de février 1871, le chancelier de la confédération du Nord ignorait — ou feignait d'ignorer — l'usage

aussi fanatiques qu'on le pense des gouvernants que le ciel leur a donnés, et les Berlinois n'ont pas oublié la révolution du mois de mars 1848. Alors ils firent des barricades, poursuivirent à coups de pierres le ministre Bodelschewing, s'emparèrent de l'arsenal, pillèrent la maison de M. Kuhns, le directeur des contributions; incendièrent la fonderie et la caserne de la porte d'Oranienbourg,

et les propriétés des petites bombes à main si fort en faveur parmi les conspirateurs des deux mondes?

Voici le fait.

Au début de l'armistice, la question de l'entrée de l'armée prussienne dans Paris fut vivement débattue entre le roi Guillaume, M. de Bismarck et M. Thiers. — « Les Prussiens, dit M. Thiers, avaient grande appréhension de leur entrée dans Paris; mais ils étaient piqués d'honneur. Le roi de Prusse disait : — « *Je ne veux pas humilier les Parisiens. Ce n'est pas mon intention; mais,* « *devant toute l'Europe, on a prétendu que j'avais peur d'un coup de* « *fusil, et jamais je ne reculerai devant un danger.* » Pour moi, je craignais, en effet, que ce coup de fusil ne fût tiré... et s'il l'eût été, quels flots de sang n'auraient pas coulé!... »

Après de longs débats, il fut convenu que les Prussiens ne sortiraient pas des Champs-Élysées.

M. Thiers ne nous fait pas connaître quelle fut alors son argumentation; mais il est probable que, avant d'aboutir à la conclusion d'une occupation restreinte, l'entretien dut bientôt rouler moins sur l'hypothèse d'un coup de fusil que sur l'effet possible des machines dites *infernales* et de ces engins perfides que confectionnent aujourd'hui sans relâche les ateliers occultes de la démagogie.

Ce qu'il y a de certain, c'est que le roi de Prusse et M. de Bismarck demandèrent à voir quelques-uns de ces appareils internationaux, et qu'il leur en fut apporté à Versailles deux modèles distincts.

Le premier, en fonte de fer, affectait la forme d'une couronne creuse, ou *tore*, de $0^m,10$ à $0^m,12$ de diamètre, et renfermait deux petits tubes courbes, en verre très-mince, remplis de fulminate de mercure. Le verre ne pouvait manquer de se briser au premier choc provenant de la chute du projectile lancé à la main, et l'enveloppe de fonte devait alors voler en éclats.

Le second modèle était celui de l'*orsinienne*, une exportation démocratique de l'Italie, cette terre au beau soleil qui a l'imprudence de s'allier à la brumeuse

256 CHAPITRE SIXIÈME.

et tirèrent de sa prison le fameux Mieroslawski, l'un des chefs de l'insurrection. Alors, le roi Frédéric - Guil-

Allemagne, le pays de ses envahisseurs classiques. Cet engin n'ayant pas des dimensions considérables, nous avons pu le représenter ici en vraie grandeur :

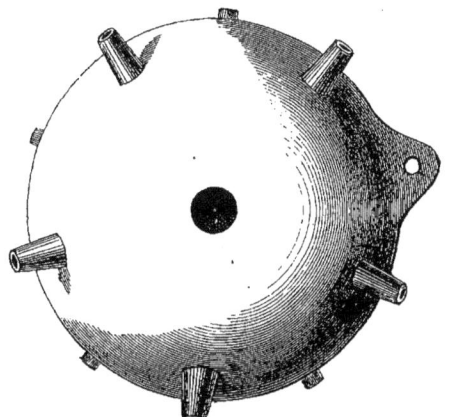

Fig. 9. — Orsinienne. — Projection équatoriale.

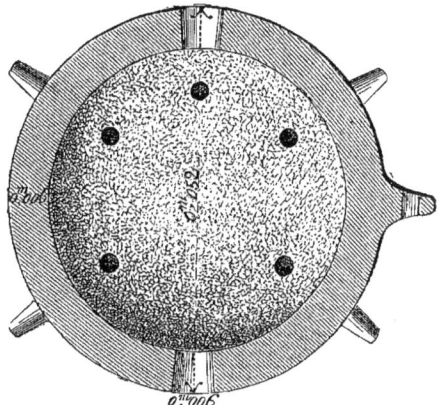

Fig. 10. — Orsinienne. — Coupe suivant l'axe.

L'orsinienne est une petite sphère de plomb du poids de 300 à 315 grammes.

laume IV ne sauva sa couronne qu'en faisant amende honorable à son peuple; en s'inclinant humblement devant les cadavres de ceux qu'il avait fait sabrer par son frère, le prince royal, aujourd'hui roi; et celui-ci ne préserva son palais des flammes qu'en y apposant la formule démocratique : *propriété nationale*. Cela se passait il y a vingt-quatre ans, et depuis lors les Allemands ont progressé dans la voie de l'indiscipline et de la révolte (1). Ils manifestent d'heureuses dispositions à l'indépendance et des instincts socialistes très-nettement accusés. Un jour viendra par conséquent où les dompteurs seront dévorés par ceux qu'ils ont apprivoisés; où l'incendie détruira Berlin mieux qu'il n'a ravagé Paris; où l'Allemagne sera noyée dans le sang d'une guerre de Communeux.

Elle est creuse ; son diamètre extérieur n'a guère que 5 centimètres, et il n'a été donné que 5 ou 6^{mm} d'épaisseur à cette enveloppe de la charge de poudre. Celle-ci s'introduit par deux orifices diamétralement opposés qu'on ferme, au moyen de petits bouchons, après l'opération du chargement. L'appareil est, d'ailleurs, hérissé de dix cheminées porte-capsules, plantées aux sommets des pentagones réguliers inscrits dans deux parallèles, pris à la distance de 0^m,01 de l'équateur. En un point de ce grand cercle se trouve un oreillon percé d'un trou laissant passer la ficelle au moyen de laquelle l'orsinienne se projette en avant.

Tel est le modeste projectile dont l'examen a sans doute modifié les résolutions de ce roi qui venait de nous envoyer des obus du poids de 79 kilogrammes.

(1) **La discipline de l'armée prussienne fait l'admiration d'une foule de gens sérieux**; mais il faut savoir que cette discipline vit surtout de marques extérieures de respect et qu'elle est bien plus apparente que réelle. Dès qu'ils sont loin de leurs officiers, les soldats se répandent contre eux en invectives et en menaces qui font frémir. — « Tous les officiers tués pendant la guerre ne l'ont pas été, disent-ils, par des balles françaises !... »

258   CHAPITRE SIXIÈME.

Ce jour là, l'Europe se souviendra sans peine des noms de Jean Huss, de Jérôme de Prague, de Ziska, de Procope, de Martin Luther, d'Albert de Brandebourg, de tous les révolutionnaires d'outre-Rhin et, découvrant dans cette pléiade les irrécusables précurseurs des Hegel, des Jacoby, des Karl Marx, l'Europe pensera que Dieu daigne enfin mettre un terme à l'expiation de *son péché* (1).

Ce jour-là, nous serons vengés... et nos artilleurs se consoleront de n'avoir pas touché M. de Bismarck

A la port' de   Châ-til-lon,

comme l'avait dit la chanson.

(1) L'établissement de la Prusse est « *le péché de l'Europe*, » a dit Joseph de Maistre. L'éminent philosophe chrétien faisait allusion à l'apostasie d'Albert de Brandebourg, grand-maître de l'ordre Teutonique. Ce personnage embrassa, vers 1525, le parti de la réforme, afin de devenir grand-duc de Prusse, et l'Europe catholique eut alors la faiblesse de laisser faire. Nous venons d'être bombardés, avec l'*aide de Dieu*, par un descendant dudit Albert de Brandebourg.

FIN.

APPENDICES.

APPENDICE A.

LISTE

DES ÉDIFICES ET GRANDS ÉTABLISSEMENTS

ATTEINTS PAR LES PROJECTILES.

Agriculture et du commerce (ministère de l'), 2 obus. — Augustines (ambulance des dames), 2 obus. — Assistance publique (bâtiments de l').

Babylone (caserne de la rue de), 2 obus. — Bénédictines (ambulances des sœurs), rue Blomet et rue de Varennes. — Bicêtre (hospice de). — Boulangerie centrale, rue Scipion, 8 obus. — Boulangerie des Hospices. — Blanche (maison de santé du docteur).

Cail (usine), 7 obus. — Carmélites (couvent des). — Charité (annexe de l'hôpital de la), 8 obus. — Cherche-Midi (conseil de guerre et maison d'arrêt de la rue du), 3 obus. — Cluny (hôtel de) — Cochin (hôpital). — Corneille (lycée). — Champ-de-Mars, une douzaine d'obus.

Dupleix (caserne). — Musée Dupuytren.

École de droit. — École Égyptienne. — École des Mines, 2 obus. — École Normale, 9 obus. — École Polytechnique, 7 obus. — École pratique de Médecine. — École primaire de la place de Vaugirard. — École des Sœurs, rue Blainville. — École-Militaire, 8 obus. — École-Militaire (jardins de l'annexe), 8 obus. — Enfants Malades (hôpital des), 10 obus. — Enfer (caserne de gendarmerie de la place d'). — Entrepôt des vins, 12 obus.

Fourrages (grenier aux), 21 obus. — France (collége de).

Gaîté (ambulance de la rue de la). — Gobelins (manufacture des). — Grenelle (abattoir de), 9 obus. — Grenelle (abattoir aux porcs de). — Grenelle (marché de). — Grenelle (usine à gaz de), 7 obus.

Halle aux cuirs. — Halle aux vins. (*Voyez* Entrepôt). - Henri IV (collége). (*Voyez* Lycée Corneille.)

Incurables (*femmes*) (hospice des), 6 obus. — Invalides (hôtel des), 5 obus.

Jeunes-Aveugles (institution des), 6 obus. — Jardin des Plantes, 80 obus. — Javel (usine de produits chimiques de), 40 obus.

Larochefoucauld (hospice de). — Louis-le-Grand (collége de). — Lourcine (caserne de), 8 obus. — Lourcine (hôpital de). — Luxembourg (jardin, ambulances, musée du), environ 80 obus.

Maternité (hospice de la), 10 obus. — Marché aux chevaux. — Midi (hôpital du), 10 obus. — Montparnasse (cimetière du), environ 700 obus. — Mouffetard (caserne de la rue). — Madelonnettes (prison des), 4 obus.

Nanteuil (atelier). — Notre-Dame (pont). — Notre-Dame des Champs (église). — Necker (hospice), 7 obus.

Omnibus (dépôts de la compagnie des), rue d'Ulm, rue de la Procession et place Vauban. — Odéon (théâtre de l'), 3 obus. — Orléans (gare d'), 3 obus. — Idem (gare des marchandises), 1 obus. — Ouest (gare de l'), 7 obus. — Idem (gare des marchandises), 42 obus. — Idem (ateliers du chemin de fer), 11 obus. — Observatoire, 2 obus.

Panthéon (le), 4 obus. — Panthemont (caserne de), rue de Bellechasse. — Petites-Voitures (dépôt de la compagnie des). — Pitié (hôpital de la), 47 obus.

Rollin (collège). — Rollin (couvent de la rue).

Sacré-Cœur de Marie (ambulances du), 17, rue de la Santé, 11 obus. — Sacré-Cœur (couvent du), 7 obus. — Salpêtrière (hospice de la), 31 obus. — Santé (prison de la), 4 obus. — Sainte-Anne (asile), 137 obus. — Sainte-Barbe (école de). — Saint-Étienne du Mont (église et presbytère de). — Sainte-Geneviève (bibliothèque de). — Saint-Germain (marché). — Saint-Germain des Prés (presbytère de). — Saint-Louis (lycée). — Saint-Nicolas (église de). — Saint-Nicolas (école des frères de la Doctrine chrétienne, rue de Vaugirard). — Sainte-Périne (ambulances de), 8 obus. — Sainte-Pélagie (prison de), 12 obus. — Saint-Pierre de Montrouge (église de). — Saint-Sulpice (église de), 4 obus. — Saint-Vincent de Paul (maison des sœurs de), 2 obus. — Saint-Vincent de Paul (orphelinat de), 8 obus. — Sceaux (gare du chemin de fer de). — Sorbonne (la), 4 obus. — Sourds-Muets (école des), 8 obus.

Val-de-Grâce (hôpital militaire du), 75 obus. — Vaugirard (école de la place de). — Vaugirard (église de). — Vaugirard (marché de). — Vaugirard (maison des religieuses de la rue de). — Vieux-Colombier (caserne de pompiers de la rue du). — Villette (usine à gaz de la). — Violet (caserne de pompiers de la place).

APPENDICE B.

LISTE

DES MAISONS ATTEINTES

PAR LES PROJECTILES PRUSSIENS.

Ve ARRONDISSEMENT.

Rue de l'Arbalète, 16 (2 obus), 39.

Rue du Battoir, 1. — Rue Berthollet, 4, 17. — Rue Blainville, 3, 5, 6, 11. — Rue des Bernardins, 6.

Rue du Cardinal-Lemoine, 73, 83. — Rue Censier, 37 (2 obus). — Rue de la Clef, 6, 8 (2 obus), 11 (2 obus), 12 (2 obus), 15, 24, 32. — Rue de la Collégiale, 11. — Rue des Cordiers, 14. — Rue Cuvier, 20.

Rue Daubenton, 28, 32, 58. — Rue Descartes, 13, 42, 44, 49.

Rue des Écoles, 25 (2 obus), 29, 40. — Rue de l'École-Polytechnique, 3. — Rue d'Enfer, 23 (2 obus), 32, 40, 41.

Rue des Feuillantines, 69, 70 (2 obus), 102. — Rue des Fossés-Saint-Bernard, 24. — Rue des Fossés-Saint-Marcel, 3, 5, 13. — Rue du Four-Saint-Jacques, 8.

Rue Gay-Lussac, 22. — Rue Geoffroy-Saint-Hilaire, 5, 7, 12, 19, 30. — Rue Gracieuse, 22, 28. — Rue Guy-de-la-brosse, 13.

Place Lacépède, maison de *la Balayeuse*. — Rue Lacépède, 4, 5, 7, 15, 20, 25 (2 obus), 39, 43, 45. — Rue Lhomond, 45, 60, 80. — Rue Linné, 12. — Rue de Lourcine, 4, 29 (2 obus), 34, 43. — Rue des Lyonnais, 5, 8, 12, 20.

Rue Monge, 35, 38, 41, 70, 79 (2 obus), 95, 100 et maison sans numéro à l'angle de la rue Pierre l'Hermite. — Rue Montagne, 53. — Rue Mouffetard, 3, 27, 33, 55 (2 obus), 77, 79, 86, 102, 103, 107, 119 (2 obus) et 141.

Rue Neuve-Saint-Médard, 3, 5, 10 (2 obus), 15 (2 obus), 17, 18 et 19.

Rue de la Parcheminerie, 7. — Rue Pascal, 2, 40. — Rue des Patriarches, 3, 6 (2 obus). — Rue de Poliveau, 21, 24, 24 *bis*, 42 *bis* (2 obus), 44. — Rue du Pot-de-Fer, 7 (2 obus). — Rue de la Pitié, 9.

Rue Rollin, 9, 26, 28, 41 et couvent de la rue Rollin. — Rue Royer-Collard, 1.

Rue Sainte-Catherine, 1. — Boulevard Saint-Germain, 17 (2 obus). — Rue Saint-Jacques, 118 (2 obus), 147, 157, 159, 240, 247, 277 (2 obus), 281 (2 obus), 282, 289, 292, 295, 298, 301, 303, 305, 314, 328 et couvent des Dames de Saint-Michel. — Boulevard Saint-Michel, 47 (2 obus), 55 (2 obus), 57, 64, 81, 95, 97, 127, 137, 143, 147, 159 et maison faisant l'angle de la rue Soufflot. — Rue des Sept-Voies, 7. — Rue de la Sorbonne, 4. — Rue Soufflot, 1.

Rue Tournefort, 8 (2 obus), 11 (2 obus), 14, 19, 24 et 43.

Rue d'Ulm, 2. — Rue des Ursulines, 16, 19 (2 obus), 25.

Rue du Val-de-Grâce, 9 (2 obus), 11 (2 obus), 18, 21 (8 obus). — Rue Vesale, 9. — Rue Victor-Cousin, 4. — Rue de la Vieille-Estrapade, 25.

VIᵉ ARRONDISSEMENT.

Impasse d'Assas, 1. — Rue d'Assas, 5, 11, 17, 19 (4 obus), 24, 44 (2 obus), 52, 70, 78, 80, 110, 126 (3 obus), 128 bis et 130.

Rue Barouillère, 8 (2 obus), 9. — Rue Bonaparte prolongée, 4. — Rue Bréa, 29 (2 obus).

Rue Carnot, 1, 5. — Rue Carpentier, 5. — Rue Casimir Delavigne, 1, 7. — Rue Cassette, 36. — Rue du Cherche-Midi, 38 (2 obus), 39, 54, 55, 41, 76 (2 obus), 86, 102, 121. — Rue des Ciseaux, voie publique. — Rue Clément, 1. — Rue de Condé, 16, 18, 22, 29. — Rue Crébillon, (2 obus).

Rue du Dragon, 3, 42 (2 obus). — Rue Dupin, 13, 18, 19. — Rue Duguay-Trouin, 7 (2 obus).

Rue de l'École de Médecine, 6, 9.

Rue Férou, 7. — Rue de Fleurus, 6, 21, 24, 25, 26, 31 (2 obus). — Rue du Four, 3, 28, 33, 64 (2 obus).

Rue Garancière, 8.

Rue Mabillon, 8. — Rue de Madame, 14, 16, 18, 20, 22, 29, 40, 42, 46, 49, 62. — Rue Mayet, 5, 11, 12, 14, 15, 18, 29. — Rue Médicis, voie publique (2 obus). — Rue de Mézières, maison à l'angle de la rue du Gindre. — Rue des Missions, 9 (2 obus), 15, 33; — Rue Monsieur-le-Prince, 1, 14 (4 obus), 28 (2 obus), 28. — Boulevard Montparnasse, 7, 19 (2 obus), 45, 49, 49 bis, 51, 71 (2 obus), 73, 79, 81 (5 obus), 123 (3 obus), 127 (2 obus), 147, 165. — Maison vis-à-vis de la rue Delambre.

Rue Notre-Dame des Champs, 20, 25, 40, 45 (2 obus), 53 (2 obus), 71.

Carrefour de l'Observatoire, 6, et voie publique. — Rue de l'Odéon, 21 (2 obus), 22.

Rue Palatine, voie publique. — Rue du Pont-de-Lodi, 3.

Rue Racine, 12, 14 (2 obus), 22, 26. — Rue du Regard, 3, 6, 8, 10 (3 obus). — Rue de Rennes, 53, 91, 107 (2 obus), 129 (2 obus), 137 (3 obus), 142, 145 (2 obus) 151 (3 obus).

Place Saint-Germain des Prés. — Boulevard Saint-Michel, 54. — Rue Saint-Placide, 9, 10, 12, 14, 17, 22 (2 obus), 29 (2 obus), 32 (2 obus), 48, 54. — Rue Servandoni, 8. — Passage Stanislas, 15, 17. — Rue Saint-Sulpice, 34 (2 obus). — Rue de Sèvres, 53, 61, 87, 129, 135.

Rue de Tournon, 6, 20 (2 obus), 29.

Rue de Vaugirard, 10 (4 obus), 16, 20, voie publique, 43, 47, 49, 64, 71, 79. — Rue Vavin, 12, 18, 28.

VIIe ARRONDISSEMENT.

Babylone (square de la rue de), (6 obus). — Rue du Bac, 123. — Rue Barbet de Jouy (4 obus). — Avenue Bosquet près de l'École Militaire. — Avenue de la Bourdonnaye, voie publique (2 obus). — Avenue de Breteuil (16 obus), dont un sur le n° 62.

Rue Chevert. — Rue Cler (2 obus).

Rue Duroc. — Avenue Duquesne, voie publique (6 obus). Rue Éblé, 17.

Place Fontenoy, voie publique (12 obus).

Boulevard des Invalides (10 obus).

Avenue de Lowendal, voie publique (6 obus).

Rue Monsieur, voie publique.

Rue Oudinot, près la caserne de Babylone (5 obus).

Avenue Rapp (2 obus). — Rue Rousselet (2 obus).

Rue Saint-Dominique, maison à l'angle de la rue du Bac. — Avenue de Saxe, voie publique (4 obus). — Avenue de Ségur (10 obus), dont un sur le n° 39. — Rue de Sèvres, voie publique. — Avenue de Suffren, voie publique (2 obus).

Avenue de Tourville (4 obus). — Rue Traverse, école de garçons.

Rue Vanneau, 48, 68, 70 et voie publique (5 obus). — Rue de Varennes, 49 et 78. — Hôtel de l'ambassade d'Autriche (3 obus); — jardins situés derrière l'ambassade de Russie (6 obus); — maison située derrière l'Archevêché. — Place Vauban (5 obus). — Avenue de Villars (4 obus).

XIII° ARRONDISSEMENT.

Boulevard Arago, 1, 19 (2 obus), 21 (3 obus), 24.

Rue du Banquier, 19 (5 obus), 40, 42 (3 obus). — Rue du Château des Rentiers, 187, 194 (3 obus). — Rue Chevalleret, 175 (2 obus). — Rue Campo-Formio, 22. — Avenue de Choisy, 180, 182. — Rue des Cinq-Diamants, 34. — Rue Clisson, 18, 56, 58 (3 obus). — Rue des Cordeliers, 3, 5 (3 obus), 7 (2 obus), 11, 17. — Rue Cœppel, 5. — Rue Croulebarbe, 19, 31 (5 obus).

Impasse Désiré, 21. — Rue Duméril, 24, 26.

Rue Esquirol, 12, 14, 36 (2 obus), 39, 45, 47 (9 obus), 49.

Rue de François de Sales, 6.

Boulevard de la Gare, 85 (3 obus), 93 (6 obus), 110, 114 (2 obus), 148, 169, 174, 178 (7 obus), 193, 211, 213 (2 obus), 217. — Impasse du Gaz, 7, 9. — Rue du Gaz, 3. — Rue de Gentilly, 32 (8 obus). — Rue Gérard, 6, 7, 8, 12. — Rue de la Glacière, 79 (2 obus), 87 (2 obus), 101, 104, 106, 115 (2 obus), 130. — Avenue des Gobelins, 152, 299 (2 obus). — Rue des Gobelins, 3 (2 obus), 14 (3 obus), 15 (3 obus), 16. — Ruelle des Gobelins, 19 (2 obus).

Rue Hélène 1, 18 (5 obus). — Boulevard de l'Hôpital, 64 (2 obus), 66 (2 obus), 99 (3 obus), 101.

Avenue d'Italie, 5, 22, 36 (6 obus). — Boulevard d'Italie, 101, 113 (2 obus), 143 (2 obus).

Rue Lebrun, 60, 62, 64. — Rue de Lourcine, 72 (5 obus), 74 (3 obus), 80 (2 obus), 81 (4 obus), 92 (2 obus), 117 (2 obus), 133, 134 (2 obus), 156.

Rue Maurice Mayer, 4, 14.

Rue Nationale, 12, 14 18, 26 (5 obus), 47.

Rue Pascal, 23, 37, 39, 40 (12 obus), 53 (3 obus), 57, 71, 87, 89 (4 obus). — Boulevard Port-Royal, 29 (5 obus), 35 (7 obus), 81. — Rue du Pot-au-Lait, 36. — Rue Prevost, 5, 14, 29 (3 obus). — Passage Prevost, 27 (2 obus). — Rue de la Providence, 7.

Passage de la Reculette, 1 (4 obus). — Rue de la Reine-Blanche, 16.

Boulevard Saint-Marcel, 29 (3 obus). — Rue de la Santé, 29, 87 (2 obus), 89 (8 obus), 101 (3 obus).

Rue Thiers, 19. — rue du Titien, 1.

Rue Vandrezanne, 37. — Rue de Villejuif, 17 (4 obus).

Rue Watteau, 5 (3 obus), 15.

XIVe ARRONDISSEMENT.

Rue d'Alembert, nos 15, 16, 18. — Rue d'Alésia, 1, 167. — Rue des Artistes, 1 bis, 3 et 10.

Cité Bauer, 11. — Rue Bezout, 7. — Rue Boulard, 1, 3, 15, 17. — Passage Bournisien, 10, 14. — Rue Brezin, 4, 8, 10 (2 obus), 11, 12. — Rue Brousset, 2.

Rue Cabanis, 12. — Rue Campagne-Première, 5, 35. — Rue des Capucins, 17. — Rue de Cels, 5, 8, 10. — Rue du Champ-d'Asile, 39 (2 obus). — Rue du Château, 14, 16. — Rue Châtelain, 12. — Rue de Châtillon, 1, 20, 53. — Rue du Chemin de Fer, 2, 4, 43 (2 obus), 107 (2 obus),

112. — Rue des Chemins de Fer, 2 et 4. — Avenue du Commandeur, 1. — Rue de Constantine, 19, 20 (2 obus), 43, 50, 79, 84, 85, 86, 87, 127, 135. — Rue Couesnon, 3, 8, 10 et 15.

Rue Daguerre, 9, 37, 46, 48, 50, 54, 56, 59, 60, 80, 90. — Rue Delambre, 14, 34. — Rue Desprez, 5. — Rue Ducouëdic, 43, 45. — Rue Darreau, 34, 45, 51, 61, 63, 65. — Rue Danville, 1.

Rue Fermat, 1, 14, 16. — Rue Ferrus, 10. — Rue Friant, 16, 36.

Rue de la Gaîté, 11, 18, 20 (2 obus), 27. — Rue de Gentilly, 6, 11. — Rue du Géorama, 37. — Rue Grousset, 1, 2. — Rue Guilleminot, 2, 6, 24, 26, 28.

Rue Hallé, 96. — Rue Henrion de Pansey, 14, 24.

Rue de Jouvence, 5.

Rue Lalande, 5, 7, 9, 11. — Rue de Larochefoucauld, 30, 39, 41, 42. — Rue Lebouis, 6, 8. — Passage Lemoine, 17. — Rue de Lille, 1.

Chaussée-du-Maine, 3, 11 (2 obus), 19, 21, 38 (2 obus), 41, 42, 44, 51, 54, 58, 64, 71, 75, 81 (2 obus), 89, 127, 146. — Rue Maison-Dieu, 2, 4 (2 obus), 6, 12, 18. — Sentier des Mariniers, 1. — Rue Méchain, 11. — Rue de Médéah, 15, 17. — Boulevard Montparnasse, 111, 144 (2 obus). — Boulevard de Montrouge, 76, 80, 85 (2 obus). — Rue du Moulin-de-Beurre, 10. — Rue du Moulin-Vert, 50. — Rue Niepce, 14.

Rue d'Odessa (projetée), 3. — Avenue d'Orléans, 9, 11, 16 (2 obus), 54 (2 obus), 60, 65, 83 (2 obus), 103, 123, 146. — Rue de l'Ouest, 34, 36, 53, 80, 86, 110 *bis*, 115, 121 (2 obus).

Rue de la Paine, 1, 2. — Rue de Parcieux, 13, 17. — Rue Perceval, 6, 22. — Rue Pernety, 17 (2 obus), 19, 39,

41, 45, 48 (2 obus), 54, 70, 72. — Rue Poinsot, 18. — Rue Prévost, 14. — Rue de la Procession, 118, 131, 135.

Rue Robert, 5. — Rue Roger, 9.

Passage Saint-Charles, 19. — Sentier Saint-Charles, 19. — Impasse Sainte-Eugénie, 14, 16. — Rue Sainte-Eugénie, 24, 34. — Boulevard Saint-Jacques, 16. — Faubourg Saint-Jacques, 5, 34. — Rue Saint-Médard, 21, 32, 34, 44. — Passage Saint-Victor, 10 (2 obus), 14, 17, 18, 39, 53. — Rue Saint-Yves, 12. — Avenue Sainte-Marie, 3, 11, 15. 21. — Rue de la Santé, 56. — Rue Sarrazin, 3, 6, 11, 12. — Rue Schomer, 21, 23, 28, 32.

Rue du Terrier-aux-Lapins, 29, 40. — Rue de la Tombe-Issoire, 27, 30, 35, 40, 59, 61, 66, 78, 79, 80, 81.

Rue Vandal, 12, 33. — Rue Vandamme, 32, 52. Rue de Vanves, 20, 22, 23 (2 obus), 25, 48, 57, 79, 105, 107, 111 (2 obus), 123, 169. — Cité rue de Vanves, 8. — Rue de la Voie-Verte, 61.

XVe ARRONDISSEMENT.

Rue de l'Abbé-Groult, 4 (2 obus), 6, 9, 10, 12, 31, 53, 107, 110. — Rue d'Alleray, 22 (2 obus), 102 et voie publique. — Rue Alphonse, 3, 20 et maison d'école. — Rue de l'Armorique, 11.

Rue Bargne, voie publique (3 obus). — Rue Barthélemy, 5 *bis*. — Rue Bausset, 8, et voie publique. — Place Beaugrenelle, voie publique. — Impasse Béranger, 4 (2 obus). Rue des Bergers, 41, 58, et voie publique (2 obus). — Rue Blomet, 5, 32, 41, 46, 47, 53, 71, 77, 85, 90, 162 (2 obus), et voie publique derrière l'Église. — Rue de Brancion, 35, 52. — Avenue de Breteuil, 77. — Rue Borromée, voie publique. — Passage des Bœufs, 2.

MAISONS ATTEINTES PAR LES PROJECTILES.

Place Cambronne, voie publique (2 obus). — Rue Cambronne, 18 (2 obus), 21, 30, 31, 36, 42, 44, 48, 49, 56, 58, 86, 93, 96, 123 et voie publique. — Impasse Carlier, maison du coin (2 obus) et voie publique. — Rue Caroline, 1. — Rue Chauvelot, 26. — Rue du Chemin de fer, 33. — Rue du Cherche-Midi, 142. — Place du Commerce, 4, 6, 10, et voie publique. — Rue du Commerce, 2 (2 obus), 10, 15 (2 obus), 19, 47 (2 obus), 49, 61, 68, 74 (2 obus), 75 (2 obus), 81, 83 (3 obus), 91, 95, et maison à l'angle de la rue Tiphaine. — Rue Copreau, 9 (2 obus), 20, 22. — Passage Corvisart, 6 et voie publique (3 obus). — Rue du Cotentin, 8. — Rue Croix-Nivert, 12, 16, 34, 63, 103, 119, 190, et fabrique de produits chimiques (3 obus).

Rue Desaix (établissement des *Lits Militaires*). — Rue Desnouettes, 50. — Rue Dombasle, 54, 56, 62. — Place Dupleix, voie publique (2 obus). — Rue Dupleix, 21. — Ruelle Dupleix, 1, 10 (2 obus) et voie publique. — Impasse Dury, 16. — Rue Dutot, maison à l'angle de la rue de la Procession. — Rue Dutot prolongée, maison vis-à-vis le n° 25.

Rue de l'Église, 45. — Pourtour de l'Église, 8. — Passage des Entrepreneurs, 4. — Rue des Entrepreneurs, 77, 80, 103, 115.

Passage Falempin, voie publique. — Passage des Favorites, 2, 8, 13 (2 obus), 15. — Rue Fondary, 2, 48 (5 obus). — Carrière Fondary (2 obus). — Passage Fougat, 9, 11. — Passage Fouquet, voie publique (3 obus). — Passage des Fourneaux, 34. — Rue des Fourneaux, 22 (5 obus), 23 (2 obus), 93, 136 (2 obus), 190, 233 et voie publique (5 obus). — Rue Frémicourt, 22, 30.

Boulevard de Grenelle, 2, 23, 29, 45 (2 obus), 50 (5 obus),

56, 66, 83 (2 obus), 101, 122, 123, 125, 127, 150, 162, 194, 196, 199, 384 et voie publique (5 obus). — Quai de Grenelle, 25 (2 obus), et voie publique (2 obus). — Rue Ginoux, 9, et voie publique.

Rue du Hameau, 18.

Passage d'Isly, 4.

Impasse des Jardiniers, 11, 14, et voie publique. — Quai de Javel, 21, 29, 31, 51, 83, fabrique de produits chimiques (40 obus). — Rue de Javel, 1, 11, 20, 37, 56, 66, 69, 110. — Rue Jeanne, 3, 22. — Rue Juge, 20, 29.

Passage Kleber, voie publique.

Rue Lecourbe, 13, 19, 34, 43, 55, 58 (2 obus), 60, 62, 68, 73, 88, 90, 94, 98 (2 obus), 107, 108, 154, 161 (2 obus), 169, 171, 190, 212, 225, 243, 255. — Passage Lemare, 6 (2 obus). — Rue Letellier, 19, 26, 32, 64. — Rue Letellier prolongée, 1. — Rue de Lourmel, 17, 19, 20, 56. — Rue de Lourmel prolongée, 2. — Rue Leblanc, 15, 17, 18, 19, 21.

Rue de Mademoiselle, 10 (2 obus), 17, 39, 44, 47, 56, 57, 103, et voie publique. — Avenue du Maine, 12. — Impasse Malakoff, 1, 6 (3 obus), et voie publique. — Rue du Marché, 3, 13, 23, et la Grande Usine. — Rue des Marguerites, 1, 20 (2 obus), 42, 47 (2 obus). — Rue Maublanc, 1, 13 (2 obus), 15, et voie publique. — Rue Miollis, 21, 23, 25 (2 obus), 26, 30. — Impasse des Morillons, 14. — Rue des Morillons, voie publique (4 obus). — Chemin du Moulin, *Orphelinat Saint-Vincent de Paul* (8 obus). — Voie publique (3 obus). — Rue du Moulin, 5, 40, 51, et voie publique.

Rue Olivier de Serres, 28. — Place de l'Obélisque, 3.

Chemin des Pêcheurs, 35 (2 obus). — Rue Péclet, 8. — Rue Pérignon, 4 *bis*, 11, et maison vis-à-vis. — Impasse des Perricheux, 7, 11, 65 et voie publique. — Rue Petel, 5. — Rue Plumet, 10. — Cité de la Procession, voie publique. — Rue de la Procession, 6 (2 obus), 22, 24 (2 obus), 25, 26, 32, 80, 82 (2 obus), 100, 104, terrain vague (2 obus), dépôt des Omnibus (4 obus).

Rue de la Quintinie, 21 (2 obus), 40, 44.

Rue Rouelle, 40, 42, 49. — Rue Roussin, 1.

Impasse Saida, voie publique. — Rue Saint-Charles, 63, 69, 75, 120, 122, 140 (2 obus) 147, 152 (2 obus), maison derrière l'usine Cail et voie publique (2 obus). — Avenue Sainte-Eugénie, 5, 7. — Impasse Sainte-Eugénie, voie publique. — Impasse Sainte-Félicité, 8. — Rue Saint-Lambert, 14, 16, 50. — Rue Sainte-Lucie, 5, 13. — Rue Sainte-Marie 7, 9, 13, 15, et voie publique. — Rue Saint-Paul, 17 (2 obus), terrain vague et voie publique. — Avenue de Saxe, 54, 60, et voie publique. — Rue de Sèvres, 104 (2 obus), 106, 108, 114, 155, 157, 159, 163, et voie publique. — Place du Square (3 obus).

Rue du Théâtre, 64, 74, 79 (3 obus), 92, 94, 102, 113, 119, 126, 138, bureau des Omnibus et voie publique. — Rue Thiboumery, 10, 13 (2 obus), 25. — Rue Tiphaine, 3, et maison vis-à-vis le n° 18.

Rue des Usines, 2 [*Maison Cail*] (5 obus), et voie publique.

Boulevard de Vaugirard, 23, 55 (2 obus), et voie publique (2 obus). — Rue de Vaugirard 125, 129 (2 obus), 200, 202, 206, 235, 251, 253, 255 (2 obus), 274, 277, 281, 285, 286, 293, 297, 298, 299, 325 (3 obus), 327, 342, 374, 385 et voie publique (2 obus). — Boulevard Victor, 19. — Rue Villafranca, 1. — Rue Violet, 16, 40, 43, 47, 49, 50, 54 (4 obus), 59, 62, 63 (5 obus), 113, et voie publique (2 obus). — Rue Virginie, 50, 53, 55, 63. — Dépôt des pavés et voie publique (2 obus). — Ruelle des Volontaires, dernière maison à droite (2 obus). — Rue de Vouillé, 11, 40, 54, 66, 69, 76.

Rue Zangiacomi, voie publique.

XVIᵉ ARRONDISSEMENT.

Rue de l'Annonciation, 7.

Rue de Billancourt, 32, 34, 40, 42, 46.

Rue Gudin, 4, 35 *bis*, maison à l'angle de la rue Lemarrois.

Rue Lemarrois, 16, 27, 33, 35, 37.

Villa Montmorency. — Boulevard Murat (complétement détruit).

Impasse des Pauvres, 5. — Rue Poussin, 16.

Route de Versailles, 187, 204, 208, 209, 210, 211, 212, 214, 215, 221.

XVIIIᵉ ARRONDISSEMENT.

Une dizaine de projectiles partis des batteries du Bourget arrivent sur le XVIIIᵉ arrondissement.

L'usine à gaz de la Villette reçoit les premiers dans la nuit du 25 au 26. — Dans la nuit du 26 au 27, deux obus déterminent l'explosion de son régulateur.

APPENDICE C.

LISTE

DES INCENDIES ALLUMÉS

PAR LES PROJECTILES PRUSSIENS.

Du 8 au 9 janvier.

On signale, sur la rive gauche, une douzaine d'incendies allumés par les projectiles prussiens et presque immédiatement éteints par les pompiers au moyen de quelques seaux d'eau.	12

Du 9 au 10.

Un commencement d'incendie rue de Fleurus n°ˢ 24 et 26.	1
Un autre au 6ᵉ étage de la maison n° 64 de la rue de Vaugirard.	1
Un autre, à deux heures du matin, rue de Vaugirard, n° 16.	1
Un incendie assez considérable se déclare, entre deux et trois heures du matin, dans un chantier de bois à l'angle de la rue de Choisy et du boulevard de la Gare. — Voir le *Journal Officiel* du 11 janvier. — L'obus est tombé dans un tas de copeaux; tous les	
A reporter.	15

Report.	15
bois approvisionnés sont la proie des flammes, mais le feu est promptement circonscrit.	1

Du 10 au 11.

On signale huit commencements d'incendie.	8

Du 11 au 12.

Un incendie au dépôt de la Compagnie des Omnibus, place Vauban.	1
Vers 2 heures du matin, le feu se déclare dans le quartier de la Glacière; on entend battre la générale. L'incendie ne dure pas.	1
A quatre heures et demie, un obus tombe sur la maison n° 6 du carrefour de l'Observatoire, à l'angle du boulevard Montparnasse, fait flamber les persiennes de deux étages et détermine un assez violent incendie, promptement éteint par les pompiers du poste du Val-de-Grâce et ceux de la caserne de la rue du Vieux-Colombier.	1

Du 12 au 13.

Néant.	»

Du 13 au 14.

Un commencement d'incendie se manifeste, vers dix heures et demie, avenue Sainte-Marie, n° 15, et est promptement éteint par les pompiers du poste	
A reporter.	27

INCENDIES ALLUMÉS PAR LES PROJECTILES. 279

$\qquad\qquad\qquad\qquad$ *Report*. 27

de la rue de Vanves. 1
Un autre incendie se déclare rue du Faubourg Saint-Jacques, n° 5, et est aussitôt maîtrisé par les pompiers du poste du Val-de-Grâce. 1

Du 14 au 15.

Un obus brûle, rue de Poliveau 13, quelques gerbes d'avoine et de blé non battues. 1
On signale trois commencements d'incendie rue de Lourmel, rue Notre-Dame des Champs, boulevard de l'Hôpital. 3

Du 15 au 16.

Néant. . . . . »

Du 16 au 17.

On ne signale qu'un seul commencement d'incendie. 1

Du 17 au 18.

Quatre incendies de maisons particulières. 4
Le 17, à onze heures du soir, un obus incendiaire tombe sur un magasin de spiritueux de l'Entrepôt et aussitôt le feu menace de prendre des proportions considérables. Mais le corps des pompiers en a promptement raison, et, sauf trois petits magasins, l'Entrepôt des vins est préservé de la ruine. . . . 1
Le 18, à une heure de l'après-midi, un violent in-

$\qquad\qquad\qquad\qquad$ *A reporter*. 39

	Report.	39

cendie se déclare dans les bâtiments de l'Abattoir de Grenelle, et ne s'éteint qu'à la suite d'un rude travail qui ne dure pas moins de deux heures. . . 1

Du 18 au 19.

Néant. . . . . »

Du 19 au 20.

Un obus pénètre dans la cave d'une maison, et y fait éclater trois barils de pétrole. 1

Du 20 au 21.

On signale un commencement d'incendie au VIIe arrondissement, rue Masseron. 1

Du 21 au 22.

Deux commencements d'incendie, dont l'un rue de la Santé, n° 89. 2

Du 22 au 23.

Vers trois heures du matin on signale un incendie, promptement éteint, dans le quartier du Jardin des Plantes. 1

Du 23 au 24.

Deux commencements d'incendie, qu'on maîtrise rapidement. 2

	A reporter.	47

INCENDIES ALLUMÉS PAR LES PROJECTILES. 281

Report. 47

Du 24 au 25.

Vers huit heures du soir, un violent incendie se déclare dans une fabrique de papier et de carton, située rue de la Glacière, n° 89. A dix heures et demie, la fabrique est entièrement consumée. . . . 1
Rue Clisson, n° 58, on signale un autre incendie promptement éteint. 1

Du 25 au 26.

Trois incendies : — au Val-de-Grâce ; — rue Brezin ; — rue Thiboumery. 3

Du 26 au 27.

Incendie au gazomètre de la Chapelle. 1

TOTAL. 53

On compte ainsi 53 incendies officiellement déclarés ; mais il est probable que les habitants en ont en outre éteint un grand nombre sans le secours des sapeurs-pompiers.

APPENDICE D.

LISTE

DES VICTIMES DU BOMBARDEMENT.

V° ARRONDISSEMENT (du Panthéon).

§ 1. — **Quartier Saint-Victor.**

Du 8 au 9.

Rue du Cardinal-Lemoine.......... Un inconnu............ ... tué.

Du 9 au 10.

Rue Rollin, 9..................... Veuve Boutet............. blessée.
Rue Rollin, 12.................... Loirot (Jules)............. blessé.
Rue Rollin, 24.................... Laignier, 72 ans.......... blessé.
Rue Monge, 50.................... Dame Sassary (Sophie)...... blessée.
Rue Monge, 50.................... Sassary (Achille).......... blessé.

Du 11 au 12.

Rue Monge, voie publique.......... Un inconnu............... blessé.

Du 12 au 13.

Rue Monge, voie publique.......... Mesken................... blessé.
Rue Monge, voie publique.......... Remonté.................. blessé.

Du 17 au 18.

Rue des Fossés-Saint-Bernard, 24.... Dame Laurent, 73 ans...... blessée.
Rue des Fossés-Saint-Bernard, 24.... Dame Paymal, née Laurent.. blessée.
Rue Saint-Victor, 86................ Veuve Poulet, 45 ans. ..... tuée.

Du 19 au 20.

Rue Monge, 35.	Richard (Justin), coiffeur.	blessé.
Rue Monge, 100.	Un inconnu.	blessé.
Rue des Écoles, 29.	Demoiselle Bellotte, 21 ans.	blessée.

RÉSUMÉ :

2 tués.
13 blessés.   } 15 victimes.

§ 2. — Quartier du Jardin des Plantes.

Du 8 au 9 janvier.

Rue Geoffroy-Saint-Hilaire.	Deux inconnus.	blessés.
Rue du Battoir, 9.	Deux personnes.	tuées.
Rue du Battoir, 9.	Quatre personnes.	blessées.
Rue du Puits de l'Hermite (Sainte-Pélagie).	Deux personnes.	tuées.
Rue du Puits de l'Hermite (Sainte-Pélagie).	Cinq personnes.	blessées.

Du 9 au 10.

Maison Sainte-Pélagie.	Un détenu.	blessé.
Hôpital de la Pitié.	Un malade.	tué.
Hôpital de la Pitié.	Trois malades.	blessés.
Rue Geoffroy-Saint-Hilaire, 30.	Deux inconnus.	blessés.
Rue Neuve-Saint-Médard, 15.	Deux enfants.	tués.
Rue Neuve-Saint-Médard, 15.	Un enfant.	blessé.
Rue Neuve-Saint-Médard, 15.	Laroche (Louis).	blessé.
Rue Neuve-Saint-Médard, 15.	Durvit, 66 ans.	blessé.
Caserne Mouffetard.	Deux enfants de sous-officier.	blessés.
Caserne Mouffetard.	Une femme de sous-officier.	blessée.

Du 13 au 14.

Rue Mouffetard, 85.	May (Marie), 9 ans.	tuée.
Rue Mouffetard, 85.	May fils, 4 ans.	blessé.
Rue Mouffetard, 85.	May, 37 ans.	blessé.
Rue Mouffetard, 85.	Dame Sarrazin.	blessée.
Rue Mouffetard, 85.	Sarrazin fils, 12 ans.	blessé.
Rue Mouffetard, 85.	Mouzard, 15 mois.	tué.
Rue Mouffetard, 85.	Dame Mouzard.	blessée.

Rue Mouffetard, 79..................... Un inconnu (peintre)....... blessé.
Rue Gracieuse, 43................. Dame Boulay. .... blessée.
Rue Gracieuse, 29. .... Nietroff..................... blessé.
Hôpital de la Pitié, rue Lacépède...... Un inconnu................ blessé.

Du 16 au 17.

Rue Daubenton, 58.................. Dame Lorrède. .... blessée.
Rue Daubenton, 58.................. Dame Delingette........... blessée.
Rue Daubenton, 58.................. Dame Petit-Jean. .... blessée.
Rue Daubenton, 58. .... Dame Lavoine.............. blessée.

Du 23 au 24.

Rue Poliveau, 37..................... Un enfant, 5 ans........... tué.
Rue Poliveau, 37..................... Une femme inconnue........ tuée.

Du 24 au 25.

Rue Lacépède, 39. .... Pagé, ferblantier............ blessé.

RÉSUMÉ :

11 tués.
37 blessés. } 48 victimes.

§ 3. — Quartier du Val-de-Grâce.

Du 5 au 6.

Pavillon rue de l'Arbalète. .... Demoiselle Bezamat........ tuée.
Pavillon rue de l'Arbalète............ Dame Bezamat. .... blessée.
Rue d'Enfer, 31. .... Pilloy (Alexandre).......... tué.

Du 6 au 7.

Rue d'Enfer, 33 (voie publique)...... Pilloy. .... tué.

Du 7 au 8.

Boulevard Saint-Michel, 107.......... Laurent, caporal 249ᵉ bataillon
                                        garde nationale........... blessé.
Boulevard Saint-Michel, 75. .... Un inconnu................ blessé.

Du 8 au 9.

Rue Saint-Jacques, 264............... Demoiselle Joly. .... blessée.
Rue Saint-Jacques, 264............... Dame Gros. .... blessée.

286   APPENDICE D.

Rue des Ursulines, 25.............. Une personne .... blessée.
Rue des Ursulines, 28.............. Dame Lemercier........... tuée.
Hôpital du Val-de-Grâce........... Un malade................. tué.
Hôpital du Val-de-Grâce.......... Un malade................ blessé.
Rue de Lourcine, 117.............. Un inconnu.............. blessé.
Rue Blainville, 4. .... Un inconnu............... tué.

Du 9 au 10.

Rue Saint-Jacques, 301. .... Dame Vidlard. .... blessée.

Du 11 au 12.

Rue Gay-Lussac, 27. .... Un inconnu. .... tué.
Rue Gay-Lussac, 29. .... Un inconnu. .... blessé.

Du 12 au 13.

Rue Saint-Jacques, 307.. .... Demoiselle Wagner. .... blessée.

Du 13 au 14.

Boulevard Port-Royal (voie publique). Un cantonnier. .... tué.

Du 14 au 15.

Rue de Lourcine, 41................ Dame Lasnou, 50 ans...... blessée.
Rue de Lourcine, 41. .... Demoiselle Lasnou, 14 ans... blessée.
Rue de Lourcine, 41................ Dame Blot, 60 ans.......... blessée.
Rue de Lourcine, 41................ Une dame inconnue......... blessée.
Rue Berthollet, voie publique. ...... Un inconnu, de 50 à 60 ans... tué.
Hôpital du Val-de-Grâce........... Un garde mobile........... blessé.

Du 15 au 16.

Rue Pascal, voie publique......... Un facteur de la poste....... blessé.

Du 16 au 17.

Rue Pascal, voie publique......... Puel. .... blessé.
Rue Pascal, voie publique.......... Asseret, facteur. .... blessé.
Rue Pascal, voie publique......... Un inconnu............... blessé.

Du 19 au 20.

Rue Berthollet, 17.................. Boulanger, 49 ans......... blessé.
Rue Berthollet, 17................. Meunier, 37 ans, cocher..... blessé.

VICTIMES DU BOMBARDEMENT.

Du 21 au 22.

Rue des Feuillantines, 72............ Loubière, 43 ans, charbonnier. blessé.
Rue des Feuillantines, 72. .... Provost (Philippe), 38 ans... blessé.
Rue des Feuillantines, 72............ Fusier (Pierre), serrurier. ... blessé.

Du 23 au 24.

Boulevard Port-Royal, 16............ Trumeau (Jean), 44 ans..... tué.

Du 24 au 25.

Boulevard Saint-Michel, 147......... Vatel (Alexandre), 45 ans... blessé.
Boulevard Saint-Michel, 147......... Deux inconnus............. tués.
Boulevard Saint-Michel, 147. .... Quatre personnes non dénom-
                                    mées,................... blessées.

RÉSUMÉ :

11 tués.
31 blessés. } 42 victimes.

§ 4. — **Quartier de la Sorbonne.**

Du 8 au 9 janvier.

Rue Victor-Cousin, 92.............. Deux enfants...... .... tués.
Rue des Cordiers, 14............... Un enfant.................. blessé.

Du 13 au 14.

Rue Soufflot, 3.................... Wief, 36 ans, garçon de café. tué.
Rue Soufflot, 3..... .... Delore, 35 ans, garçon de café. tué.

Du 14 au 15.

Boulevard Saint-Michel, 43.......... Palazzi, employé............ tué.
Lycée Corneille.................... Trois enfants............... tués.
Lycée Corneille.................... Deux enfants.............. blessés.
Place du Panthéon................. Cinq paveurs. .... tués
Place du Panthéon..... .... Deux paveurs............. blessés.

Du 19 au 20.

Rue Descartes, 14.................. Valentin, peintre, 40 ans... . blessé.

APPENDICE D.

RÉSUMÉ :

6 blessés.
12 tués. } 18 victimes.

VIᵉ ARRONDISSEMENT (DU LUXEMBOURG).

§ 1. — Quartier de la Monnaie.

Néant.

§ 2. — Quartier de l'Odéon.

Du 8 au 9.

Rue de Vaugirard, voie publique.....	Un inconnu...............	blessé.
Rue de Vaugirard, Frères de la doctrine chrétienne.................	Cinq enfants..............	tués.
Rue de Vaugirard, Frères de la doctrine chrétienne.................	Quatre enfants............	blessés.
Rue Monsieur-le-Prince, 14.........	Deux femmes..............	blessées.
Rue Racine, 20-22.................	Un enfant................	blessé.

Du 10 au 11.

Rue Mabillon, 8....................	Dame Fleury...............	blessée.
Rue Monsieur-le-Prince, 1..........	Vallet (Louise)............	blessée.

Du 12 au 13.

Rue Casimir Delavigne, 7...........	Swager (1)................	blessé.

Du 15 au 16.

Boulevard des Invalides, voie publique........................	Budelot, garde national du 19ᵉ bataillon, demeurant rue Madame, 43................	blessé.

RÉSUMÉ :

5 tués.
12 blessés. } 17 victimes.

N. B. Les victimes de la maison des Frères de la doctrine chrétienne font peut-être double emploi avec celles qu'on signale le lendemain au quartier de Notre-Dame des Champs.

(1) Citoyen américain, de Louisville.

VICTIMES DU BOMBARDEMENT.

§ 3. — Quartier de Notre-Dame des Champs

Du 6 au 7.

Rue N.-D. des Champs, Petites-Sœurs
    des Pauvres .... Un vieillard................ tué.

Du 8 au 9.

Rue de Vaugirard, 129............. Deux gardes nationaux...... blessés.

Du 9 au 10.

Rue de Vaugirard, maison des Frères
    de la doctrine chrétienne .... Cinq enfants............... tués.
Rue de Vaugirard, maison des Frères
    de la doctrine chrétienne.......... Quatre enfants............. blessés.

Du 15 au 16.

Rue de Vaugirard, 71............. Une religieuse............. blessée.

Du 17 au 18.

Rue de Rennes, 135................ Larticle, tambour de la garde
                                          nationale................ blessé.

Du 19 au 20.

Rue Mayet, 29...................... Duché, mécanicien, 18 ans... blessé.

Du 25 au 26.

Boulevard Montparnasse, 147........ Veuve Frédaux, 66 ans..... tuée.

RÉSUMÉ :

7 tués.
9 blessés. } 16 victimes.

§ 4. — Quartier de Saint-Germain des Prés.

Du 14 au 15.

«   .... Marty (Jules)............. blessé.

Du 16 au 17.

Presbytère de l'église.... .... L'abbé Moigno............ blessé.

RÉSUMÉ : 2 blessés.

VIIe ARRONDISSEMENT (du Palais-Bourbon).

§ 1. — Quartier de Saint-Thomas d'Aquin.

Du 7 au 8 janvier.

Rue du Bac, 123.................... Trois enfants............... blessés.

Du 13 au 14.

Rue de Varennes, 49............... Philippon, maçon........... blessé.

Du 19 au 20.

Rue de Sèvres, voie publique....... Clivain (Gaspard).......... blessé.

RÉSUMÉ :

5 blessés.

§ 2. — Quartier des Invalides.

Du 14 au 15 janvier.

Rue de Varennes, 78............... Daube (Louis)... .... blessé.

RÉSUMÉ :

Un blessé.

§ 3. — Quartier de l'École Militaire.

Du 8 au 9 janvier.

Rue Vanneau, 68................... Le concierge............... blessé.

Du 9 au 10.

Rue Vanneau, 48................... Dame Sapin concierge....... blessée.

Du 11 au 12.

Rue Éblé, 17...................... Copponex .... blessé.
Avenue de Ségur, 39............... Enfant Clade............... blessé.
Avenue de Ségur, 39............... Veuve Clade............... blessée.
Boulevard des Invalides, Jeunes-Aveu-
  gles............................. Deux infirmiers........... blessés.
Boulevard des Invalides, Jeunes-Aveu-
  gles............................. Trois malades .... blessés.

Du 12 au 13.

Rue Duroc, voie publique............ Poirier................... blessé.

Du 13 au 14.

Caserne Babylone.................. Coupel, 52 ans............ tué.
Caserne Babylone.................. Louvrier, 27 ans.......... tué.

Du 14 au 15.

Place Fontenoy, voie publique....... Lion, cantinier, quatrième
                                       d'artillerie............. blessé.
Place Fontenoy, voie publique....... La femme du caissier de l'u-
                                       sine à gaz de Grenelle..... blessée.
Place Fontenoy, voie publique....... Un capitaine de la garde na-
                                       tionale................ blessé.

Du 15 au 16.

Rue Monsieur voie, publique........ Un porteur du *Journal Offi-*
                                       ciel, 65 ans............. tué.
Rue Vanneau, 70.................. Dame Bernard............ blessée.

Du 17 au 18.

Avenue de Ségur, voie publique....... Accaly, journalier.......... blessé.

Du 21 au 22.

Avenue de Breteuil, 62............. Bonnet, journalier, 30 ans... blessé.

RÉSUMÉ :

3 tués.
17 blessés. } 20 victimes.

§ 4. — Quartier du Gros-Caillou.

Du 17 au 18 janvier.

Avenue de La Bourdonnaye, 45....... Demoiselle Bouvier, 24 ans.. blessée.
Avenue de La Bourdonnaye, 45....... Guérin (Louis)............ blessé.

RÉSUMÉ :

2 blessés.

XIIe ARRONDISSEMENT (DE REUILLY).

Quartier des Quinze-Vingts.

Du 15 au 16 janvier.

Quai de la Rapée, 100............... Un soldat.................. blessé.

XIIIe ARRONDISSEMENT.

§§ 1 et 4. Quartiers de la Salpêtrière et de Croulebarbe.

Du 10 au 11 janvier.

Boulevard du Port-Royal, 29........ Leneutre.................. tué.*

Du 11 au 12 janvier.

Rue Croulebarbe, 19............... Veuve Carnat............. blessée.
Rue des Cordeliers, 5.............. Jacquelin.................. blessé.
Rue de Lourcine, 117............... Campagne.................. blessé.

Du 12 au 13.

Rue de Lourcine, 80................ Veuve Petitjean............ blessée.

Du 13 au 14.

Rue Rubens, 3..................... Dame Carnat, 67 ans....... blessée.

Du 23 au 24.

Hospice de la Salpêtrière........... Femme non dénommée....... tuée.
Avenue des Gobelins, voie publique... Un inconnu................ blessé.
Avenue d'Italie, 5, voie publique.... Deux inconnus............ blessés.
Avenue de Choisy, voie publique..... Enfant inconnu............ tué.

Du 24 au 25.

Avenue d'Italie, 5, voie publique..... Loina (Claude), 40 ans....... blessé.
Avenue des Gobelins, voie publique.. Un inconnu................... blessé.
Place d'Italie, voie publique......... Dame Lecolle............... blessée.
Place d'Italie, voie publique......... Michelon, garde national
                                       106e bataillon............ blessé.
Place d'Italie, voie publique.......... Lemaître.................. blessé.
Place d'Italie, voie publique.......... Un inconnu................ blessé

VICTIMES DU BOMBARDEMENT.

RÉSUMÉ :

3 tués.
14 blessés. } 17 victimes.

§ 2. — Quartier de la Gare.

Du 23 au 24 janvier.

Boulevard de la Gare, 93............ Madé (Jean), 13 ans......... tué.
Boulevard de la Gare, 93............ Madé (Louis), 16 ans........ blessé.

Du 24 au 25.

Rue Clisson, 58.................... Dame Chourlet, 40 ans..... blessée.
Rue Clisson, 58, voie publique....... Noël (Florentin), 14 ans..... blessé.
Rue Clisson, 58, voie publique....... Duval (Amédée), 15 ans..... blessé.

RÉSUMÉ :

1 tué.
4 blessés. } 5 victimes.

§ 3. — Quartier de la Maison-Blanche.

Du 9 au 10 janvier.

Rue Gérard, 6..................... Enfant Quercy............. blessé.
Rue de Tiers, 3 et 5............... Expeldinger............... blessé.

Du 12 au 13.

Rue Gérard, 6, voie publique......... Mercery................... blessé.

RÉSUMÉ :

3 blessés.

XIVe ARRONDISSEMENT (DE L'OBSERVATOIRE).

§ 1. — Quartier Montparnasse.

Du 5 au 6 janvier.

Rue Fermat, 14.................... Dame Le Suisse........... tuée.

APPENDICE D.

Du 8 au 9.

Rue Campagne-Première, voie publique............................. Une dame................. blessée.

Du 9 au 10.

Hôpital du Midi.................... Gillet, garde mobile........ blessé.
Hôpital du Midi..... .... Dutheil, garde mobile....... blessé.
Hôpital du Midi.................... Mettet, soldat au 35e........ blessé.
Hôpital du Midi.................... Louis, 51 ans............. blessé.
Hôpital du Midi.................... Beauchin, terrassier......... blessé.
Hôpital du Midi.... .... Biller, 19 ans............. tué.
Hôpital du Midi .... Leneutre, 44 ans........... tué.*

Du 11 au 12.

Hôpital de la Maternité.............. Demoiselle Ducamp, sage-femme................. blessée.
Hôpital de la Maternité.............. Demoiselle Fellion, sage-femme..................... blessée.
Hôpital de la Maternité.............. Demoiselle Blanchard, sage-femme .... blessée.
Hôpital de la Maternité.............. Veuve Effroy, sage-femme... blessée.
Hôpital de la Maternité.............. Dame Waldvogel, sage-femme. blessée.

Du 15 au 16.

Rue de Cels, 8...................... Dame Barbier............. blessée.
Rue de Cels, 8...................... Dame Sabadie............. blessée.

Du 20 au 21.

Chaussée du Maine, 41.............. Demoiselle Vidal, ouvrière, 57 ans..................... tuée.
Chaussée du Maine, 41.............. Vincent, 30 ans............ blessé.
Chaussée du Maine, 51.............. Un inconnu................ tué.
Chaussée du Maine, 51 .... Trois inconnus............. blessés.

RÉSUMÉ :

5 tués.
17 blessés. } 22 victimes.

VICTIMES DU BOMBARDEMENT.

§§ 2 et 3. — Quartiers de la Santé et du Petit-Montrouge.

Du 20 au 21 janvier.

Rue Sarrazin, 3.................. Dame Thomain, 32 ans...... tuée.
Rue des Artistes, 10............. Lamiraud, journalier, 38 ans. blessé.

Du 21 au 22.

Rue Dareau, 34................... Veuve Laurent, 24 ans...... blessée.
Rue Dareau, 34................... Dame Marga, 68 ans......... blessée.
Rue Broussais, 1................. Godin, forgeron, 45 ans..... blessé.
Rue Broussais, 1................. Un inconnu................. tué.
Rue Broussais, 1................. Couche (Eugène) 47 ans..... blessé.

Du 24 au 25.

Avenue d'Orléans, 127............ Martin, caporal de la garde
                                              nationale................. blessé.
Avenue d'Orléans, 127............ Fardin, garde national...... blessé.
Avenue d'Orléans, 127............ Bonnier, garde national..... blessé.
Avenue d'Orléans, 127............ Legendre, sergent-major de la
                                              garde nationale........... blessé.
Asile Sainte-Anne................ Masson, employé............ blessé.

Du 25 au 26.

Rue de la Tombe-Issoire, 61....... Une inconnue............... blessée.

Du 26 au 27.

Rue Bezout, 7 et 8............... Dame Mazataud, 36 ans...... blessée.
Rue Bezout, 7 et 8............... Genneau (Guillaume), 59 ans. blessé.
Rue Bezout, 7 et 8............... Un inconnu................. blessé.
Rue Sarrazin, 6.................. Fournier (Augustine), 9 ans.. blessée.

RÉSUMÉ :

2 tués.
15 blessés. } 17 victimes.

§ 4. — Quartier de Plaisance.

Du 5 au 6 janvier.

Chaussée du Maine, 88............ Dame Léger................. blessée.

APPENDICE D.

Du 6 au 7.

Rue de Vanves, 234............... Dame Monot.............. blessée.
Chaussée du Maine, 28............ Dame Caron.............. blessée.
Chaussée du Maine, 28............ Dame Léger.............. blessée
Rue de Constantine, 71, voie publique.. Dame Reymond........... tuée.*

Du 7 au 8.

Rue de Constantine en face le 79..... Femme Raymond........... tuée.*

Du 8 au 9.

Rue de Constantine, 84.............. Une dame................ tuée.
Rue de Constantine, 71.............. Dame Bichitte........... tuée.
Rue de Constantine, 71.............. Desprez................. blessé.
Rue de l'Ouest, 51.................. Dame Jeannin............ blessée.
Passage Saint-Victor, 53............ Cassaigne............... blessé.

Du 9 au 10.

Rue de Vanves, 105................. Dame Lallemand, 70 ans.... tuée.
Passage Saint-Victor, 14........... Nicolas................... blessé.
Passage Saint-Victor, 14........... Vilain.................... blessé.
Rue Sainte-Eugénie, 35............. Rollin.................... blessé.
Cité Bauer, 13..................... Guénée, 4 ans et demi..... blessé.
Rue de Constantine, 71............. Une inconnue.............. tuée.
Rue de l'Ouest, 51................. Une inconnue.............. blessée.
Passage Saint-Victor, 53........... Un inconnu................ blessé.

Du 11 au 12.

Rue de l'Ouest, 104................ Dame Hénon................ tuée.
Rue de l'Ouest, 104................ Dame Furet................ blessée.
Chaussée du Maine, 77.............. Dame Lépine............... blessée.

Du 13 au 14.

Rue Schomer, 32.................... Dame Cambrai.............. tuée.
Rue Maison-Dieu, 4................. Dame Hedelstable.......... blessée.

Du 14 au 15.

Rue de Vanves, 25.................. Naqué..................... tué.

Du 15 au 16.

Rue du Moulin-Vert, 50............. Dame Rigal................ blessée.

VICTIMES DU BOMBARDEMENT.

Rue de Vanves, voie publique....... Une inconnue............... tuée.
Rue de Vanves, voie publique........ Presles................... tué.

Du 17 au 18.

Impasse Sainte-Eugénie, 14.......... Dame Mabille............. blessée.
Impasse Sainte-Eugénie, 14.......... Mabille................... tué.
Rue de Vanves, voie publique........ Fille de 14 ans inconnue..... tuée.

Du 20 au 21.

Rue Vandamme, 52.................. Bansart (Marie), 15 ans...... blessée
Impasse Jouvence, 5................ Heurteux (Étienne).......... blessé.
Rue Pernety, 70.................... Veuve Beaugeard........... blessée.

Du 20 au 21.

Chaussée du Maine, 58.............. Wanosptal, 13 ans.......... tué.
Chaussée du Maine, 58.............. Guy, 37 ans................ tué.
Rue de la Procession, 133........... Dame Faudet.............. blessée.

Du 22 au 23.

Passage Lemoine, 17................ Gauzieux................. blessé.

RÉSUMÉ :

15 tués. } 38 victimes.
23 blessés.

XVe ARRONDISSEMENT (DE VAUGIRARD).

§§ 1 et 4. — Quartiers Saint-Lambert et Javel.

Du 6 au 7 janvier.

Rue Virginie, voie publique.......... Dame Rapilly............. blessée.

Du 7 au 8.

Rue Mademoiselle, 44............... Une femme................ blessée.*

Du 8 au 9.

Rue Mademoiselle, 44............... Une dame................. blessée.*
Place du Commerce, voie publique.... Dame Cloud.............. tuée.
Rue de l'abbé Groult, 143........... Un enfant................ tué.

APPENDICE D.

Rue de l'abbé Groult, 143.......... Une dame................ blessée.
Rue de Javel, 110................. Deux personnes........... blessées.

Du 10 au 11.

Rue Berger, 58.................... Enfants Viard et Vaugelin... blessés.

Du 11 au 12.

Rue de la Procession, 106.......... Un pompier............... blessé.

Du 12 au 13.

Rue de la Procession, 32.......... Dame Patras............... blessée.

Du 13 au 14.

Boulevard Saint-Victor, 19.......... Un inconnu............... blessé.
Rue de l'abbé Groult, 12........... Dame Roux, 62 ans........ blessée.
Rue de l'abbé Groult, 12........... Madeleine Roux........... blessée.
Rue Thiboumery, 10................ Miller, 39 ans............ blessé.

Du 15 au 16.

Rue Saint-Charles, 122.............. Demoiselle Bonnion......... blessée.
Rue de la Procession, 100.......... Manchel.................. blessé.
Rue de la Procession, 100.......... Marie (Gustave), 40 ans...... blessé.
Rue Leblanc, 17.................... Chauvin (Madeleine), 11 ans. tuée.
Rue Leblanc, 17.................... Dame Chauvin............. blessée.
Rue Leblanc, 17.................... Dame Fremin.............. blessée.

Du 17 au 18.

Rue Alphonse, 20................... Baudin (Alexandrine), 10 ans. blessée.
Rue Alphonse, 20................... Dame Baudin, 28 ans........ blessée.
Rue Alphonse, 20................... Guimbaud, 41 ans.......... blessé.
Rue Alphonse, 20................... Veuve Barbier, 53 ans...... blessée.
Rue Mademoiselle, 56............... Drot père, 68 ans.......... tué.
Rue Mademoiselle, 56............... Drot fils, 38 ans........... tué.

Du 19 au 20.

Rue Virginie, 55................... Demoiselle Louvet, 45 ans... blessée.

Du 21 au 22.

Rue des Fourneaux, 233............ Veuve Mongié, 27 ans...... blessée.
Rue des Fourneaux, 233............ Boucher (Blaise), 55 ans..... blessé.
Rue Virginie, 50................... Dame Léon, 31 ans.......... blessée.

VICTIMES DU BOMBARDEMENT. 299

RÉSUMÉ :

5 tués.
26 blessés. } 31 victimes.

§ 2. — Quartier Necker.

Du 8 au 9 janvier.

Rue du Commerce, 95............... Soulat................ ..... tué.
Rue de Vaugirard, 129.............. Duvau, factionnaire........ tué.

Du 10 au 11.

Rue Lecourbe, 19................... Thiercelin................. blessé.
Rue Lecourbe, 19................... Dame Lalande..... .... blessée.
Rue Lecourbe, 19................... Dame Potier............... blessée.

Du 12 au 13.

Rue du Cotentin, 8................ Charles Philippi, 11 ans..... tué.
Rue du Cotentin, 8................ Angélique Philippi, 8 ans.... tuée.

Du 13 au 14.

Rue Blomet, ambulance............ Six personnes.............. blessées.

Du 14 au 15.

Rue Lecourbe, 88................... Demoiselle Braude (Eugénie). blessée.
Rue Blomet, 46, voie publique....... Hogue (Émile), 11 ans....... tué.
Rue Blomet, 46, voie publique....... Dame Moriceau............ tuée.

Du 15 au 16.

Rue Lecourbe, voie publique........ Chandavoine, 18 ans........ blessé.

Du 17 au 18.

Rue de la Procession, 79............ Robert (Baptiste), 48 ans... tué.
Rue de la Procession, 79........... Robert, 50 ans............. blessé.

Du 23 au 24.

Rue des Fourneaux, voie publique.... Demoiselle Hindermayer, 18
                                                      ans................... blessée.

Du 26 au 27.

Rue Cambronne, 63................ Morand fils, 18 ans......... blessé.

APPENDICE D.

Rue Cambronne, 49 .... Villeret (Lucile), 18 ans..... tuée.
Rue Lecourbe, 98................. Laguillaumie (Jean), 54 ans. blessé.
Rue Blomet, 66 .... Sauhet (Louis), 6 ans..... .. blessé.
Rue Blomet, 66................... Dame Sauhet, 27 ans....... blessée.
Rue Blomet, 66................... Sauhet (Pierre), 39 ans..... blessé.
Rue Blomet, 66................... Dame Boulanger, 56 ans..... tuée.
Rue Blomet, 66 .... Boulanger (Antoine), 66 ans. tué.
Rue Blomet, 66................... Tissier (Louis), 45 ans...... tué.

RÉSUMÉ :

11 tués.
18 blessés.
} 29 victimes.

§ 3. — Quartier de Grenelle.

Du 5 au 6 janvier.

Rue du Commerce, 95............... Un inconnu............... tué.

Du 6 au 7.

Rue du Commerce, 95............... Un garçon épicier.......... tué.

Du 7 au 8.

Place du Commerce, 4.............. Une jeune fille .... tuée.

Du 8 au 9.

Rue de Vaugirard, voie publique..... Une dame................ blessée.

Du 13 au 14.

Place du Commerce, ambulance...... Johannot, garde mobile..... tué.
Place du Commerce, ambulance...... Doy, garde mobile.......... blessé.

Du 15 au 16.

Rue Frémicourt, 44................. Roland, garde national...... tué.
Rue du Commerce, 19.............. Richard (Julie), 8 ans....... blessée.

RÉSUMÉ :

5 tués.
3 blessés.
} 8 victimes.

XVIᵉ ARRONDISSEMENT (DE PASSY).

§§ 1 et 2. — Quartiers d'Auteuil et de la Muette.

Du 5 au 6 janvier.

Rue de Billancourt.	Pretat.	tué.
Rue de Billancourt.	Dame Pretat.	blessée.
Pont d'Auteuil.	Un inconnu.	blessé.
Route de Versailles.	Bonque (Pierre).	blessé.

Du 6 au 7.

Rue non désignée.	Dame Leduc (Élise).	blessée.
Rue non désignée.	Dame Santin (Antoinette).	blessée.

Du 7 au 8.

Rue Lamarrois.	Trois personnes.	blessées.
Rue Jouvenet.	Quatre inconnus.	blessés.

Du 11 au 12.

Rue de la Municipalité, 2.	Florentin.	blessé.

Du 12 au 13.

Route de Versailles, voie publique.	Pigouin.	blessé.
Saut-du-Loup. — Bastion 67.	Bastien, marin.	blessé.
Saut-du-Loup. — Bastion 67.	Lépine, marin.	blessé.

Du 14 au 15.

Près du viaduc d'Auteuil, voie publique.	Guérin, 43 ans.	tué.
Près du viaduc d'Auteuil, voie publique.	Ledoux, 40 ans.	blessé.
Près du viaduc d'Auteuil, voie publique.	Debourde, 33 ans.	blessé.

Du 15 au 16.

Route de Versailles, 222.	Gaillet, blanchisseur.	tué.

Du 16 au 17.

Bastion 66.	Duillon, canonnier de la garde nationale.	tué.

Bastion 67.......................... Lard, capitaine de la garde na-
                                                tionale................ blessé.
Bastion 67.......................... Bertaut, maréchal des logis
                                                de la garde nationale...... blessé.
Bastion 67.......................... Jouvenet, canonnier de la gar-
                                                de nationale............. blessé.
Bastion 67.......................... Bangratz, canonnier......... blessé.
Route de Versailles, voie publique.... Pauthier, journalier.......... blessé.

Du 17 au 18.

Rue Poussin, voie publique.......... Jeune fille de 15 ans inconnue. blessée.
Rue Poussin, voie publique.......... Dame Prins................ blessée.

Du 21 au 22.

Rue du rempart.................... Marquison, ingénieur civil.... blessé.
Boulevard Exelmans............... Vavasseur (Charles), 14 ans.. blessé.

RÉSUMÉ :

4 tués. }
29 blessés. } 33 victimes.

XVIIIᵉ ARRONDISSEMENT (LA BUTTE-MONTMARTRE).

Quartier de la Chapelle.

Du 25 au 26 janvier.

Usine à gaz de la Villette............ Kettler (Pierre), 49 ans..... blessé.

N. B. On distingue dans la liste ci-dessus quelques noms marqués d'un astérisque. Ce sont ceux des personnes qui paraissent avoir été, à tort, comptées deux fois comme victimes du bombardement. Quoi qu'il en soit, nous nous sommes attaché à reproduire exactement les données du *Journal Officiel*, en nous abstenant d'y apporter aucune modification.

APPENDICE E.

BOMBARDEMENT DU JARDIN DES PLANTES.

Nous avons donné, page 195, un plan assez exact des effets du bombardement sur le Jardin des Plantes. Il convient de joindre à ce dessin un tableau détaillé des événements qui ont failli causer la ruine du Muséum, et nous ne saurions mieux faire que d'emprunter à M. de Quatrefages son émouvante description des ravages opérés par les obus prussiens. Ce récit de l'éminent professeur est un modèle du genre, et nous exprimons le désir qu'il soit suivi pour chacun de nos grands établissements publics.

« Le Muséum de Paris, avec les jardins et bâtiments qui en dépendent, forme un quadrilatère irrégulier entièrement isolé entre un quai et trois rues. La surface en est de 225,430 mètres carrés. Au sud, une ligne de maisons complète la rue de Buffon, et cache de vastes espaces occupés par les laboratoires d'anatomie comparée et de physique végétale; par nos pépinières, par des jardins et par quelques tanneries. A l'est coule la Seine, fort large en cet endroit. Au nord est placé l'entrepôt des vins et eaux-de-vie, mesurant 141,700 mètres carrés. A l'ouest se trouve l'hôpital de la Pitié, dont les bâtiments et les cours occupent 21,777 mètres carrés. Il est important de tenir compte de ces chiffres, si l'on veut apprécier les faits à leur juste valeur. Tout d'abord, il en résulte que le Muséum est à peu près complétement isolé. Ajoutons qu'un baraquement destiné aux ambulances militaires avait été établi dans le jardin le long d'une allée allant de la grande cour jusqu'au quai. Une autre ambulance, fondée par quelques dames du Muséum, avait été installée près de la rue Cuvier. Aucun de ces détails n'était certainement ignoré de l'ennemi, toujours si bien renseigné. Il savait bien que notre grand établissement scientifique était devenu une succursale de l'hospice de la Pitié (1).

« Dès le début du siége et dans la crainte trop fondée d'un bombardement, le conseil des professeurs chargés de l'administration du Muséum avait pris les précautions nécessaires pour sauvegarder nos richesses scientifiques. La nature de l'établissement exigeait des mesures entièrement spéciales. Avant tout, il fallait parer au danger résultant de l'accumulation dans les salles d'au moins soixante-dix mille vases ou bocaux renfermant les plantes et les animaux conservés dans l'alcool (2). Employés et professeurs mirent la main à l'œuvre. En quelques jours, cette masse d'objets inflammables fut à l'abri dans une espèce de crypte creusée sous le grand labyrinthe. Les pièces les plus précieuses, les échantillons uniques, des collections entières dont la valeur résulte de leur ensemble même, furent descendus dans les caves.

« On put croire pendant trois mois que c'était autant de peine inutile; mais on sait comment, le 8 janvier, entre dix et onze heures du soir, éclata à l'improviste ce bombardement sans précédent qui a motivé une solennelle protestation de la part des puissances neutres. Ne reconnaît-

---

(1) Dans les premiers temps de l'investissement on avait aussi placé un certain nombre de bêtes à cornes dans l'allée qui longe la rue de Buffon. L'administration du Muséum en réclama en vain l'éloignement; mais les Prussiens savaient qu'elles avaient disparu depuis longtemps quand s'ouvrit le feu sur Paris.

(2) A elle seule, la collection des reptiles et poissons compte environ trente mille objets de cette nature.

on pas à ce trait le Slave tel que l'ont peint les auteurs classiques et M. Amédée Thierry ? Il n'y a là qu'une différence de temps et de science. Au lieu des javelots de ses ancêtres, le Prussien nous envoyait ses obus à longue portée.

« Les projectiles pleuvaient sur le Muséum. Professeurs, employés de tout grade, maîtres, domestiques descendirent dans les caves ou cherchèrent un asile dans les galeries souterraines attenantes aux serres. Sans doute il était impossible qu'une certaine émotion ne se manifestât point à ces premiers moments. Sans doute, quand deux obus, éclatant presque coup sur coup, vinrent fracasser la serre des orchidées à quelques mètres d'une foule composée en majeure partie de femmes et d'enfants, il y eut des moments d'angoisse et des cris d'effroi; mais on se fit vite au sifflement, aux explosions des projectiles. Tous ceux qui ont passé quelques nuits dans cette crypte peuvent attester combien le calme s'y rétablit rapidement. Ils se rappelleront longtemps le mélange de résignation et d'insouciance qui y régnait, les observations pleines de justesse, les réflexions fermes et sérieuses qui sortaient parfois des bouches les plus humbles. Les services marchèrent d'ailleurs avec la régularité accoutumée. Malgré ses quatre-vingt-cinq ans, l'illustre et vénérable directeur, M. Chevreul, parcourant de jour l'établissement, veillant chaque nuit dans la serre, donnait à tous un exemple que chacun voulait imiter. Aussi dans tout le personnel du Muséum, si nombreux et si divers, il n'y eut pas un instant de défaillance. L'effet moral tant attendu, tant annoncé par les Prussiens fut absolument nul. Comme preuve, il suffira de dire que le vitrage des serres a été rétabli, les brèches des galeries fermées en plein bombardement.

« Le bombardement du Muséum a présenté quelques circonstances bonnes à signaler. La colline artificielle du grand labyrinthe, qui n'est séparée de la Pitié que par une étroite terrasse et la rue Geoffroy-Saint-Hilaire, fournissait à l'ennemi un point de repère marqué sur tous les plans, sur toutes les cartes. Il en a évidemment fait usage. Les premiers jours, les projectiles tombaient à peu près exclusivement au sud de ce mamelon. C'est pendant cette période que furent frappées les serres, les galeries de zoologie et de minéralogie, l'ambulance élevée dans la grande allée. La maison historique de Buffon, isolée à l'angle sud-ouest du jardin, fut cernée en tout sens par les obus et ne fut sauvée que par une sorte de miracle. A partir du 19, le tir fut dirigé d'une manière tout aussi constante au nord du labyrinthe. Alors furent atteints les laboratoires et magasins consacrés aux mammifères, aux oiseaux, aux mollusques, aux zoophytes, aux reptiles, aux poissons, aux insectes, le bâtiment de l'administration et quelques-uns des logements placés dans le voisinage. M. Edwards eut son lit couvert de décombres. Un obus éclata tout à côté du cabinet de M. Chevreul avec des circonstances telles que, s'il n'eût été absent, le doyen des chimistes était tué à sa table de travail. Au reste, grâce aux précautions prises, les dégâts causés par les obus ont été surtout matériels. Pourtant les serres ont perdu des végétaux précieux qui n'étaient encore cultivés que chez nous, et qui se seraient répandus de là dans l'Europe entière. Les collections rapportées du Mexique ont été broyées, et la science a perdu quelques espèces, quelques genres nouveaux, dont l'étude était commencée. Parmi nos animaux vivants, une perruche seulement a été tuée. Dans les magasins de la conchiologie, quelques types rares ont été détruits et un certain nombre de tiroirs absolument bouleversés. Dans les galeries de zoologie, un crocodile empaillé a perdu sa tête; quelques lézards également empaillés ont été éventrés. Aucun des employés n'a été blessé. Voilà le bilan du bombardement du Muséum.

« Le Muséum a été bombardé du 8 au 25 janvier (1). Il a reçu quatre-vingt-cinq obus (2). L'hospice de la Pitié n'a pas été plus épargné. Quarante-sept projectiles sont tombés dans les cours ou sur les bâtiments (3). Or, la surface occupée par ces deux établissements réunis est de 247,207 mètres carrés. A lui seul, ce chiffre réfuterait, au besoin, l'étrange excuse invoquée par les autorités et la presse prussiennes pour expliquer comment des hôpitaux, des monuments ont été si souvent frappés. Il est évident que des projectiles dirigés par ces artilleurs, dont nous avons éprouvé tant de fois la redoutable adresse, ne *s'égarent pas* en si grand nombre, d'une manière constante sur une surface de 24 hectares. Dira-t-on qu'ils étaient destinés à l'Entrepôt des vins et que, faute d'une force d'impulsion suffisante, ils tombaient quelque peu en deçà? Je répondrais qu'il n'en est rien. L'Entrepôt, à raison de son étendue, pouvait être aussi facilement atteint que le Muséum, et les Prussiens lui ont parfaitement fait sa part distincte. Lorsque, dans la nuit du 17, le feu prit au magasin des eaux-de-vie, l'ennemi, averti par la lueur, sut fort bien envoyer, coup sur coup, exactement dans cette direction, une douzaine d'obus qui, non-seulement, ne restèrent pas en route mais heureusement dépassèrent le but. Une fois le feu éteint, la

---

(1) Le dernier obus est tombé sur la terrasse du grand labyrinthe.
(2) Ces obus ne se sont pas *égarés* indifféremment dans tout le jardin. Ils sont à peu près tous groupés dans le voisinage des galeries et autres constructions.
(3) On ne compte ici que les projectiles tombés dans le périmètre même des établissements. La rue qui les sépare et celles qui les circonscrivent en ont reçu plusieurs.

trajectoire se raccourcit, les projectiles tombèrent de nouveau sur le Muséum, et l'un d'eux éclata sur le labyrinthe, à quelques mètres du toit de nos serres, déjà si éprouvées. Les professeurs réunis en conseil au moment du sinistre, ceux qui passèrent cette nuit aux serres, ont pu constater par eux-mêmes toutes ces circonstances.

« La déclaration faite à l'Académie des sciences par notre directeur est donc incontestablement fondée (1). Le Muséum a été bombardé. Les Prussiens ont bien volontairement disséminé leurs obus armés de tubes incendiaires tout autour du labyrinthe. En agissant ainsi, ils avaient la certitude absolue de n'atteindre que des édifices modestes, consacrés à l'humanité ou à la science, de ne frapper que des malades, des blessés ou des savants. En revanche, ils se donnaient la chance d'anéantir des collections qui, dans leur ensemble, sont absolument sans rivales. Nulle part, la sombre rancune du Finnois, la haine jalouse du demi-barbare pour une civilisation supérieure ne s'accusent plus nettement (2).

« La guerre, telle que la comprennent la Prusse et ses interprètes, présente partout les mêmes caractères. Par les motifs qu'on lui donne, elle est pour eux une *croisade*, et

---

(1) Voyez la déclaration faite à l'Académie des sciences par le vénérable M. Chevreul, le 9 janvier 1871. Nous l'avons reproduite *in extenso* page 69 ci-dessus.

(2) On peut toutefois en dire autant de la destruction de la bibliothèque de Strasbourg. Quiconque connaît Strasbourg sait que les bâtiments consacrés à cette bibliothèque, l'église protestante du Temple-Neuf et le séminaire protestant formaient un grand îlot isolé, auquel se rattachaient seulement un fort petit nombre de maisons particulières. Ces dispositions, qui figurent sur tous les plans, étaient certainement connues des Prussiens. Ils ont bien su où avait éclaté l'incendie, et c'est volontairement qu'ils ont fait pleuvoir les obus avec un redoublement d'activité sur ces trésors scientifiques, sur cette église et ce collége consacrés à leurs propres croyances. Qu'importent la science et la religion pourvu qu'on terrifie l'*ennemi !*

ils la prêchent dans un langage où se trahit, à chaque mot, le mélange de mysticisme impitoyable et d'ambitions effrénées qui animait les chevaliers armés contre les Sarrazins ou les Pruczi. Par les moyens qu'elle met en œuvre, elle nous reporte plus loin encore dans l'histoire.

« Jeter un peuple entier sur un autre, est-ce donc là une invention nouvelle? Qu'est-ce faire sinon imiter ces barbares qui se heurtaient nations contre nations, *se ruant* les uns sur les autres et contre la civilisation romaine *dans de véritables duels pour la vie ou la mort?* On pouvait croire impossible le retour d'un pareil état de choses. L'institution des armées permanentes, formant un corps à part dans l'État, destinées à lutter pour tous, laissant les citoyens à leurs affaires, les savants à leurs recherches, les artistes à leurs études, les laboureurs à leurs travaux, amoindrissait un mal peut-être inévitable. Le mouvement général pouvait être enrayé; il ne s'arrêtait pas. Grâce à la Prusse, il n'en sera plus ainsi. Avertis par nos malheurs, les peuples vont s'armer de fond en combles. En Europe tout le monde portera les armes et, quand viendront les luttes prochaines, quand tomberont sur les champs de bataille non plus seulement des soldats, mais des représentants du progrès en tout genre, des chefs d'industrie et des poëtes, des artistes comme Henri Regnault, des savants comme Gustave Lambert, alors on comprendra ce que sont la guerre et la civilisation *retrouvées* par la race prussienne. »

ÉPILOGUE.

ÉPILOGUE.

Donc le mois de janvier 1871 a été témoin du bombardement de Paris par les Prussiens.

Nous disons *les Prussiens* car, bien que les bulletins de l'empereur Guillaume n'aient mentionné, partout et toujours, que les étonnants succès des *armées allemandes*, il n'en demeure pas moins établi que les Prussiens ne sont pas des Allemands. Quoi que l'on veuille prétendre, lesdits Prussiens n'ont jamais eu avec les populations germaniques d'autres rapports que ceux de race conquise à race conquérante, et réciproquement. Il y a longtemps que cette vérité s'est fait jour mais, comme il importe de connaître à fond les gens auxquels on peut encore avoir affaire, nous pensons qu'une nouvelle démonstration n'est pas ici hors de propos.

« L'histoire physique et ethnologique de la Prusse se confond, dit M. de Quatrefages, avec celle de toutes les contrées placées au sud et au sud-est de la mer Baltique. Cette région fait partie d'une immense plaine, plus ou moins ondulée, qui de l'océan Atlantique s'étend jusqu'à la mer Noire, avec une ligne de faîte si peu accusée que, aux inondations annuelles de l'automne et du printemps, le Priépetz, affluent du Dniéper, communique avec le Bug, affluent de la Vistule, et avec le Niémen.

« Le versant nord de cette plaine est essentiellement composé de sable et semé de blocs erratiques enlevés aux Alpes Scandinaves qui reportent la formation de ces terrains à l'époque glaciaire.

« Un limon argileux, distribué par larges plaques, la fertilise par places, laissant de vastes espaces que couvrent des landes stériles et d'inépuisables tourbières qu'un travail opiniâtre peut seul transformer en champs cultivés.

« Sur ce sol à peine incliné les eaux s'amassent en étangs, en lacs innombrables, souvent alimentés ou mis en communication par des fleuves ou des rivières au lit sinueux, au cours lent, aux eaux rarement limpides.

« Un climat généralement humide est la conséquence de cet état de choses. Les vents du nord-est, s'ajoutant à l'influence de la latitude, prolongent et rendent plus rigoureux les hivers partout où ne se fait pas sentir l'action modératrice de la mer. Des forêts presque continues, et dont plusieurs contrées ont gardé de magnifiques restes, semblent avoir couvert presque toute cette région. »

Ce tableau d'un pays peu séduisant est bien en harmonie avec les appréciations du roi Frédéric II. « Un grand tiers de mes États, disait-il, est en friche ; un autre tiers est en bois, rivières et marais ; le tiers qui est cultivé ne rapporte ni vin, ni oliviers, ni mûriers. Les fruits et légumes n'y viennent qu'à force de soins, mais fort peu, au véritable point de perfection. J'ai seulement quelques cantons où le seigle et le froment ont quelque réputation. »

Quels furent les habitants primitifs des terres ingrates que baigne la Baltique ? La science ne craint pas de se prononcer nettement à cet égard ; elle déclare qu'ils apparténaient à ces races finnoises qui se rattachent, pour la plupart, à la branche *allophyle* du tronc blanc. Elle nous en montre les descendants directs en Esthonie, en Livonie, en Courlande, toutes régions où les populations de nos jours portent encore profondément empreint le cachet du type de l'*homme quaternaire*, c'est-à-dire du bimane qui vivait en France en même temps que l'éléphant et le rhinocéros.

La formation humaine à laquelle est due le premier peuplement du sol de la Prusse ne devait pas se perpétuer intacte et pure de mélanges. Là, comme ailleurs, les stratifications primitives furent, en partie, noyées sous le flot des courants ethnologiques qui sillonnaient notre hémisphère et s'entre-heurtaient avec violence dans la longue nuit des âges antérieurs à ceux de l'histoire. Cette partie du nord de l'Europe eut à subir tous les effets de l'invasion d'une autre branche du tronc blanc, de celle qu'on nomme *âryenne*. Aussi, quand apparaît la première lueur de l'aurore des temps historiques, voit-on la race germanique occuper le Hanovre, le Holstein et une partie du Mecklembourg, tandis que les Slaves possèdent tout entier le bassin de la Vistule. Les deux races, germaine et slave, se limitent mutuellement à l'Oder et de ce contact sort vraisemblablement la race mixte des Vandales, que nous trouvons campée sur les bords de l'Elbe, au IIe siècle de notre ère. Durant cette deuxième formation, le Slave conquérant impose sa langue au Finnois vaincu, mais les populations finnoises persistent encore, çà et là, par groupes compactes qui émergent distinctement de la masse des envahisseurs.

Ces restes de la formation primitive tendent à se condenser et à s'étendre du fait d'un grand événement ethnologique qui amène des perturbations nouvelles durant le IIIe siècle avant l'ère chrétienne. Issus de la presqu'île scandinave, les Goths répandent sur les contrées du nord de l'Europe des éléments de sang finnois (1) qui

---

(1) Les premiers habitants de la Scandinavie paraissent avoir été de race finnoise. Jornandès distingue encore dans la nation gothique un certain nombre de peuplades dont on ne saurait méconnaître l'origine.
— « *Finni* mitissimi, Scanziæ cultoribus omnibus mitiores... »
— « Post hos... *Finnaithæ*... »
— « Gentes tres *Crefennæ*... »
 (Jornandès, *de Getarum origine et rebus gestis*, ch. III. *passim*.)
Les *Crefennæ* paraissent être les Σκριθίφινοι de Procope (*Bell. Goth.* II. xv). Suivant M. Marmier (*Revue des Deux-Mondes*, n° du 1er août 1838) ce nom

corroborent les anciens ; ils s'emparent du littoral de la Baltique et consolident leur domination à l'embouchure de la Vistule.

Quatre siècles plus tard, les Slaves de la Prusse prirent une éclatante revanche sur les Goths qu'ils surent chasser de leur pays. Poursuivant leurs conquêtes, ils occupèrent tous les pays voisins et rejetèrent violemment sur l'empire romain aux abois les populations pures ou mélangées qui se rattachaient à la race germanique. Aux V° et VI° siècles, une partie de la Courlande à l'est, du Mecklembourg à l'ouest, avec tous les pays intermédiaires que nous appelons Prusse proprement dite, Brandebourg, Silésie, Poméranie, appartenaient à la race slave.

« En somme, dit M. de Quatrefages, des Finnois et des Slaves plus ou moins purs, plus ou moins mélangés, tels ont été jusqu'au milieu du XII° siècle, les seuls éléments ethnologiques dans toute la région qui s'étend de l'Esthonie au Mecklembourg. La race slave dominait sans doute, et c'est à elle que se rattachait la très grande majorité de la sauvage aristocratie qui régissait ces tribus. Tout au plus, quelques Goths, quelques Vandales restés en arrière et acceptant le joug des Slaves, peuvent-ils avoir mêlé leur sang à celui de ces derniers. Quant à l'élément germanique, il n'accuse sa présence

---

n'aurait d'autre signification que celle de *Finnois chaussés de patins*. — Voyez aussi Grotius sur les *Scirdifenni* et les *Rerefenni* du géographe de Ravenne. (*Prolegom. ad. hist. Goth.*)

par aucun signe appréciable, et l'histoire est absolument muette à cet égard. »

Mais, vers le commencement du XIIᵉ siècle, cet état de choses tend à se modifier singulièrement. C'est l'époque des croisades, de l'expansion du zèle religieux et du prosélytisme à main armée. A l'exemple de l'archevêque de Prague, Adalbert, qui avait en vain essayé d'introduire le christianisme chez les *Pruczi* (1), Albert d'Asseldern, le fondateur de Riga, institue l'ordre des *chevaliers porte-glaive;* Christian, l'apôtre de Prusse, celui des *frères de la milice du Christ;* et dès lors, une vraie croisade contre les païens de la Baltique est entreprise et se poursuit avec vigueur. Les chevaliers allemands se partagent sans scrupule les terres conquises sur les Prussiens, mais ceux-ci résistent énergiquement à l'invasion et appellent les Polonais à leur secours. Les croisés obtiennent, d'autre part, l'alliance de l'*ordre Teutonique* et, grâce à cet appoint de forces sérieuses, font d'immenses progrès dans le pays. Dès le commencement du XVᵉ siècle, les Teutons sont maîtres de l'Esthonie, de la Livonie, de la Courlande, de la Samogitie, de la Prusse, de la Pomérellie et de la Nouvelle-Marche.

---

(1) Aliàs *Prutzi*. C'est en 997, et pour la première fois, que l'histoire mentionne le nom de ce peuple qui occupait le *Witland*, c'est-à-dire la Prusse orientale actuelle. Ces *Prutzi* sont vraisemblablement les descendants des Rugii de Tacite. — « Protinus deinde ab Oceano Rugii » (Tacit. *Germ.* XLIII). Jornandès (*de Getarum origine et rebus gestis,* ch. III et IV) cite, d'ailleurs, la tribu des *Ethelrugi* et celle des *Ulmerugi,* fractions déterminées de la peuplade des *Rugi,* ancêtres des Boruges, Borusses ou Borussiens.

Dans le cours de leurs luttes contre les Prussiens idolâtres, les chevaliers de l'ordre étaient soutenus par des colons qu'ils appelaient de toutes parts, mais surtout de l'Allemagne. Eux-mêmes étaient allemands et, partout où les conduisait la fortune de la guerre, ils imposaient, en même temps que la religion chrétienne, leur langue et leur législation nationales. C'est ainsi que la race germanique sut pénétrer au cœur des populations slaves et finnoises. Voilà comment l'allemand, la langue des vainqueurs, déposséda peu à peu les dialectes des vaincus et finit par en restreindre l'usage aux provinces d'Esthonie, de Livonie et de Courlande.

On sait l'origine du royaume de Prusse. Moyennant 400,000 florins d'or payés à l'empereur Sigismond, Frédéric de Hohenzollern obtint, en 1411, la Marche de Brandebourg et la dignité d'Électeur. Un de ses descendants, Albert, grand-maître des chevaliers Teutoniques, embrassa le parti de la réforme et *sécularisa*, en 1525, l'ordre militaire qui l'avait choisi pour chef. Il fut, de ce fait, reconnu duc héréditaire de Prusse sous la suzeraineté de la Pologne. Plus tard, en 1700, l'empereur Léopold concéda à l'électeur de Brandebourg le titre de roi qui lui fut confirmé, en 1713, par le traité d'Utrecht.

Or, trente ans avant la consécration diplomatique de cette monarchie nouvelle, une regrettable faute politique de notre grand roi Louis XIV avait eu cet effet, assurément étrange, d'infuser au sang prussien quelques gouttes de sang gallique. La révocation de l'édit de Nantes (22 octobre 1685) avait exilé de France nombre de familles protestantes auxquelles l'édit de Potsdam, publié huit jours après (29 octobre), avait offert une nouvelle patrie. Il y a donc aujourd'hui des *Français de Prusse,* vivant de la vie de leurs compatriotes d'origine finnoise, slave ou germanique.

Ainsi s'est constituée la race prussienne. Elle résulte du croisement de deux souches indigènes, finnoise et slave, avec deux éléments étrangers, allemand et français, mais la fusion de ces quatre parties constitutives est encore loin d'être opérée. Dans les provinces vraiment prussiennes, c'est-à-dire dans les deux Prusses, la Poméranie et le Brandebourg, la population est essentiellement finno-slave; l'élément germanique, plus ou moins mêlé de français, ne domine que dans les hautes classes et dans la bourgeoisie de certaines villes. Les Prussiens sont donc ethnologiquement distincts des populations germaniques auxquelles ils prétendent imposer leur domination sous prétexte d'une communauté de race (1). L'Allemagne expiera un jour la faute qu'elle ose commettre en faisant reposer son avenir sur une erreur anthropologique que M. de Bismarck a su fort adroitement propager

(1) Aujourd'hui que des conquêtes étranges s'opèrent sous prétexte d'une revendication des droits acquis au *principe des nationalités*, il serait, au moins, décent que la communauté d'origine ne fût pas un mensonge. Or, les Prussiens ne sont pas plus Allemands que les Piémontais n'étaient Italiotes. Formés de pièces hétérogènes violemment rapprochées, mais rebelles à la soudure, le royaume d'Italie et le nouvel empire d'Allemagne nous semblent singulièrement fragiles. Notre siècle en peut voir la dislocation, nous voulons dire la débâcle.

et dont il tient à maintenir officiellement l'expression. Pour nous, Français de France, nous dirons que ce sont des Prussiens qui, ayant trompé, dompté et maîtrisé l'Allemagne, ont voulu la fasciner, l'enivrer, la réduire au silence en couronnant leur œuvre par un brillant bombardement de Paris.

C'était le *finale* obligé du drame de la conquête.

Quels sont donc les instincts de ce peuple qui, en plein dix-neuvième siècle, ne recule point devant de tels excès? Quel est l'esprit de cette race qui médite et prépare de semblables violences, au mépris des principes de cette *Doctrine du droit* que l'illustre Kant lui-même enseigna jadis à M. de Bismarck? Nous n'étonnerons personne en rappelant que, au début de son histoire, la vie de la nation prussienne est humble et misérable, comme celle de toutes les sociétés dans l'enfance; mais ce qu'on a peut-être oublié et ce qu'il importe d'avoir présent à l'esprit, c'est que, dès l'origine, les Finno-Slaves des bords de la Baltique offrent à l'observateur un caractère qui les distingue éminemment des autres barbares.

Tacite observe en effet que leurs mœurs sont empreintes d'un cachet d'extrême férocité (1).

Ces mœurs sauvages ne devaient pas s'adoucir très-ra-

---

(1) « *Fennis* mira feritas, fœda paupertas : non arma, non equi, non penates : victui herba, vestitui pelles, cubile humus ; sola in sagittis spes, quas inopia ferri ossibus asperant. Idemque venatus viros pariter ac feminas alit ; passim enim comitantur, partemque prædæ petunt. »

(Tacite, *Germ.*, LXIV.)

pidement, car, lorsque, vers la fin du Xe siècle, l'archevêque Adalbert essaya de porter la civilisation chez les Prussiens primitifs, ou *Prutzi*, il fut impitoyablement massacré par eux. Un fait identique se reproduit au XIIe siècle, alors que Christian reprend l'œuvre d'Adalbert. Tous ses chevaliers, *frères de la milice du Christ*, sont exterminés par les païens du Nord. Les bords de la Vistule n'étaient pas plus sûrs en ce temps-là pour les Allemands que ne le sont aujourd'hui pour nous ceux du lac Tchad ou du Niger.

Les mauvais instincts des races sont singulièrement persistants; mais peuvent-ils se modifier sous les influences étrangères, et, dans l'espèce, était-il possible d'attendre quelque progrès dans les mœurs prussiennes du fait de la domination Teutonique du XVe siècle et de l'émigration française du XVIIe? Non, car, malheureusement, quelle que soit la supériorité morale d'une race immigrante, le *sang* n'est pas l'unique élément à considérer dans la question des résultats à intervenir, et le *milieu* dans lequel elle pénètre ne saurait jamais perdre ses droits. Lors du croisement des races qui envahissent une région du globe avec celles qui y préexistaient, la modification des produits s'opère toujours dans le sens du type de ces dernières. Suivant cette loi, les Allemands et les Français qui se sont implantés en Prusse ont promptement tourné au slave et au finnois. Les chevaliers de l'ordre Teutonique, ainsi que les réfugiés religionnaires de la révocation de l'Édit de Nantes, étaient aux prises avec des difficultés de toute nature, sur une terre ingrate, sous un ciel rigoureux. Dans ces conditions, l'intelligence se développe, la volonté s'affermit, le courage et les muscles prennent une trempe vigoureuse ; mais, en même temps, le cœur s'endurcit, l'ambition se développe outre mesure et l'homme cède facilement à l'empire des plus âpres passions. Le sang germain, non plus que le gaulois, n'a donc pas su mitiger le sang prussien ; il s'est aigri, il s'est glacé sous la brume des marais du Nord et n'est pas moins âpre aujourd'hui que le prussien lui-même.

Quel était, en définitive, au XVIIIe siècle, l'état moral de la formation ethnologique qui venait de s'ériger en *puissance* européenne ? C'est un de ses premiers rois qui va nous le faire connaître. « En général, dit Frédéric II, tous mes sujets sont braves et durs, peu friands, mais *ivrognes;* tyrans dans leurs terres, mais esclaves à mon service ; amants insipides, maris bourrus ; d'un grand sang-froid que je tiens au fond pour bêtise ; savants dans le droit, peu philosophes, moins orateurs, et encore moins poëtes. »

Que, si l'on tient à connaître les modifications survenues dans le caractère national depuis le temps de Frédéric II jusqu'à nos jours, on consulte le baron Stoffel. « La Prusse, dit-il, est une nation sérieuse, rude et forte, dépourvue, il est vrai, de tout charme, de tout sentiment délicat et généreux, de tout don attrayant ; mais douée, en revanche, des qualités les plus estimables, l'amour du travail et de l'étude, l'application, l'esprit d'ordre et d'économie... » Et plus loin il répète : « Ce peuple est énergique, tenace, ambitieux, plein de qualités estimables et solides, mais rude, passablement arrogant et dépourvu de toute générosité. »

Nous serions désolé d'ajouter une ombre désagréable à ce tableau très-séduisant; nous ne pouvons toutefois nous empêcher de constater que le grand Frédéric disait que ses sujets étaient ivrognes, et nous nous rappelons que le comte de Rostopchine reprochait aux Prussiens de son temps l'hypocrisie, la peur bleue, l'absence de tout scrupule de conscience et une passion immodérée pour les chaînes de montre et les pendules. Ajoutons que nos ennemis se sont montrés inutilement cruels durant la campagne de 1870 et nous en pourrons conclure que, en dépit de certain vernis de gentilhommerie empruntée surtout à la France, leur race n'a guère fait de progrès depuis le temps où elle était soumise à la domination de l'ordre Teutonique. Cela s'explique facilement : un peuple qui, sans la transition nécessaire d'un moyen âge, s'élève d'emblée de l'état barbare au rang de nation moderne, ce peuple ne peut avoir ces qualités morales dont les siècles seuls savent mûrir la puissance, ni la délicatesse qui est l'apanage exclusif des races assouplies par une longue civilisation.

Quoi qu'il en soit, il est constant que la Prusse est bien la Macédoine des temps modernes. Elle a, depuis soixante ans, revendiqué ses prétendus droits à la suprématie des nations germaniques et s'est arrogé le nom de noyau de l'Allemagne (Kern Deutschlands). Elle a exploité, non sans quelque habileté, la *Teutomanie* qui dévore nos voisins d'outre-Rhin, ce sentiment tapageur dont les élans ne constituent, en regard du vrai patriotisme, qu'une plaisanterie d'un goût douteux. L'appel fait aux passions a néanmoins réussi. La Prusse a su terrasser l'Autriche et ses alliés; s'annexer le Hanovre, le Sleswig-Holstein, le duché de Hesse-Cassel, Nassau et Francfort; conclure avec la Bavière, le Wurtemberg et le duché de Bade des traités d'alliance offensive et défensive. Et, comme la France la gênait dans l'accomplissement de son œuvre, elle lui a dressé un guet-apens gigantesque, en ravivant contre la *nation des Francs* (1) des haines d'un autre âge; en réclamant vengeance pour les conquêtes de Charlemagne et le supplice de Conradin de Hohenstaufen; en surexcitant aussi d'immenses et criminelles convoitises. Ces grossières manœuvres ont eu du succès, et, pour échapper aux effets de l'ambition des *Francs*, les Allemands se sont jetés dans les bras des Slaves et des Finnois. Quant à nous qui, dans ces intrigues sanglantes, nous sommes laissé prendre l'Alsace et la Lorraine, nous pouvons être aujourd'hui clairvoyants. La Prusse ne s'en tiendra pas là; son appétit vient de s'ouvrir, il est encore loin d'être assouvi.

Et en effet, les Prussiens sont animés de l'esprit

(1) Il n'est pas inutile de mentionner ici l'opinion de M. Amédée Thierry, suivant laquelle les dix-neuf vingtièmes des Français sont d'origine gauloise.

d'aventures des Vandales et des Goths; leurs instincts ethnologiques les poussent comme eux vers l'Italie et l'Espagne et l'Afrique. Eh bien, à l'heure qu'il est, M. de Bismarck, maître de l'Allemagne, n'étend-il pas son influence à Rome aussi bien qu'à Madrid? Ne domine-t-il pas également dans les deux péninsules? Et, en même temps, ne menace-t-il pas la Tunisie? Ne travaille-t-il pas la Suisse et l'Angleterre? Ne jette-t-il pas vers les ports de la Hollande un regard qui n'exprime pas des intentions très-pures?

Voilà où nous en sommes et nous ne devons pas être rassurés, s'il est vrai que le chancelier du nouvel empire d'Allemagne ait coutume de pousser à l'extrême les conséquences des maximes de Frédéric II. « En fait de royaume, disait ce monarque, l'on prend quand on peut et l'on n'a jamais tort que quand on est obligé de rendre. — Soutenez vivement que dépouiller ses voisins, c'est leur ôter les moïens (sic) de nous nuire. »

S'il en est ainsi, l'Europe occidentale doit-elle, une bonne fois, se tenir sur ses gardes? N'est-il pas opportun de relire les livres d'Henri Heine, ce *Prussien libéré*, comme il s'appelait lui-même. « Non, disait-il, je ne pouvais me fier à cette Prusse, à ce bigot et long héros en guêtres, glouton, vantard, avec son bâton de caporal qu'il trempe dans l'eau bénite avant de frapper. Elle me déplaisait, cette nature à la fois philosophe, chrétienne et soldatesque; cette mixture de bière blanche, de mensonge et de sable de Brandebourg. Elle me répugnait, mais au plus haut degré, cette Prusse hypocrite avec ses semblants de sainteté, ce *Tartufe entre les États.* »

Les ambitions sans frein, les convoitises déréglées, tous les appétits violents ont absolument besoin de la force à défaut d'une sanction morale, et la Prusse devait nécessairement en rechercher l'appui (1). Il était dans ses destinées d'être avant tout puissance militaire et elle put tendre sans peine vers cette fin prévue, grâce aux instincts belliqueux de ses populations. Tous ses habitants sont nés batailleurs, et, de son temps déjà, Tacite, nous l'avons dit, connaissait la valeur des farouches guerriers des bords de la Baltique, *Fennis mira feritas!* Ils étaient d'autant plus terribles alors qu'ils venaient de se mesurer avec les Goths dont ils avaient pris les mœurs et l'intrépidité (2).

Ces dispositions d'un naturel démesurément énergique ne doivent pas se démentir pendant le moyen âge puisque, au temps des Croisades, on voit les sauvages *Prutzi* mas-

---

(1) « Je ne vous démontrerai point, disait Frédéric II, la validité de mes prétentions sur cette province (la Silésie). Je les ai faites établir (sic) par mes orateurs. La reine (Marie-Thérèse) les a fait combattre par les siens et nous avons fini le combat à coups de sabres et de fusils. »

(2) « Hæ itaque gentes Romanis corpore et animo grandiores infestæ sævitia pugnæ. »

(Jornandès, *de Getarum origine,* ch. III.)

« Martem Gothi semper asperrimâ placavere culturâ. Nam victimæ ejus mortes fuere captorum : opinantes bellorum præsulem aptiùs humani sanguinis effusione placandum. »

(Jornandès, *de Get.,* ch. V.)

sacrer Adalbert et exterminer les chevaliers de Christian.

Fennis mira feritas!

Arrivent les temps modernes. Le grand électeur Frédéric-Guillaume organise et entretient une armée relativement considérable, composée de soldats revêtus d'habits uniformes (chose alors toute nouvelle en Europe) et maniant leurs fusils avec une dextérité surprenante. La monarchie prussienne se constitue. A peine est-elle assise que le roi Frédéric-Guillaume Ier étonne de nouveau l'Europe par la discipline et les mouvements automatiques de son fameux régiment de grenadiers. Frédéric II monte sur le trône et n'a bientôt plus d'autre pensée que celle de la guerre de conquêtes. « J'exerçai bien mes troupes, dit-il lui-même, et je fis tous mes efforts pour que toute l'Europe eût les yeux sur mes manœuvres. Je les renouvelai chaque année afin de paraître plus savant et, finalement, je parvins à mon but. Je tournai la tête à toutes les puissances. Tout le monde se crut perdu si on ne savait pas remuer le pied, le bras, la tête à la prussienne ; et tous mes officiers et mes soldats se crurent valoir deux fois plus quand ils virent qu'on les imitait partout. » Dans le cours de ses opérations militaires, le grand Frédéric, qui ne croyait pas à grand'chose, ne se laissait guère arrêter par des considérations d'humanité. « Pour la guerre, disait-il encore, c'est un métier où le plus petit scrupule gâterait tout. En effet, quel est l'honnête homme qui voudrait la faire, si l'on n'avait pas le droit de faire *des règles qui permettent le pillage, le feu et le carnage?* » Les Allemands doivent se rappeler les horreurs de la guerre de Sept ans.

Fennis mira feritas!

Un temps se passe. Selon les vœux de Voltaire, l'ancien favori de Frédéric II, la révolution française ne tarde pas à s'accomplir et la coalition s'ensuit. Au mois d'avril 1792, le duc de Brunswick lance son fameux manifeste où l'on peut lire cette menace monstrueuse à notre adresse : « Toutes les autorités constituées, tous les citoyens français sans distinction qui combattront les alliés seront punis de mort comme *rebelles* (!) et toutes les villes et villages seront frappés d'exécution militaire et de pillage, en cas de résistance et de désordre. » Tel est le programme qui vient encore de guider les Prussiens dans la guerre inexpiable de 1870-1871 et qui accuse une singulière perversion du sens moral. Nous avons vu l'organisation méthodique de la destruction, de la déjection, du pillage; nous avons été témoin des incendies, des bombardements, des assassinats de nos francs-tireurs et de ceux qui leur donnaient asile.

Fennis mira feritas !

Tâchons d'oublier un instant ces cruautés froidement conçues pour n'apprécier qu'au point de vue technique la manière de nos ennemis. Il ne faut jamais mépriser un adversaire, et des vaincus surtout n'ont pas le droit de le dénigrer; telle n'est pas non plus notre intention. Nous apprécions à leur valeur les qualités militaires des Prussiens; nous n'éprouvons aucun embarras à reconnaître qu'ils sont de première force à ce terrible jeu de la guerre dont ils connaissent à fond tous les ressorts. Cette puissance même dont ils nous ont donné tant de preuves irrécusables peut leur permettre d'écouter de sang-froid quelques critiques qui ne portent que sur des détails.

Ce que nous leur reprochons, c'est que, tout éminents soldats qu'ils sont, ils ne répudient point nettement les petits procédés, les moyens mesquins, les rouages de la vieille machinerie qu'on appelle vulgairement les *ficelles* de l'art. Ils sont assurément assez forts pour pouvoir s'en passer. Mais, loin de là, ils manifestent une prédilection particulière pour tous les stratagèmes dont les écrivains de l'antiquité nous ont attesté la puissance; ils se plaisent à abuser de cette maxime de leur grand Frédéric : « On prend alternativement à la guerre la peau du lion et la peau du renard ; la ruse réussit là où la force échouerait. Il est donc absolument nécessaire de se servir de toutes les deux. C'est une corde de plus que l'on a *sur* son arc (sic), et, comme souvent la force résiste à la force, souvent aussi la force succombe à la ruse. » En reconnaissant aux Prussiens l'énergie du lion, nous nous demandons comment il se fait qu'ils aiment tant à se couvrir de la peau du renard.

Étant donnée l'urgence du recours à la ruse, nous estimons, d'ailleurs, que les méthodes prussiennes sont absolument dépourvues d'originalité. En art militaire, non plus qu'ailleurs, nos adversaires n'ont guère à revendiquer le mérite de l'invention. Ils ont soigneusement médité Xénophon et Polybe, Athénée et Polyen, Frontin et Valère-Maxime ; ils ont attentivement étudié l'histoire, mais, hélas ! comment l'ont-ils étudiée ? Aveuglé par la passion, leur esprit n'a pas su en dégager les enseignements moraux. Triste exégèse, celle qui ne sait point faire jaillir des faits les leçons que le passé renferme ! Étrange philosophie de l'histoire, celle qui ne répudie pas d'odieux anachronismes !

Nos adversaires connaissent à fond l'antiquité ; ils ont analysé la Bible, et les Grecs et les Latins, mais sans en tirer d'autre parti que de copier servilement les modèles militaires qu'ils y trouvaient. Quelques exemples suffiront à le démontrer.

Plus d'une fois, pendant la campagne de 1870, et pour dérouter nos régiments en marche, les Prussiens ont correctement exécuté les sonneries réglementaires de nos clairons. Ce procédé, que le vulgaire a mis en parallèle avec les meilleures fourberies de Scapin, n'est autre chose qu'un pastiche de la manière antique. C'est un moyen renouvelé de l'art militaire qu'Annibal mettait en pratique au siège de Tarente. Là, nous apprend Polybe (VIII, xxxii), il transmettait ses ordres au moyen de trompettes romaines qu'il s'était procurées à l'avance et qu'il avait confiées aux mains de gens d'une habileté

consommée. — « Le son d'un clairon (*tuba*), dit aussi
« Tite-Live (XXV, x), répandait partout l'effroi : c'était
« un clairon romain que les conjurés s'étaient procuré
« précisément dans ce but; celui qui s'en servait était
« un Grec..... »

En certaines rencontres, les Prussiens laissaient nos
soldats interdits et les rendaient hésitants en faisant pousser aux leurs des hurrahs savamment combinés. Mais,
qu'on ne s'y trompe point ! Ces concerts de clameurs
sont tout simplement imités des *Imazir'en*, les ancêtres
de nos Kabyles d'Afrique (1).

On impute aux fantassins prussiens les trahisons les
plus noires. On dit que, maintes fois, durant la guerre
qui vient de sévir en France, ils ont, devant nos soldats,
levé nettement la crosse en l'air, comme pour exprimer
l'intention de se rendre ou de déserter; que les nôtres,
trop confiants, s'étant approchés, ont été traîtreusement
fusillés par eux à bout portant. Cette manière constitue
un crime qu'on ne saurait trop hautement flétrir; mais
elle n'est malheureusement pas nouvelle. Les Carthaginois employaient, il y a deux mille ans, ce stratagème
odieux. A la bataille de Cannes, nous dit Tite-Live (XXII,
xlviii), « cinq cents Numides portant, outre leurs armes
« apparentes, des épées cachées sous leurs cuirasses,
« viennent vers les nôtres comme des transfuges, le

---

(1) Σπεῖραι δ'ἕτεραι Λιβύων προσεποιήσαντο φεύγειν ἄχρι τῶν ὁρῶν, ἀλαλάξασαι μέγα.

(Appien, *de Bello Annibalico*, xxii.)

« bouclier sur le dos, sautent à bas de leurs chevaux,
« et jettent leurs boucliers et leurs javelots aux pieds de
« leurs ennemis qui les admettent dans leurs rangs et les
« conduisent sur les derrières, avec ordre d'y rester
« immobiles. Pendant que le combat s'engageait, ils se
« tinrent tranquilles ; mais lorsqu'ils virent tous les
« esprits et tous les yeux préoccupés de cette grande
« lutte, ils s'armèrent des boucliers semés çà et là parmi
« les cadavres et se jetèrent sur les Romains qui leur
« tournaient le dos. Les frappant par derrière ou leur
« coupant les jarrets, ils en firent un grand carnage et
« répandirent dans leurs rangs une terreur et un tumulte
« plus grands encore. » Appien (*de bello Annibalico*, XX,
XXIII) rapporte aussi ce fait qu'il impute à 500 fantassins
espagnols, alliés des Carthaginois.

On observe aussi que, lors de l'investissement des places, et en attendant l'arrivée de leur matériel de siége, les Prussiens ont coutume d'armer leurs batteries en construction de pièces fantastiques. Ils espèrent intimider l'assiégé en disposant sur des affûts en planches quelques troncs d'arbre ou des tuyaux en fonte, parfois même de simples tuyaux de cheminée (1). Cette petite comédie peut bien produire son effet, mais les moyens n'en

(1) « Qu'on ne nous accuse pas de mauvaise plaisanterie, dit le colonel
« Prévost, quand nous parlons de batteries simulées. Les Prussiens en ont em-
« ployé dans leurs blocus pour faire croire à un investissement plus complet
« qu'il n'était réellement. A Metz, pendant le combat du 7 octobre livré en
« avant de Ladonchamps, nos soldats rencontrèrent une batterie ennemie ayant
« des charrues en guise d'affûts et des tuyaux de poêle pour canons. »
(*Les forteresses françaises pendant la guerre de* 1870-1871.)

sont pas neufs. Quand ils mettent en état de défense les murs de leurs villages, les Kabyles savent très-bien faire passer par les créneaux des bouts de roseaux brunis à la mine de plomb et figurant des canons de fusil. Il y a longtemps que nous avons nous-mêmes copié ce procédé, et l'on n'a pas oublié la défense du poste d'Aïn-Temouchen par cet officier français qui sut tenir en respect une nuée de cavaliers assaillants au moyen du déploiement opportun d'une petite artillerie de campagne. Or les pièces dont il sut ainsi garnir les embrasures de ses bastionnets étaient tout simplement des rondins habilement mis en couleur.

C'est donc nous, en définitive, que les Prussiens daignent imiter, et ils ne manquent jamais de le faire, à l'occasion, attendu que le modèle n'est pas aussi mauvais qu'on veut bien le dire au-delà du Rhin. Ils se conforment, avec un soin tout particulier, aux dispositions de notre *Ordonnance* du 3 mai 1832 *sur le service des armées en campagne*, et ils n'ont eu jusqu'ici qu'à se louer de cette sage habitude. Et nous, si nous avons été vaincus, c'est que nous avons, le plus souvent, dédaigné de mettre en pratique des principes dont l'excellence est reconnue et que nous avons nous-mêmes codifiés. Sachons nous rendre esclaves de nos propres règlements et nous aurons bientôt repris notre supériorité d'autrefois.

Il convient surtout d'observer que, tout en étant essentiellement *moderne*, et faisant son profit de toutes les découvertes, l'art militaire prussien affectionne singulièrement l'antiquité, qu'il s'applique principalement à recommencer les Juifs et les Carthaginois, sans craindre d'entacher son honneur national.

Ainsi, à son départ de Sarrebrück, le roi Guillaume adressait au peuple français une proclamation dans laquelle on lit: « *Je fais la guerre aux soldats et non aux* « *citoyens français.* » Et cette déclaration était plus tard répétée en Lorraine par un autre prince de la maison de Prusse. Cependant, après Sedan, et dans une circulaire datée de Meaux, 10 septembre, M. de Bismarck ne craignait pas de déclarer que « *la nation française avait* « *aussi un compte à régler avec l'Allemagne* ». La guerre, en effet, se déchaîne partout avec une violence inouïe : nos provinces sont ravagées, nos paysans assassinés, nos villages incendiés, nos villes ouvertes bombardées, et le roi de Prusse, plein de mansuétude, s'étonne que les habitants de la France abandonnent leurs « *paisibles travaux* ». (Proclamation du roi de Prusse, en date du 6 décembre 1870.)

Ainsi, durant la deuxième guerre punique, Annibal dévastait l'Italie, quoiqu'il eût nettement séparé la cause des Italiotes de celle des Romains; qu'il eût déclaré ne combattre que Rome et qu'il octroyât la liberté sans rançon aux Latins qu'il faisait prisonniers (Tite-Live, XXII, vii, xiii et *passim*).

C'est aux Juifs, aux Carthaginois et aux Romains que le roi Guillaume a emprunté, en 1870, l'idée de la levée des otages, de l'organisation du pillage et du terrorisme militaire ; mais c'est surtout le fils d'Amilcar qui paraît être son héros et son maître.

Certes, il est bon de copier un modèle antique, de s'inspirer des méthodes d'un grand homme de guerre; mais encore faut-il le faire en se gardant de tout écart, en s'armant à cet effet d'une critique sévère, de nature à prémunir le bon sens et la probité contre de révoltants anachronismes. En inaugurant, à la fin du XIXme siècle, la réapparition des procédés en usage il y a deux et trois mille ans, nos ennemis ont outrageusement violé le code du droit des gens ; ils ont tenté de faire reculer de vingt ou trente siècles une civilisation dont l'Europe croyait les principes à jamais fixés.

En s'appliquant à suivre pas à pas les traces d'Annibal, le roi de Prusse n'a pas cru devoir se borner au pastiche des trahisons et des cruautés. Il a copié son modèle en tout et jusque dans les moindres détails. Ses alliés, par exemple, les Saxons, les Wurtembergeois, les Bavarois, il avait soin de leur confier pendant la guerre les postes les plus dangereux... Ainsi faisait Annibal, qui exposait sans façon les Gaulois, ses alliés, aux plus grands périls, à l'effet de ménager d'autant ses Espagnols, ses Libyens et sa légion carthaginoise. Mais il faut, pour être juste, reconnaître que le copiste a quelquefois aussi rencontré et reproduit des traits qui l'honorent.

On sait que les Prussiens font profession d'un grand respect pour le métier des armes. Leur armée, qu'ils entourent avec raison de toute la considération possible,

ÉPILOGUE. 337

a chez eux le caractère d'une institution sacrée (1), et ils ne refusent point certains égards aux officiers des armées étrangères. En guerre, ils affectent de rendre de pompeux honneurs funèbres à l'ennemi qui succombe à leurs coups. Le 6 août 1870, à Speicheren, le général Doëns, entraînant deux bataillons du 2ᵉ régiment de ligne, aborde vigoureusement le bois d'Arnual et tombe mortellement frappé; les Prussiens, qui restent maîtres de la position, s'empressent de relever son corps, qu'ils couvrent pieusement de feuillage et de fleurs. Le 30 septembre, à Chevilly, sous les murs de Paris assiégé, le général Guilhem se fait tuer... Nos adversaires lui font de dignes obsèques, dans lesquelles les fleurs et le feuillage jouent encore le premier rôle; ils accordent, de plus, qu'un fourgon traverse leurs lignes pour emporter à la terre natale la dépouille du soldat mort pour son pays. Le 29 novembre, le capitaine Vogel, commandant la citadelle d'Amiens, est à son poste sur les remparts et reçoit une balle en pleine poitrine. Le lendemain, les Prussiens l'ensevelissent sur les lieux mêmes où il est mort. Ils plantent sur sa tombe une croix avec cette inscription :

(1) « Il n'y a pas, dit le baron Stoffel, jusqu'à la retraite et autres airs militaires qui ne soient empreints, en Prusse, d'un caractère religieux, et, pendant les services divins, c'est sur le roi et sur l'armée que le ministre appelle avant tout la bénédiction du Très-Haut. Les grands corps de l'État ne sont nommés qu'après. »

ÉPILOGUE.

HIER RUTH IN GOTT DER TAPFERE COMMANDANT VOGEL,
GEFALLEN DEN 30TEN NOVEMBER 1870,
BEI DER VERTHEIDIGUNG DER CITADELLE VON AMIENS;
DIESES KREUZ HABEN IHM PREUSSISCHE SOLDATEN ERRICHTET.

Si prévenu qu'on puisse être contre un vainqueur dont la générosité n'est pas la vertu dominante, on ne peut vraiment qu'applaudir à ces procédés de courtoisie funéraire; mais en cela, comme en bien d'autres matières, les Prussiens ne sauraient s'attribuer le mérite de l'invention. En toutes choses, ils ont étudié à fond l'antiquité, et, ici encore, ils n'ont fait que copier le fils d'Amilcar. Le grand Carthaginois, en effet, avait coutume de faire de magnifiques funérailles aux consuls de Rome qui tombaient les armes à la main. Après la bataille du lac de Trasimène, il fait en vain chercher parmi les morts le corps de Flaminius, auquel il veut donner la sépulture (Tite-Live, XXII, vii; et Plutarque, *Vie de Fabius*, III). Après la journée de Cannes, il fait préparer un bûcher pour Paul-Émile « afin d'honorer, dit Silius Italicus (*Puniques*, X),
« le trépas d'un ennemi. Une pyramide, ajoute le poëte,
« s'élevait dans les airs, recouverte d'un lit de feuillage.
« On y avait déposé les insignes du consul : son épée,
« son bouclier, ses faisceaux rompus, naguère objet
« de terreur et symbole du commandement; les haches
« que son courage avait conquises. On ne voyait là ni
« femme, ni enfants, ni famille assemblée; et, devant le
« corps, les images des ancêtres ne précédaient point le

« cortége funèbre, suivant l'usage. Privé des dépouilles
« du triomphe, les éloges d'Annibal suffisaient seuls à
« la gloire de Paul-Émile. Le vainqueur le fait revêtir
« d'une brillante étoffe de pourpre et d'une tunique bro-
« chée d'or. Puis il lui adresse, en soupirant, cet adieu
« suprême : — « *Va, gloire de l'Ausonie, où il est juste
« que se rendent les grandes âmes illustrées par leurs ver-
« tus et leurs exploits. La gloire de ta mort immortalise
« ton nom...* » Annibal fit aussi rendre les honneurs
funèbres à Sempronius Gracchus, dont quelques soldats
exaltés voulaient dépecer le cadavre pour en disperser
les morceaux à la fronde (Diodore de Sicile, XXVI, xvi). Il
honora de même le corps de Marcellus, qu'il fit revêtir
de vêtements magnifiques et brûler ensuite solennellement.
Les cendres du grand consul furent déposées dans une
urne d'argent sommée d'une couronne d'or et fidèlement
remises à son fils. (Plutarque, *Vie de Marcellus*, XXX.)

Sous ce rapport, nous n'avons rien à envier aux militaires prussiens; nous savons, par intuition, le respect qu'on doit aux vaincus et aux morts; et, abstraction faite des fleurs répandues sur les tombes, à la manière antique, nous n'avons rien à apprendre à leur école.

On sait quelle place la religion tenait dans la vie publique des Romains; les mœurs carthaginoises ne comportaient pas moins de cérémonies du culte dont l'éclat se rehaussait du brillant appareil des fêtes militaires. C'est ainsi que, après la conquête de l'Espagne, Annibal conduit solennellement son armée jusqu'au seuil du temple de Cadix, et que là, en présence de cent mille compagnons d'armes, il acquitte un vœu qu'il a fait à Hercule. Il implore de nouveau la protection du dieu, et lui promet d'autres sacrifices, s'il veut bien continuer ses faveurs aux braves qu'il entraîne à sa suite et qu'il doit, comme un torrent, jeter sur l'Italie (Tite-Live, XXI, xxi). Au moment où il va franchir les Pyrénées, le jeune général carthaginois ne manque pas d'envoyer en Afrique l'un de ses lieutenants, Bostar, pour y consulter l'oracle de Jupiter-Ammon sur le succès de la grande entreprise (Silius Italicus, *Puniques*, III) ; tandis que ses têtes de colonne apprennent qu'un messager des dieux vient d'apparaître au camp pour les guider sur la voie qui mène aux murs de Rome (Valère-Maxime, I, vii, 1.). Parvenu, après d'immenses efforts, sur le revers oriental des Alpes Cottiennes, et déjà maître de Turin, le fils d'Amilcar promet à ses soldats de splendides récompenses. Il prend les dieux à témoin de sa promesse, et, pour que l'armée tienne cette promesse pour sacrée, il saisit, dit Tite-Live (XXI, xlv), un agneau de la main gauche, et de l'autre main un bloc de pierre. Il adjure les dieux de l'immoler, s'il manque à sa parole, comme il va lui-même immoler cet agneau ; et ce disant, il écrase la tête de la victime. Ces exemples montrent suffisamment que chacun des actes du chef des troupes carthaginoises était profondément empreint d'un cachet de haute piété officielle.

Ainsi, durant la campagne de 1870, le descendant

EPILOGUE.

d'Albert de Brandebourg et de Frédéric II n'a cessé d'invoquer publiquement le Dieu des armées(1). Ses dépêches à la reine Augusta sont remplies d'actions de grâces rendues à Celui qui conduit et protége les armées allemandes. Au lendemain de Sedan, par exemple, le roi écrit à la reine : « Quand je pense qu'après une grande guerre
« heureuse je ne pouvais rien attendre de plus glorieux
« pendant mon règne, et qu'aujourd'hui pourtant je vois
« s'accomplir de tels faits historiques, je m'incline de-
« vant Dieu, qui seul nous a élus, moi, mon armée et

---

(1) Cet Albert de Brandebourg était, nous l'avons dit, grand-maître de l'ordre Teutonique lorsqu'il donna au monde chrétien le scandale de son apostasie. C'est à ce prince et à ses successeurs immédiats que Frédéric II fait allusion quand il rappelle que *ses ancêtres ont opéré de la façon la plus sensée*. « Ils
« ont fait, ajoute-t-il avec cynisme, ils ont fait une réforme qui leur a donné
« un air d'apôtres, en remplissant leurs bourses. » Lui-même, le grand Frédéric,
« était, en matière de religion, de la plus belle indifférence. « Comme nos aïeux,
« professait-il, se firent chrétiens dans le neuvième siècle pour plaire aux em-
« pereurs ; luthériens dans le quinzième (sic) pour prendre le bien de l'Église ;
« réformés dans le seizième pour plaire aux Hollandais à cause de la succession
« de Clovis, nous pouvons bien nous rendre indifférents pour maintenir la tran-
« quillité dans nos États. »

Le souverain philosophe qui honora Voltaire de son amitié peut être considéré comme le grand corrupteur du XVIIIe siècle. « Il ne se borna pas, observe M. Le Play (*la Paix sociale*), il ne se borna pas comme Louis XIV et Louis-XV à pratiquer le vice ; il l'érigea en doctrine, et il contribua beaucoup par ses ouvrages, écrits en langue française, à pervertir notre race. Il continua, en violant les commandements VII et X du *Décalogue*, les traditions envahissantes de ses ancêtres. Il fut le précurseur des hommes qui, de notre temps, obtiennent ce genre de succès que procure parfois au génie la perte du sens moral. »

Quant à lui, le nouvel empereur d'Allemagne, il sait rédiger des dépêches officielles qui ressemblent à des psaumes. Cela n'a rien de rassurant pour les Allemands, braves gens qui ont l'habitude de frémir à l'idée des lutineries d'*Erlkönig*, le roi des aulnes, et des pelotons de chevaliers-fantômes qui se rencontrent, la nuit, dans la forêt, au *Carrefour du Bouleau*.

« mes alliés, pour exécuter ce qui vient d'être fait, et
« nous a choisis comme instrument de sa volonté. Ce
« n'est qu'ainsi que je puis comprendre cette œuvre,
« pour rendre grâces humblement à Dieu qui nous con-
« duit et à sa bonté. » C'est bien là l'*hosannah* biblique ;
mais au point de vue de ses intérêts politiques et militaires, le roi Guillaume avait raison de parler ainsi. Il avait
raison de tenir grand compte de la puissance du sentiment religieux sur les âmes ; car, toutes choses égales
d'ailleurs, il est plus facile d'*entraîner* une armée composée d'hommes que l'idée de Dieu accompagne toujours,
et qui prennent la parole de leurs chefs pour une ma-
nifestation des volontés du ciel. On admire les effets
surprenants que les officiers prussiens obtiennent parfois de leurs soldats ; ces effets s'expliquent si l'on songe
que les soldats allemands, d'une valeur individuelle con-
testable, portent à la plaque de leur coiffure l'inscription :
« *Mit Gott, für König und Vaterland,* » et que le sens
de cette devise est pour eux une vérité. Pour nous, officiers de France, que pouvons-nous faire le jour où nous
avons à réclamer de nos hommes quelque effort surhu-
main ? Quelle est la sanction de nos discours ? Nous en
appelons à leur courage ; nous invoquons l'honneur, la
patrie, les souvenirs de gloire. Ce moyen oratoire n'est
certes pas sans valeur, et le prestige du drapeau exerce
un grand empire sur les cœurs. Mais l'antiquité les connaissait aussi, ces sentiments de gloire et de patriotisme,
et, cependant, chez elle, tous les symboles nationaux et

militaires étaient chaque jour, et solennellement, consacrés aux dieux. Confessons-le bien haut, nous ne sentons pas assez le prix d'une religion nationale, et les religions seules opèrent des prodiges de valeur et de discipline. Nous avons eu tort de ne pas suivre, avec le roi de Prusse, les leçons de Carthage et de Rome. On nous parle sans cesse d'instruction et de service militaire obligatoires. Très-bien. Mais quand rendra-t-on obligatoire pour chacun des citoyens français une religion dont l'appui est absolument indispensable à la prospérité de l'État (1) ? A l'exemple des républiques de l'antiquité qu'on

(1) Cette vérité commence heureusement à se faire jour. « Depuis la révélation du *Décalogue*, dit fort bien M. Le Play (*la Paix sociale*), l'esprit humain n'a fait en morale aucune découverte d'où soit sortie une conséquence utile. Les peuples se sont momentanément élevés en pratiquant la vérité connue, puis ils sont retombés dès qu'ils l'ont mise en oubli. — Si M. Gambetta veut bien chercher la vérité, il ne trouvera pas une seule constitution libre qui n'ait pour premier élément la croyance en Dieu et en la vie future. » C'est ce que vient de répéter le général Chareton à la tribune de l'Assemblée nationale (*séance du 3 juin* 1872). « Sans la religion, dit-il, il n'est ni nation ni civilisation possibles. »

On pourrait presque ajouter : « il n'y a point d'armée possible. » Qu'est-ce, en effet, qu'une armée sinon une agglomération d'hommes appelés à pratiquer en commun les plus hautes vertus, l'abnégation, le dévouement, le sacrifice ? Le général Frossard (*Rapport sur les opérations du 2ᵉ corps de l'armée du Rhin*, page 122,) veut « qu'on inspire à l'armée française non pas le sentiment du devoir qu'elle a, mais le *fanatisme* du devoir. » Ce désir est plausible, mais comment y satisfaire si quelque foi ne nous vient en aide ? si le commandement reste dépourvu de toute sanction religieuse ? si le soldat ne croit plus à son âme immortelle ? si cet enfant du siècle peut dire :

—« .... puisque la Providence,
« Le Seigneur et les Cieux, la Foi, la Piété
« Sont, de par les savants, des mots que l'impudence
« A jetés en pâture à la simplicité ;

nous propose sans cesse pour modèles, la France doit répudier les athées et les rejeter de son sein impitoyablement.

Pour les Prussiens, l'antiquité carthaginoise paraît être une source inépuisable d'enseignements militaires. On sait à quelle perfection ils ont porté l'art de l'espionnage. Ils

> « Puisque tout est fini lorsque le corps débile,
> « Succombe et que les chairs se détachent des os ;
> « Puisqu'enfin le chrétien n'est qu'un pauvre imbécile,
> « Ne songeons qu'au plaisir, à l'ivresse, au repos. »

Réduite à ses seules forces, la discipline militaire saurait-elle victorieusement combattre ce raisonnement de libre penseur ? nous ne le pensons pas. Nous nous plaisons, au contraire, à dire avec le général Trochu (*séance de l'Assemblée nationale du 27 mai* 1872) : « Les troupes vaillantes et solides sont celles qui « marchent à l'ennemi dans le calme, après s'être inclinées devant le Dieu des « armées. »

Et avec M. Jean Brunet (*même séance*) :

« Le devoir du soldat est, comme celui du marin, sans contredit le plus terrible qu'un homme puisse avoir à remplir, et il faut s'y préparer noblement.

« Si l'homme en face de ces sacrifices qu'on lui demande constamment, en face de ces dangers, en face de la mort toujours suspendue sur sa tête ; si cet homme-là n'a pas les sentiments moraux, les sentiments religieux qui relèvent sa nature, prenez-y garde, vous avez une personnalité plus ou moins dégradée, qui finira par être accessible à tous les mauvais instincts !

« Il faut que, quand vous ordonnez à une colonne de troupes de monter à l'assaut d'un formidable rempart ou de ces terribles batteries qui vomissent la mitraille et couchent par terre les trois quarts des combattants, il faut que l'homme en succombant ne se regarde pas comme un morceau de chair qui va pourrir sur un fumier,... il faut que cet homme-là porte son regard vers le ciel et qu'en succombant il puisse dire : « Accueillez-moi, mon Dieu ; j'ai bien défendu ma patrie.. »

L'idée de la régénération de l'armée par la foi fait des progrès sensibles et nous applaudissons de grand cœur à cette péroraison du discours de M. Keller, en la séance de l'Assemblée nationale du 4 juin 1872 :

— « Revenez au christianisme. Lui seul peut nous sauver. Lui seul fait des hommes qui savent mourir plutôt que de se dégrader. Ayez des chrétiens, et le sol de la patrie sera bien gardé ! Vous aurez une armée solide, vous aurez Dieu avec vous. »

ont, ici encore, fait acte d'imitation servile, car Polybe (III, xxiv) et Tite-Live (XXI, xxiii) nous font connaître, en termes précis, l'organisation du service des agents secrets qui préparèrent la deuxième guerre punique. L'an 217 avant notre ère, Annibal entretenait dans Rome des brigades d'espions, ses âmes damnées, comme en eurent, en 1871, à Paris, M. de Moltke et le comte de Bismarck. Et Annibal lui-même ne faisait qu'imiter en cela la manière des conquérants hébreux ; de Josué, par exemple, qui dut la prise de Jéricho à la manœuvre de ses espions, auxquels la courtisane Rahab avait offert asile (*Josué*, X, 17 — 25).

Nos adversaires ont su profiter des leçons de l'histoire et porter à un haut degré de perfection cet art des investigations occultes dont leur pays semble être le Conservatoire depuis que Frédéric le Grand en a fait l'objet de ses méditations... lesquelles ont même abouti à quelques découvertes. — « Il y a, dit-il en certain passage de ses *Principes généraux de la guerre,* il y a quatre sortes d'espions : les petites gens qui se mêlent de ce métier, les doubles espions, les espions de conséquence, et ceux enfin que l'on oblige par violence à ce malheureux emploi...

« Lorsque, par aucun moyen, on ne peut avoir dans le pays de l'ennemi de ses nouvelles, il reste un expédient auquel on peut avoir recours, bien qu'il soit dur et cruel : c'est de prendre un gros bourgeois qui a femme, enfants et maison ; on lui donne un homme d'esprit que l'on déguise en valet (il faut qu'il sache la langue du pays). Le bourgeois est obligé de le prendre pour cocher et de se rendre au camp des ennemis sous prétexte de se plaindre des violences que vous lui faites souffrir.

« S'il ne ramène pas votre homme après avoir séjourné dans le camp ennemi, vous le menacez de faire égorger sa femme et ses enfants et de faire brûler et piller sa maison. J'ai été obligé de me servir de ce moyen lorsque nous étions au camp de Chlusitz, et cela me réussit. »

L'opinion s'est fort émue en France du fait de cette nuée d'agents secrets dont la politique prussienne avait couvert notre sol longtemps avant la guerre. On a hautement condamné ce procédé et l'on a eu raison de le faire. C'est que, en effet, s'il est admis que les armées en campagne peuvent s'éclairer et pousser des reconnaissances (1), on est en droit de considérer comme immoral le principe des explorations anticipées, exécutées en temps de paix, et qui ont non-seulement pour objet l'étude des ressources de l'État, des départements et des communes, mais encore celle de la fortune des particuliers. Cela s'appelle vulgairement prendre l'empreinte des serrures et se doit flétrir autant que l'odieuse méthode qui consistait à requérir nos paysans, pour les faire travailler, de gré ou de force, sous le feu de nos places assiégées. Ainsi,

---

(1) Les Romains donnaient le nom de *speculatores* aux officiers chargés de reconnaître les lieux qu'ils pensaient devoir être le théâtre de leurs opérations militaires. Exemple : « — Fabius Valens, cum quatuor *speculatoribus* et tribus amicis, totidem centurionibus, ad naves regreditur. »

(Tacite, *Hist*, III, XLIII.)

l'an 1215 de notre ère, opérait devant Péking le mongol Temugin, surnommé Gengis-Khan.

Mais ce n'est pas tout. On fait encore à la politique prussienne des reproches aussi bien motivés, mais plus graves. — « Parlerai-je, s'écrie M. Caro (1), parlerai-je de ces moyens moraux que l'on dirige d'une main si sûre, de cette conspiration permanente avec l'émeute dans les pays que l'on mine sourdement ou dans les villes que l'on assiége, de ces menées et de ces intrigues avec le désordre qui sont un crime, non pas seulement contre un État, mais contre l'humanité? » Il est constant que nos loyaux adversaires ont fait alliance avec ce parti démagogique auquel on a justement donné chez nous le nom d'*étranger de l'intérieur* (2), et nous estimons que leur honneur national n'est pas sorti suffisamment sauf du bas-fond de ces opérations clandestines.

Pour nous, il nous faut redoubler d'efforts à l'effet de prévenir le retour de semblables misères. Notre société

---

(1) *Revue des Deux-Mondes*, numéro du 15 décembre 1870.

(2) Nous avons donné ailleurs une ample démonstration du fait de cette alliance, et nous pouvons, par conséquent, nous borner ici à quelques réflexions très-simples.

Le 16 septembre 1870, le prince Frédéric-Charles écrit au maréchal Bazaine :

— « Deux jours après la capitulation (de Sedan) survint, hélas ! à Paris, un « bouleversement qui établit, *sans répandre de sang,* la République à la place « de la Régence. »

On lit, d'autre part, dans le livre du major Blume : « La Régence fut mise de « côté, le 4 septembre, par une révolution *sans effusion de sang.* »

Que conclure des lignes qui précèdent sinon qu'on éprouve, en Prusse, le besoin d'atténuer l'odieux de la part qu'a prise à notre révolution le chancelier de la Confédération du Nord ?

française aura toujours au sein ce ver rongeur que portent toutes les sociétés humaines.

« L'Hellade entière, dit Thucydide (*Hist.*, 82 sqq.),
« fut ébranlée par des dissensions, les démocrates voulant
« appeler ceux d'Athènes, et les oligarques, ceux de La-
« cédémone. De là, pour les villes, des déchirements
« qui se voient et se verront toujours, *tant que la nature*
« *humaine ne changera pas...* (1) » Sachons en prendre vaillamment notre parti, l'histoire nous offrira toujours des épisodes attristants, et, malgré les intervalles de temps, malgré les différences des religions et des usages, il y aura toujours similitude absolue entre les faits présents et les faits du passé. Il y aura toujours des esclaves de Straton (2), des Cléon (3), des *Mestre de Hon-*

(1) Ἕως ἂν ἡ αὐτὴ φύσις ἀνθρώπων ᾖ. — Voyez dans la *Revue politique et littéraire*, n° du 15 juillet 1871, la leçon de M. Egger sur la Philosophie politique de Thucydide.

(2) — « L'an 930 avant notre ère, tous les esclaves de Tyr, unis par un complot, égorgèrent leurs maîtres et toute la population libre, s'emparèrent de la ville, des maisons, de l'administration, de l'État.... — puis, délibérant sur le sort de la république, ils résolurent d'élire roi l'un d'entre eux..... — L'esclave de Straton l'emporta... — Le crime des esclaves eut du retentissement et fut pour le monde un exemple redoutable. Aussi Alexandre le Grand, faisant longtemps après la guerre en Orient, comme vengeur du repos des peuples, prit la ville et fit crucifier, en expiation de ces anciens meurtres, tous ceux qui avaient échappé à ses armes. Des hommes libres et purs de tout crime vinrent repeupler l'île d'où était extirpée la race esclave, et y servirent de souche à une population nouvelle. »

(Justin, XVIII, III.)

(3) Cléon était cordonnier, tout comme les citoyens Trinquet et Gaillard père. Il avait capté la faveur du peuple et dirigeait les opérations de la guerre de Sicile, au temps où écrivait Aristophane, c'est-à-dire il y a deux mille trois cents ans. Un des personnages du grand comique dit à un charcutier qui se prépare au métier de tribun, et qui demande s'il sera capable de gouverner le peuple :

grie (1), des Michel Lando (2), des Delescluze. On verra se produire éternellement des campagnes de *Pastoureaux*, des exploits de *Ciompi*, des insurrections de Communeux.

Cela posé, la science observe que, suivant les lois économiques dont l'histoire de tous les temps nous atteste l'empire, les peuples jeunes et de constitution vigoureuse ont coutume de confier leurs destinées aux soins d'une aristocratie de bonne roche, tandis que les sociétés déjà vieilles et dont la séve est épuisée abandonnent la direction de leurs affaires au caprice de la multitude (3). Or, en tout temps et partout, la multitude est essentiellement légère et ne sait manifester sa puissance que par des scandales d'appétits immoraux, des emportements irréfléchis, des colères insensées. Accessible à des paniques absurdes et sans cause possible, elle se laisse séduire, sans mesure ni raison, par les moyens dramatiques les plus grossiers (4). Il suit de là que les tendances démocratiques d'une nation sont des symptômes irrécusables

---

« Rien de plus simple. Continue ton métier. Brouille et pétris ensemble toutes les affaires de l'État, comme quand tu fais du boudin. Pour t'attacher le peuple, cuisine-lui toujours quelque ragoût qui lui plaise. Tu as, du reste, tout ce qui fait un démagogue : une voix terrible, une nature perverse et le langage des halles. Tu réunis tout ce qu'il faut pour gouverner. »

(1) — C'était le nom que se donnait le grand chef des *Pastoureaux*.

— « Se estoit apelez cilz qui les menoit li granz mestre de Hongrie. » (Guillaume de Nangis, *Annales du règne de saint Louis*.)

(2) Le cardeur de laine Michel Lando, tyran de Florence.

(3) — Παρ' οἷς μὲν τῶν πολλῶν βουλευομένων, παρ' οἷς δὲ τῶν ἀρίστων (Polybe, *Hist.*, VI, LI.)

(4) Ἐπεὶ δὲ πᾶν πλῆθός ἐστιν ἐλαφρὸν καὶ πλῆρες ἐπιθυμιῶν παρανόμων, ὀργῆς ἀλόγου, θυμοῦ βιαίου· λείπεται τοῖς ἀδήλοις φόβοις καὶ τῇ τοιαύτῃ τραγῳδίᾳ τὰ πλήθη συνέχειν. (Polybe, *Hist.*, VI, LVI.)

de sa décadence. La république romaine, au temps de sa grandeur, insérait dans tous ses protocoles la célèbre formule : *Senatus populusque romanus,* qui rappelait à tous les prérogatives de son sénat (1). Et nous, tristes républicains modernes, où allons-nous ? Où nous laissons-nous donc conduire, nous qui ne craignons pas de sacrer le peuple souverain, *King mob,* en proclamant à tout propos l'excellence du suffrage universel ? Il est bon de savoir que cette méthode de l'appel aux masses n'est pas de notre invention. On la suivait à Carthage il y a deux mille ans, alors que Scipion Émilien battait les murailles de la ville et s'apprêtait à la réduire en cendres.

Voulons-nous donc, suivant une pente fatale, faire de la démocratie à outrance? Non, car ce serait révéler au monde l'âge et les infirmités de notre vieille société française; car ce serait faire le jeu de ses ennemis; car ce serait justifier tous leurs dires insolents (2). Eh bien,

---

(1) Les enseignes romaines portaient pour légende les initiales S. P. Q. R.

(2) Quel est le vrai remède à nos maux? Renoncer à cet esprit révolutionnaire qui semble incarné dans notre race et qui nous a fait renverser violemment onze constitutions depuis 1789 jusqu'à ce jour. « A mesure que les révolutions se sont multipliées, dit M. Le Play (*la Paix sociale*), les gouvernants ont eu plus de peine à remplir leur mission. Entravés sans cesse par l'attitude tracassière ou rebelle des classes éclairées, ils ont cherché un appui auprès des classes ignorantes. Dans cette voie, ils ont capté, dans des entreprises injustes, une popularité de mauvais aloi. Ils ont attribué au droit de suffrage une étendue qui, dans aucun temps et chez aucune race, ne lui avait été donnée par une nation civilisée. — La France marche fatalement à sa ruine en conservant un régime électoral improvisé sans raison. Ce régime, en effet, est contraire aux principes et à la pratique de tous les peuples civilisés. — Le suffrage universel, qui sort de la nature des choses chez les peuples où le sol abonde, où chaque chef de famille est propriétaire foncier, ne peut amener

attachons-nous à ruiner à jamais les farouches espoirs de la démagogie. Châtions nos mœurs; unissons nos cœurs par une haine plus vigoureuse de l'étranger; aimons la patrie, invoquons Dieu. Ce faisant, nous aurons déjà pris une partie de notre revanche, et nous n'aurons plus grand'peine à passer maîtres en *l'art de combattre et de vaincre les Prussiens*.

Tel est l'énoncé du problème à résoudre.

Quand donc la solution saura-t-elle intervenir? Quand s'ouvrira le dernier acte du grand drame qui, semblable à celui des guerres puniques, paraît devoir affecter la forme d'une trilogie? Dans un demi-siècle peut-être, quand nous nous serons régénérés par le travail et la foi; quand nous nous serons montrés capables d'autant de sang-froid que de patience; quand notre sagesse politique, longuement éprouvée, nous aura valu de solides alliances parmi les grandes puissances du monde.

A cette époque, il faut l'espérer, la civilisation aura

---

que des catastrophes chez ceux où des populations dégradées sont dépourvues de toute propriété. »

Supprimons donc, au plus tôt, le suffrage universel. Suivons aussi l'exemple des républiques de l'antiquité, de Tyr et de Carthage, qui ne devaient leur paix intérieure qu'au sage développement d'un vaste système colonial. Donnons une satisfaction suffisante à tous les besoins d'expansion; organisons l'émigration des masses qui ne trouvent plus à vivre sur le territoire de la métropole. Enfin, n'hésitons pas à combattre par la force les sophistes qui osent recourir à la violence pour assurer le triomphe de leurs utopies niaises. Il ne sera pas besoin, pour ce faire, d'inaugurer le règne d'une législation draconienne; un peu de fermeté suffira, car, ainsi que le dit Rabelais (*Gargantua*, I, xxxii): « Oignez
« villain, il vous poindra. Poignez villain, il vous oindra. »

fait quelques progrès en Prusse et nous aurons à combattre des adversaires moins *sérieux* (1) que ceux qui se sont présentés à nous en 1870. Nous ne verrons sans doute plus d'officiers stylés à froid au métier d'incendiaires (2) ; nous n'en entendrons plus préconiser le bombardement comme un élégant procédé, suprême degré de l'art de la poliorcétique moderne.

Pour nous, nous repoussons le bombardement des centres de population, même à titre de moyen auxiliaire ; nous le repoussons absolument. Quel que soit le poids des opinions les mieux autorisées (3), nous refusons d'admettre, à la fin du dix-neuvième siècle, des principes que les Prussiens eux-mêmes réprouvaient il y a plus de cent ans (4). Nous ne pouvons croire que le droit des gens puisse en consacrer aujourd'hui l'application, et nous en appelons à la conscience publique de la préten-

---

(1) Quand on reprochait aux Prussiens leurs procédés cruels, ils répondaient avec une grande placidité : « Que voulez-vous ? c'est la guerre ! Nous faisons la guerre *sérieusement.* »

(2) Nos ennemis nous ont incendié de propos délibéré : Bazeilles, Bouvresse, Châteaudun, Civry, Fontenoy, Mézières (près Mantes), Parmain, Peltre, Saint-Cloud, Varize. Des soixante-douze maisons qui composaient le village de Varize, soixante-dix ont été brûlées *à la main.* Les Bavarois avaient, plus que d'autres, la spécialité de la mise du feu, ce qui leur a valu le surnom de *pompiers de Bazeilles.*

(3) « Notre avis personnel, dit le colonel Prévost (*les Forteresses françaises*, « Paris, Dumaine, 1872), est que le bombardement des maisons doit être « permis comme *auxiliaire* des procédés ordinaires d'un siége. »

(4) En 1758, les Prussiens reprochaient amèrement aux Russes d'avoir bombardé et, en partie, détruit la ville de Custrin. Ils omettaient, d'ailleurs, de mentionner, à cette occasion, le bombardement de Prague opéré l'année précédente (1757) par leur grand roi Frédéric II.

tion qu'affichent les Prussiens de les faire de nouveau prévaloir.

Pour nous, Français, quelques succès que le Dieu des armées veuille nous donner un jour, nous renonçons dès à présent aux représailles sauvages; mais, en honnêtes et loyaux soldats, nous voulons nous venger. Il ne nous sera jamais possible d'oublier nos douleurs d'hier. Sans parler des forts isolés et des villages tant de fois soumis au feu de leur artillerie, les Prussiens de 1870 ont bombardé à outrance dix-neuf de nos cités (1). Ils ont lancé sur des populations inoffensives plus d'un million de projectiles creux (2); ils ont atteint deux mille personnes (3), femmes, enfants ou vieillards, qui ne faisaient point partie des combattants. C'est ce sang innocent qui crie vengeance et nous devons nous souvenir de ces victimes qui disaient en mourant :

« *Exoriare aliquis nostris ex ossibus ultor* (4)! »

(1) Ces dix-neuf villes sont celles de Strasbourg, Marsal, Bitche, Phalsbourg, Toul, Verdun, Soissons, La Fère, Schlestadt, Neuf-Brisach, Thionville, Montmédy, Mézières, Rocroi, Longwy, Péronne, Belfort, Saint-Denis et Paris.

(2) Paris et les forts détachés ont reçu environ 250,000 obus; les autres villes de France, 814,300; ensemble 1,064,000 projectiles. Ces chiffres n'expriment que des *minima*.

(3) Paris compte environ 400 victimes; Saint-Denis, 102; les autres villes, 1,476; ensemble, 1,978. — Voyez *Les forteresses françaises pendant la guerre*, du colonel Prévost. — Paris, Dumaine, 1872.

(4) Virgile, *Énéide*, liv. IV, v. 625.

FIN DE L'ÉPILOGUE.

ERRATA.

— Pages 161, 163 et 165. — Au lieu du titre : « *Tableau de la période* « *du bombardement* » lisez : « *Variations d'intensité.* »

— Page 171, ligne 5, au lieu de : « 80 *sur le Jardin des Plantes* » lisez : 85 — Cf. page 307, ligne 5.

— Page 302, ajoutez au *N. B.* :

Il faut, comme nous l'avons dit, observer que, réciproquement, le *Journal Officiel* a omis quelques noms de victimes. Nous citerons, par exemple, celui de madame Guillaume, brocheuse, 106, rue de Sèvres, blessée d'un éclat d'obus le 26 janvier 1871.

— Pages 305, 307 et 309 — au lieu du titre : « *Victimes du bombarde-* « *ment* » lisez : « *Bombardement du Jardin des Plantes.* »

A LA MÊME LIBRAIRIE

Cantu. *Histoire universelle*, 3ᵉ édit. parisienne, traduite de l'italien, par M. Lacombe, 19 vol. in-8°. 114 fr.

L'Histoire universelle de M. Cantu a surtout le mérite d'avoir été conçue sur un plan tout à fait nouveau. Au lieu de passer en revue les différents peuples l'un après l'autre, système qui entraîne des redites perpétuelles, il fait marcher d'un seul pas le genre humain tout entier et met sous nos yeux l'ensemble de ses vicissitudes et de ses progrès. Il ne se borne pas aux guerres et aux révolutions, il pénètre dans la vie intérieure de chaque nation; il en étudie les mœurs, la législation, les croyances, les opinions; et il nous montre le peuple derrière les rois et les héros.
Cet ouvrage est une véritable bibliothèque historique.

Gabourd (Amédée). *Histoire contemporaine*, comprenant les principaux événements qui se sont accomplis en Europe depuis la révolution de 1830 jusqu'à nos jours, et résumant durant la même période le mouvement social, artistique et littéraire. 12 vol. in-8°. En vente, tomes I à X. Chaque vol. 6 fr.

Ce récit n'embrasse pas seulement nos propres annales; il comprend également, dans une moindre proportion, celles des autres pays, en laissant à la France la plus large part.

Typographie Firmin Didot. — Mesnil (Eure).

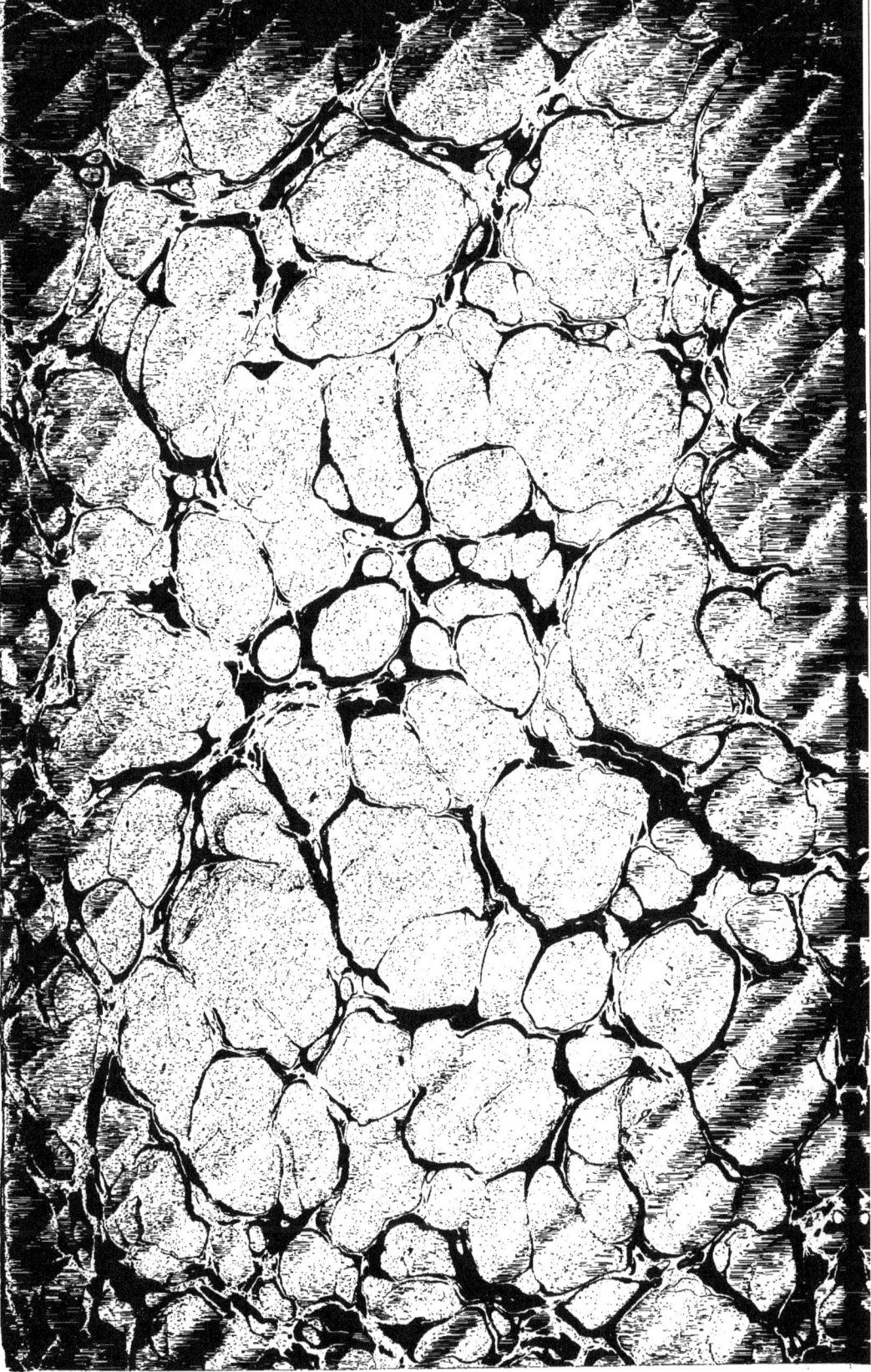

www.ingramcontent.com/pod-product-compliance
Lightning Source LLC
Chambersburg PA
CBHW060608170426
43201CB00009B/942